高齢者のクラフトサロン ④

紙でつくる リハビリクラフト

切り紙・箱・紙すき・アクセサリーなど、簡単にできて楽しい60点

佐々木 隆志　監修 ○ 工房GEN　著

誠文堂新光社

紙でつくるリハビリクラフト　目次

「高齢者のクラフトサロン」シリーズ監修にあたって　『紙でつくるリハビリクラフト』と高齢者福祉　4

本書で使用する主な紙、材料、道具　5

型紙の使用方法　6

I　紙を切る

じゃばら折りの切り紙

しずく　8　（つくり方 25）

青りんご　9　（つくり方 19）

星空　9　（つくり方 22）

桜の並木　9　（つくり方 20）

秋景　9　（つくり方 23）

夕波　9　（つくり方 18）

レース文様　9　（つくり方 18）

孔雀羽模様　9　（つくり方 27）

心をいやす　切り紙ライトカバー

スマイルハート　10　（つくり方 17）

アジアンスタイル　11　（つくり方 20）

波光（はこう）　12　（つくり方 26）

花蝶　13　（つくり方 24）

切って立ち上げる　とび出す動物切り絵

ゾウの散歩　14　（つくり方 29）

キリンの背伸び　14　（つくり方 29）

子守りパンダ　15　（つくり方 29）

ゆらゆらおさる　15　（つくり方 29）

イルカのジャンプ　16　（つくり方 29）

アヒルの行進　16　（つくり方 29）

II　紙を切って組み立てる

切って組み立てる箱

赤い屋根の家　34　（つくり方 53）

ポケットつきの箱　35　（つくり方 54）

中仕切りつき2色箱　36　（つくり方 52）

三脚の筒形箱　37　（つくり方 55）

五角形の梅箱　38　（つくり方 51）

四角のあじさい箱　39　（つくり方 49）

小物を入れて楽しむ器

しずく形のペン立て　40　（つくり方 60）

正方形ユニット皿　40　（つくり方 58）

星の器　41　（つくり方 57）

市松模様の長皿　41　（つくり方 56）

季節を楽しむ　ポップアップ

正月／角松　42　（つくり方 62）

春／桜　43　（つくり方 63）

夏／ひまわり畑　44　（つくり方 64）

秋／紅葉　45　（つくり方 65）

冬／クリスマスツリー　46　（つくり方 66）

ハートのバレンタインカード　47　（つくり方 61）

「季節を楽しむ　ポップアップ」に使用する型紙　48

III 絵と模様入りの紙すき

紙すきでつくる　カードとコースター

金魚の絵手紙　82　（つくり方 91）
夏空の絵手紙　82　（つくり方 93）
ハートのメッセージカード　82　（つくり方 93）
山景のグラデーション絵手紙　83　（つくり方 96）
マーブル模様の絵手紙　83　（つくり方 89）
格子模様のコースター　84　（つくり方 91）
羊毛フェルト入りふんわりコースター　84　（つくり方 95）
富士山のカード　84　（つくり方 90）
ボタン雪模様のコースター　85　（つくり方 89）
紅葉の絵手紙　85　（つくり方 92）
ハートの押し型コースター　85　（つくり方 94）
菜の花畑のコースター　85　（つくり方 90）

紙すきに使う主な素材・道具など　86
紙すきの基本　87

IV 紙の花とアクセサリー

香るポンポンをつけた　花飾りスタンド

ボタン　98　（つくり方 108）
キク　98　（つくり方 110）
バラ　99　（つくり方 106）
トルコキキョウ　99　（つくり方 109）

じゃばら折りでつくる　花のブローチ

ナデシコ　100　（つくり方 115）
八重桜　100　（つくり方 112）
ラン　101　（つくり方 114）

じゃばら折りの花のアレンジ
　自在写真立て　102　（つくり方 116）
　カードスタンド　102　（つくり方 117）

石粉粘土と紙でつくる　アクセサリー

ダブルひし形ペンダント　103　（つくり方 119）
波形プレート三連ペンダント　103　（つくり方 121）
しずく形ペンダント　103　（つくり方 124）
花びら形ブローチ　103　（つくり方 122）

石粉粘土と紙のクラフト
　自在カードスタンド　104　（つくり方 125）

あとがき　127
監修者／著者プロフィール　127

「高齢者のクラフトサロン」シリーズ監修にあたって

『紙でつくるリハビリクラフト』と高齢者福祉

本書は、「高齢者のクラフトサロン」シリーズとして、『リハビリおりがみ』『季節のリハビリクラフト』『布とひもの手芸レクリエーション』に続く４冊目となる、「紙でつくるリハビリクラフト」を提案するものです。日本古来の伝統文化である切り絵、紙すき、アクセサリーなど「紙」を中心にいろいろな作品づくりを提案しています。紙は日本文化と密接であり、生活のさまざまな場面で親しまれ、活用されてきました。お正月の書き初め、ふすま、障子、凧あげなど生活の要所で使われてきたのもその一例です。

デイサービスなど各種高齢者施設では、包装紙で箱などの作品をつくり、近隣の小学校へ出かけ資源の再利用を子どもたちに伝える総合学習もみられます。こうした手先の作業は、人間の脳の活性化を促すものとして、シニア世代にも注目されてきています。手先を用いることで、脳の活性化や介護予防につながります。1つの作品に取り組むとき、そこに意欲と集中力が生まれます。作業課程では思考力が培われ、作品が完成すると達成感が芽生え、それが新たな自信につながります。さらに、より完成度を高めた意欲を持ち次の目標が出てきます。

人は、何歳になっても自分で考え、自分で行動したいと願っています。これまで監修した３冊で提案している、リハビリおりがみ、季節のリハビリクラフト、布とひもの手芸レクリエーションの取り組みは、確実に高齢者や私たちの生活の質の向上に寄与させていただいていると確信しております。

私どもの研究室では、あるデイサービスで折り紙を継続的に取り組んでいます。そのなかでご家族から「おじの生活がかわった」「会話ができた」等々の意見が寄せられています。

日本の超高齢社会に向け、明るく活力ある社会の実現のために、高齢者が家庭や地域・施設などで、これまで培った豊かな経験と知識を発揮し、次世代に伝承して欲しいと思います。

本書が社会連帯の絆や、異世代交流に繋がることを願っております。

監修者　佐々木　隆志

本書で使用する主な紙、材料、道具

各種紙類

本書で使う紙類は、文房具店、手づくりクラフトコーナー、ホームセンター、100円ショップ、インターネットによる通信販売などで普通に販売されているものです。

①

④

⑥

①折り紙各種（模様入り、裏白や裏に色のあるものなど）
②教育折り紙（裏白）
③色画用紙
④ファンシーペーパー各種
⑤和紙各種
⑥コピー用紙

②

⑤
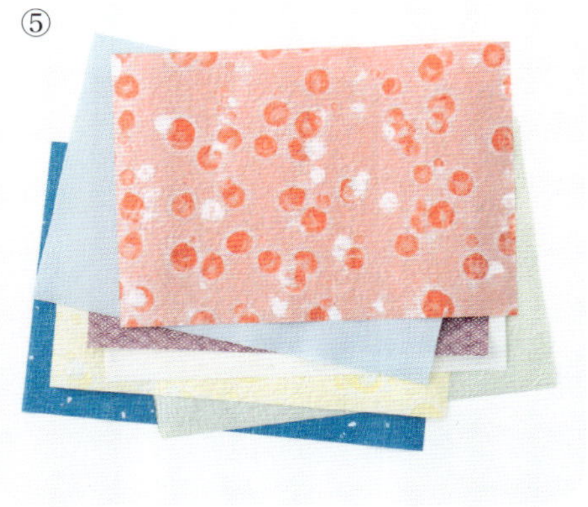

③

ファンシーペーパーについて

ファンシーペーパーとは機械漉きで作成される洋紙の一種で、豊富な色や柄を持ち、特徴のある風合いや手触り感を持っているものも少なくありません。
これらの個性的な紙の利用用途は幅広く、本の表紙やブックカバー、ノートや便箋などの装丁、包装紙や化粧箱の表紙など、生活の多様な場面で用いられています。そして、これらの用途を満たすためにファンシーペーパーは、多様な厚さや硬さを持っていることも特徴の1つになっています。
また、ファンシーペーパーは特殊な場所でのみ販売されているように思えるかもしれませんが、ホームセンターやパッケージ用品店、100円ショップなどでさまざまな商品名で売られており、簡単に手に入ります。インターネットによる販売も充実してきていますので、さまざまな紙を探してみてください。

本書で使用する主な道具・材料

①セロハンテープ　②マニキュア（透明）　③木工用ボンド
④スティックのり　⑤マスキングテープ（白無地と模様入り）
⑥定規　⑦カッティングマット　⑧目打ち　⑨ハサミ
⑩カッターナイフ　※ほかに鉄筆、鉛筆、ピンキングバサミ。

①ネックレスチェーン　②石粉粘土
③革ひも　④ブローチピン
⑤アクセサリー用金具（先端を輪にしたもの）　⑥ひも

ワイヤー

※紙すき用の道具・材料については p.86、87 を参照ください。

型紙の使用方法

型紙掲載作品

〈第1章〉
- 「じゃばら折りの切り紙」
  「心をいやす 切り紙ライトカバー」
  型紙 p.68 ～ 73
- 「切って立ち上げる　とび出す動物切り絵」
  型紙 p.73 ～ 75

〈第2章〉
- 「切って組み立てる箱」
  型紙 p.75 ～ 78
- 「小物を入れて楽しむ器」
  型紙 p.79、80
- 「季節を楽しむ　ポップアップ」
  型紙 p.48

型紙の使い方

型紙の使い方には以下のA～Dの４種類があり、型紙を使う作品には使用方法を表で表示してあります。
なお、「季節を楽しむ　ポップアップ」ではカラーコピーをしてそのまま使えるカラーの型紙を掲載しています。

A　用意した切り出し用の紙の裏に、本書から型紙を直接コピーします。ぴったりのサイズだと図案がずれて入りきらない可能性がありますので、１回り大きなサイズの紙にコピーします。

B　切り出し用の紙の裏を上に向けて置き、間にカーボン紙をはさんで型紙のコピーを重ねて図案を写しとります。

C　型紙のコピーを切り出し用の紙の裏側に貼ります。第1章は型紙全体にのりをつけて貼り合わせますので、完成後もそのままです。第２章の箱と器は図案の外側の余白にのりをつけますので、紙を切った後は型紙ははずれます。

D　型紙のコピーを切り出し用の紙の裏に重ね折り線に従い鉄筆で折りすじをつけます。次に型紙をはずし折りたたんだ切り出し用の紙を型紙で巻きます。

I

紙を切る

じゃばら折りの切り紙

しずく
（つくり方 25 ページ）

青りんご
（つくり方 19 ページ）

星空
（つくり方 22 ページ）

桜の並木
（つくり方 20 ページ）

秋景
（つくり方 23 ページ）

夕波
（つくり方 18 ページ）

レース文様
（つくり方 18 ページ）

孔雀羽模様
（つくり方 27 ページ）

心をいやす　切り紙ライトカバー

スマイルハート
（つくり方 17 ページ）

アジアンスタイル
（つくり方 20 ページ）

波光（はこう）

（つくり方 26 ページ）

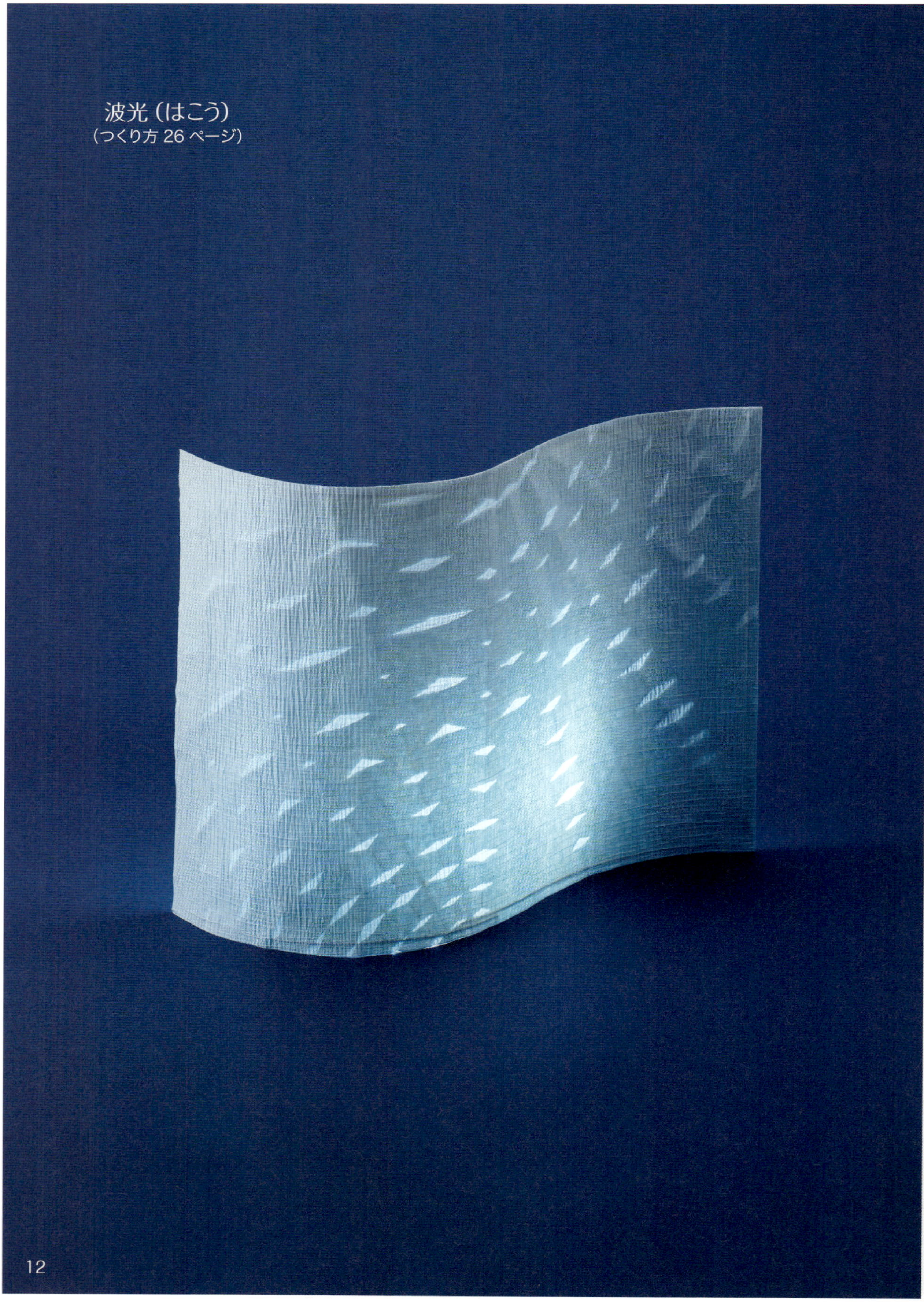

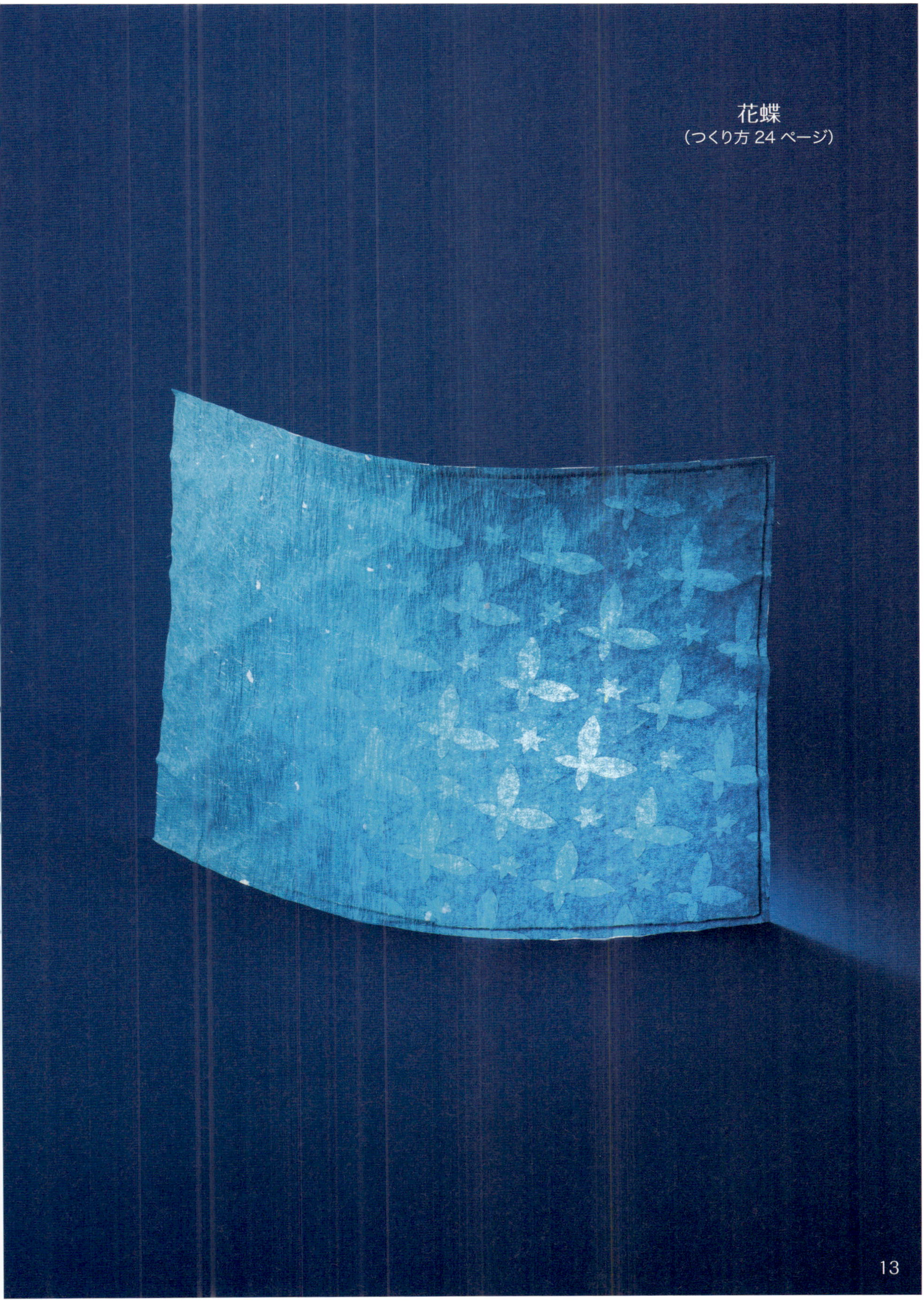

花蝶
（つくり方 24 ページ）

切って立ち上げる　とび出す動物切り絵

ゾウの散歩
（つくり方 29 ページ）

キリンの背伸び
（つくり方 29 ページ）

子守りパンダ
（つくり方 29 ページ）

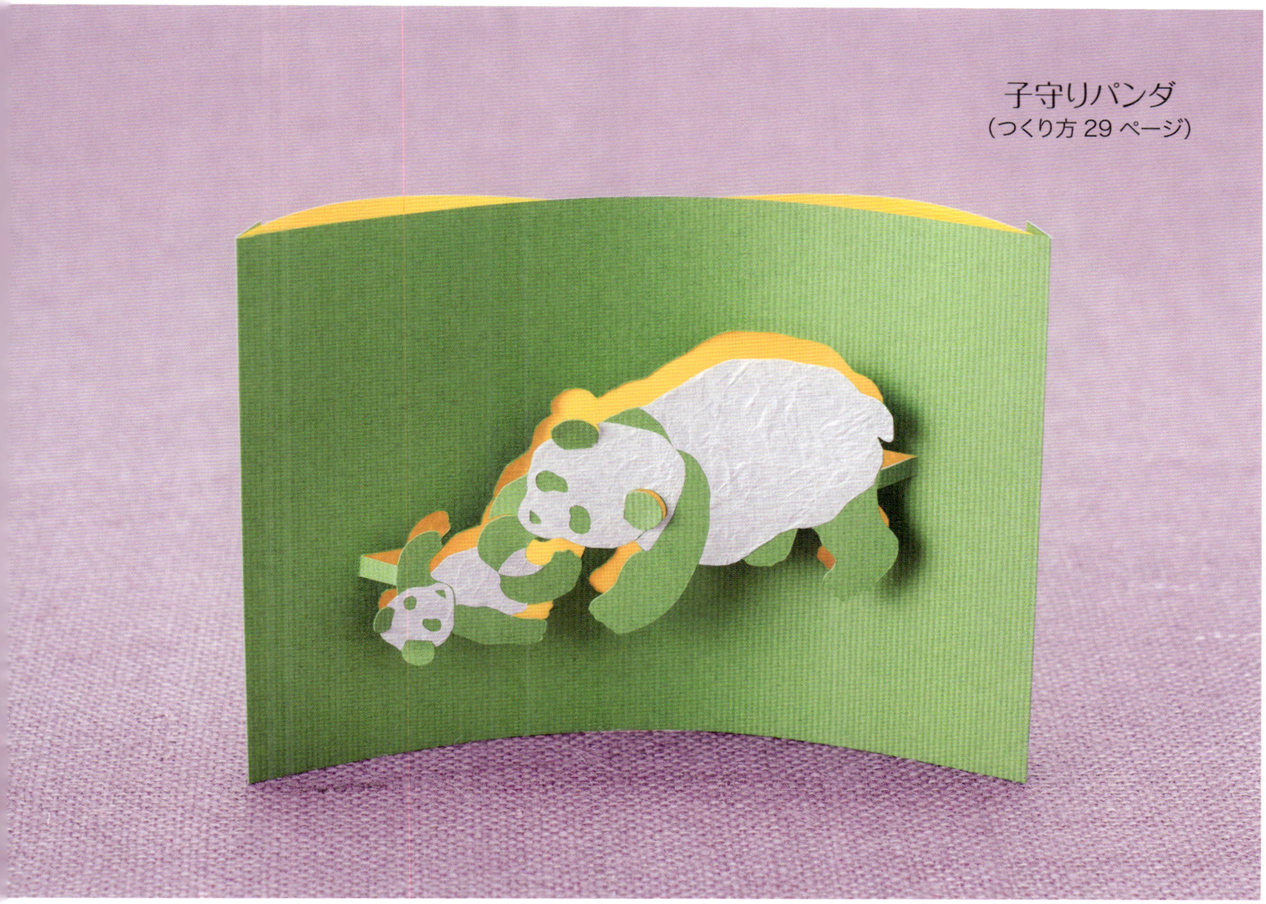

ゆらゆらおさる
（つくり方 29 ページ）

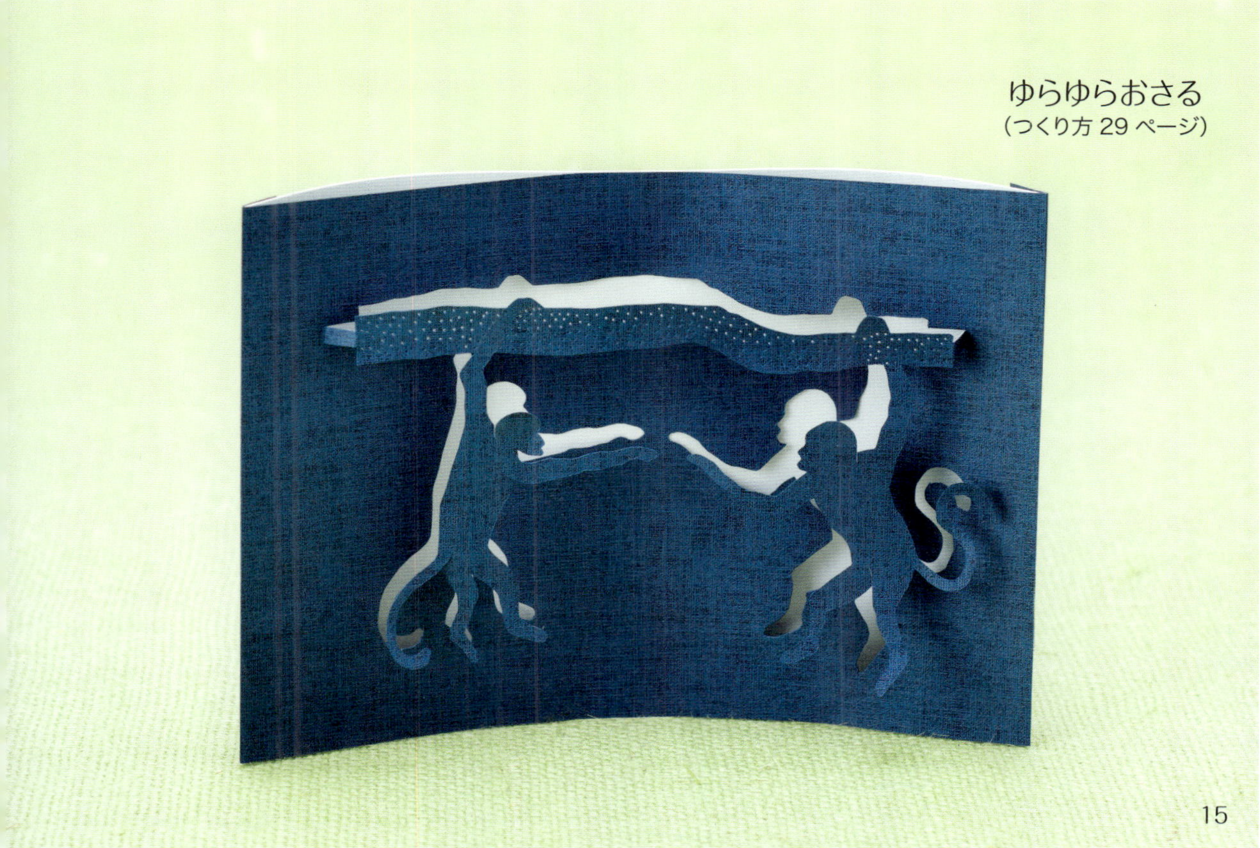

イルカのジャンプ
（つくり方 29 ページ）

アヒルの行進
（つくり方 29 ページ）

切り紙

切り紙の紙について

基本的には薄い紙の方が切りやすいのですが、シワ加工がされているような柔らかい紙の場合は、折り重ねた紙が切る際にずれて模様が安定しないことがあります。折り重ねが多いものや模様が細かいものは、薄くて硬い、切りやすい紙を使用するとよいでしょう。ライトカバーにする際の紙については p.28 をご覧ください。

切り紙とライトカバー

本書では、じゃばら折りにして模様を切り取る切り紙と、切り紙を使ったライトカバー作品を紹介しますが、切り紙の技法としては同じです。ここで紹介する切り紙はすべてライトカバーにすることができ、ライトカバーとして紹介した作品も切り紙として楽しむことができます。作品は比較的簡単なものから、手の込んだものまで、技法でまとめて紹介しています。

型紙の使い方

型紙の使い方にはA、B、C、Dの4種類があり、各作品にはタイトル横に記号で表示してあります。詳細はp.6をご覧ください。

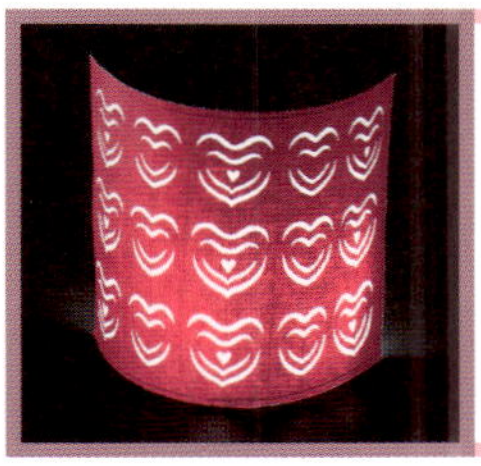

スマイルハート

作品／p.10

折り線の幅を変えて片側をずらしながらじゃばら折りにして切ることで横幅の異なるハートが現れます。

型紙の使用方法
（詳細は p.6 参照）

A	○	C	○
B	○	D	×

材料／道具

〈上紙と台紙〉ファンシーペーパー（p.5）や和紙など、好みの模様の色違いの紙
- 鉄筆　• ハサミ　• カーボン紙
- スティックのり

ライトカバーに仕立てるための材料は p.28 参照。

☀型紙 p.68

✽ 紙を切り、型紙を上紙に写す

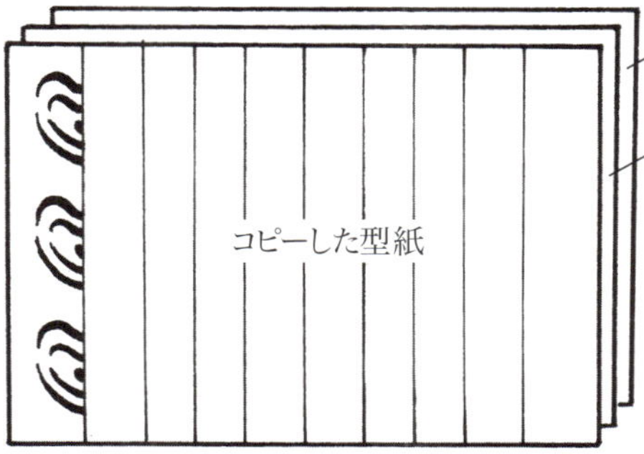

❶コピーした型紙と同サイズで上紙と台紙を切る。

❷上紙（裏）に型紙を貼るか、カーボン紙で図案を写す。鉄筆で折り線をなぞって折りすじをつける。

✽ 折りたたんで切る

❸折りすじにそって上紙を折る。折り幅が違うので、図のようになる。

❹図案の黒い部分をハサミで切り取る。

最後に、切った上紙を破らないようにそっと広げ、台紙に重ねてライトカバーに仕立てる（仕立て方 p.28）。

レース文様

作品／p.9

本書では上下にレース文様を切り抜きましたが、切り取り図案を好みで配置したり、全面をレース文様にしたりしても OK。

型紙の使用方法 （詳細は p.6 参照）	
A ○	C ○
B ○	D ×

材料／道具

〈上紙と台紙〉
ファンシーペーパー（p.5）や和紙など、好みの模様の色違いの紙

- 鉄筆
- ハサミ
- カーボン紙
- スティックのり
- 写真立て

✹型紙 p.68

✿ 紙を切り、型紙を上紙に写す

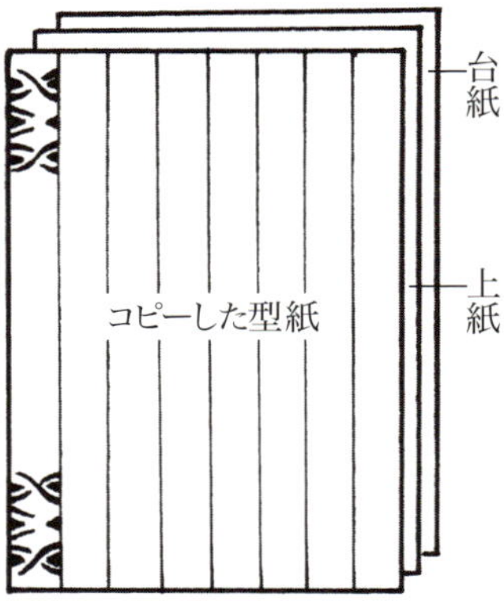

❶コピーした型紙と同サイズで上紙と台紙を切る。

❷上紙（裏）に型紙を貼るか、カーボン紙で図案を写す。鉄筆で折り線をなぞる。

✿ 折りたたんで切る

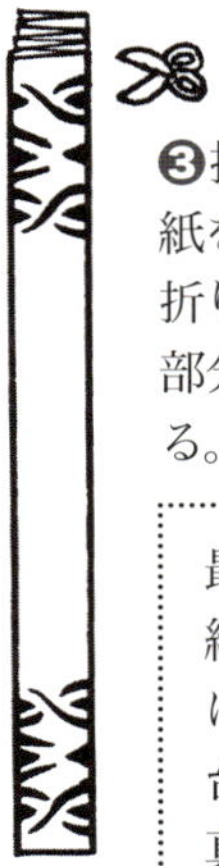

❸折りすじにそって上紙を8分割のじゃばら折りにし、図案の黒い部分をハサミで切り取る。

最後に、切った上紙を破らないようにそっと広げて、台紙に重ねて写真立てに入れる。

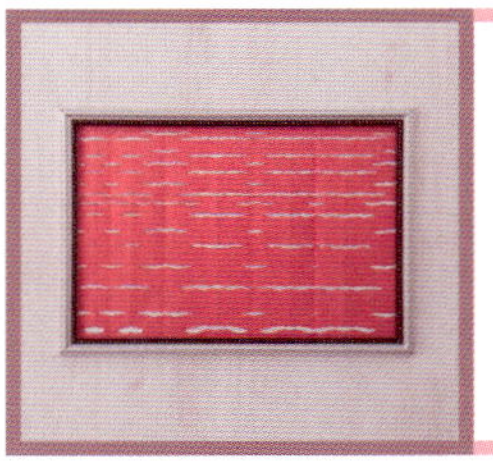

夕波

作品／p.9

切り取り図案が描かれている左端の面の裏側に上紙の残りをランダムにじゃばら折りして切ることで、さまざまな波模様が現れます。

型紙の使用方法 （詳細は p.6 参照）	
A ○	C ○
B ○	D ×

材料／道具

「レース文様」と同じ。

✹型紙 p.69

✿ 紙を切り、型紙を上紙に写す

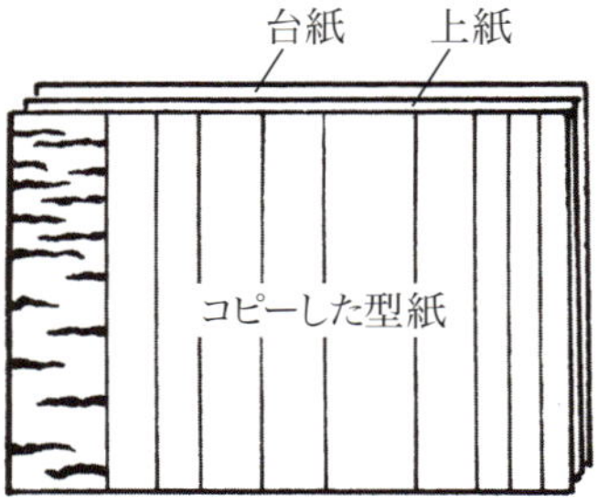

❶コピーした型紙と同サイズで上紙と台紙を切る。

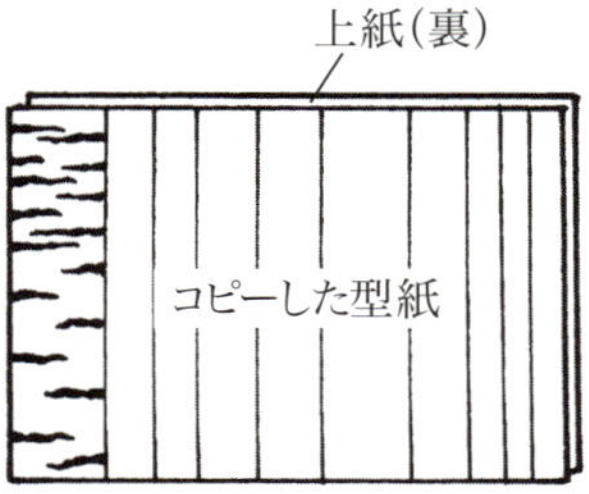

❷上紙（裏）に型紙を貼るかカーボン紙で図案を写す。鉄筆で折り線をなぞる。

✿ 折りたたんで切る

❸折りすじにそって折る（折り幅の違いで図のようになる）。図案部分をハサミで切り取る。

最後に、切った上紙を破らないようにそっと広げて、台紙に重ねて写真立てに入れる。

青りんご

作品／p.9

均等なじゃばら折りをして切った後、逆に折り返して切ることで、均一な市松青りんご文様になります。

型紙の使用方法 （詳細は p.6 参照）	
A ◯	C ◯
B ◯	D ×

材料／道具

「レース文様」(p.18) と同じ。
☀型紙 p.72

型紙の折り線どおりに折って図案を切り取った後、紙を折り直して別の図案を切り取る方法

1度折って1回で図案を切り取る方法に比べ、この方法では折り直しながら何回かに分けて切り取っていくことにより、複雑な模様をつくることができます。「アジアンスタイル」「桜の並木」(p.20、21) も同じ技法です。

✻ 紙を切り、型紙を上紙に写す

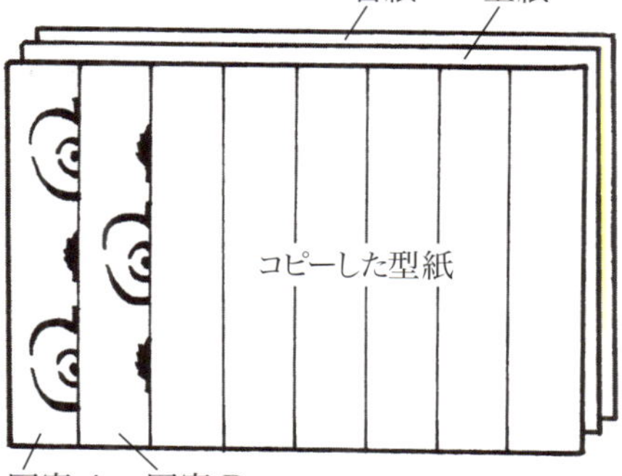

❶コピーした型紙と同サイズで上紙と台紙を切る。

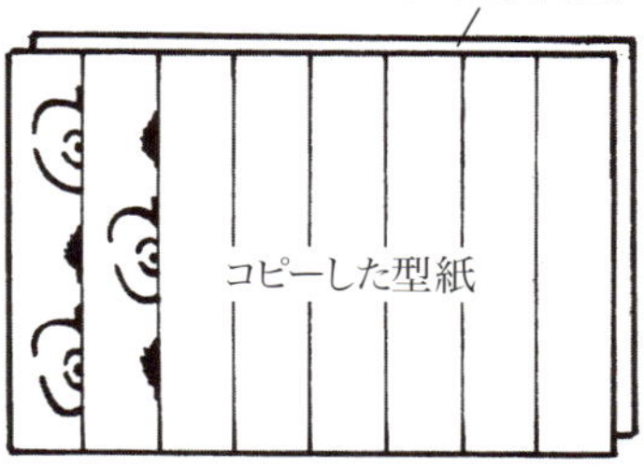

❷上紙（裏）に型紙を貼るか、カーボン紙で図案を写す。鉄筆で折り線をなぞって折りすじをつける。

✻ 上紙を折りたたんで図案 A を切る

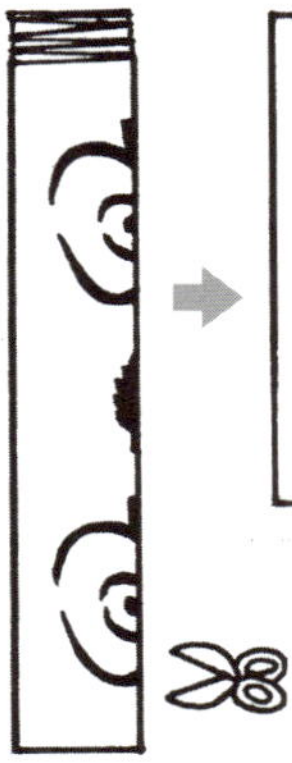

図案 A を切り取る

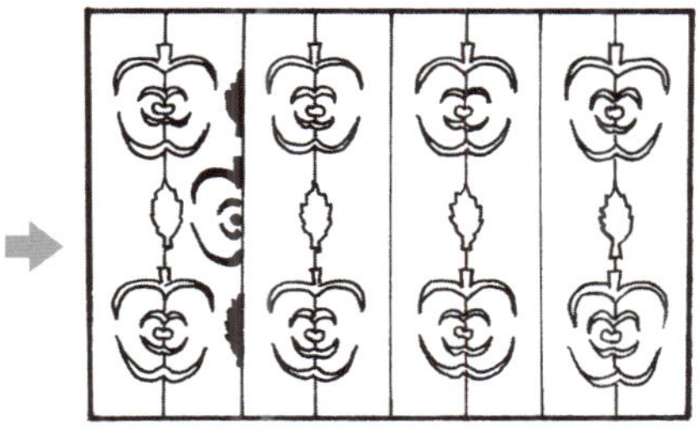

図案 A を切り取って開いた状態

❸折りすじにそって上紙を8分割のじゃばら折りにし、図案 A をハサミで切り取る。

✻ 上紙を逆にたたみ直して図案 B を切る

山線と谷線を逆にたたみ直した状態

❹型紙の折りすじ（作業手順③の折りすじ）と逆になるように折り直し、両端を広げる。

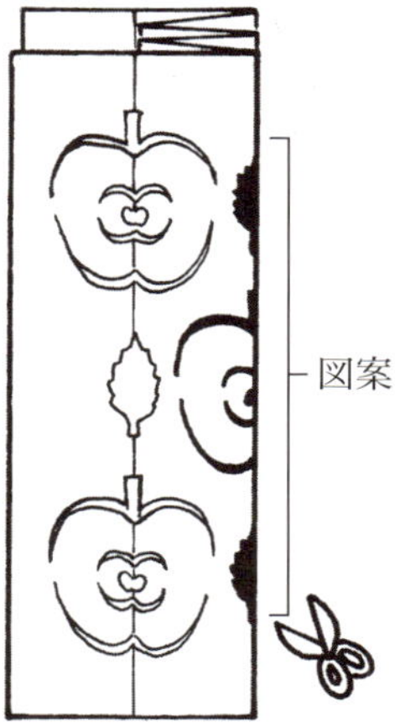

❺作業手順④から両端を広げた図。図案 B を切り取って完成。

最後に、切った上紙を破らないようにそっと広げて、台紙に重ねて写真立てに入れる。

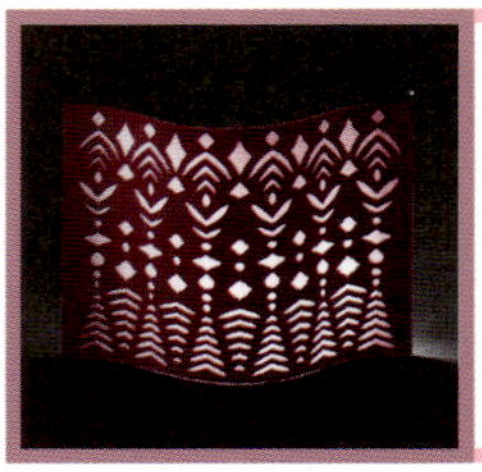

アジアンスタイル

作品／p.11

型紙の使用方法 （詳細は p.6 参照）	
A 〇	C 〇
B 〇	D ×

均等なじゃばら折りをして切ってから、逆に折り返して切ります。

材料／道具

「スマイルハート」（p.17）と同じ。ライトカバーに仕立てるための材料はp.28参照。 ☀型紙 p.69

✽ 紙を切り、型紙を上紙に写す

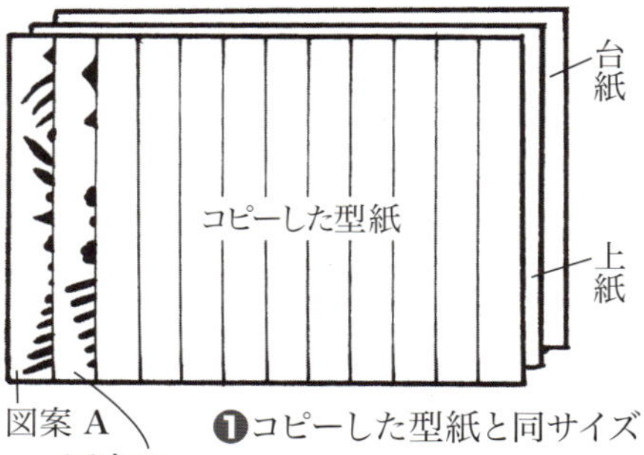

❶コピーした型紙と同サイズで上紙と台紙を切る。

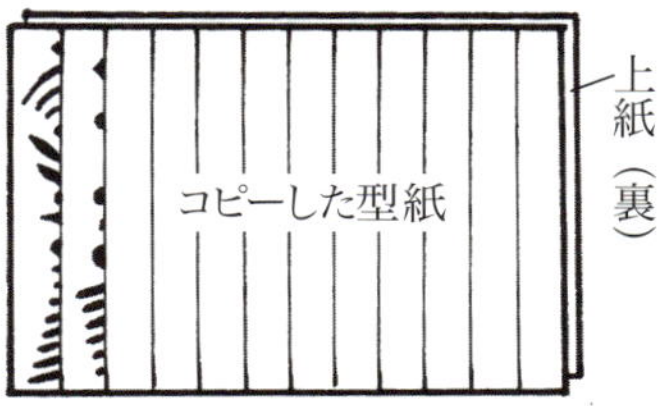

❷上紙（裏）に型紙を貼るか、カーボン紙で図案を写す。鉄筆で折り線をなぞる。

✽ 折りたたんで図案Aを切る

❸折りすじどおりにじゃばら折りし、図案 A を切り取る。

✽ 逆にたたみ直して図案Bを切る

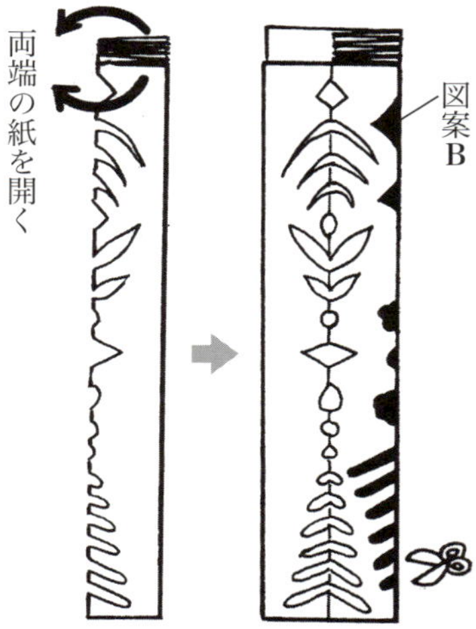

❹作業手順③の折りすじと逆に折り直す。両端を図のように広げて、図案 B を切り取る。

最後に、上紙を破らないようにそっと広げて、台紙に重ねてライトカバーに仕立てる（仕立て方 p.28）。

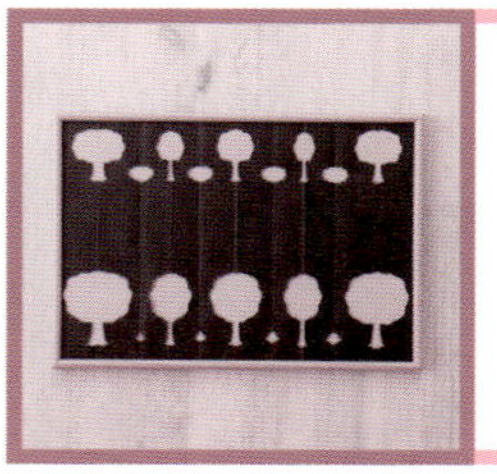

桜の並木

作品／p.9

型紙の使用方法 （詳細は p.6 参照）	
A 〇	C 〇
B 〇	D ×

片側をずらしながらじゃばら折りをしたものを、３種類の木を表現するために何度か折り返して切ります。

材料／道具

「レース文様」（p.18）と同じ。
☀型紙 p.70

✽ 紙を切る

❶コピーした型紙と同サイズで上紙と台紙を切る。

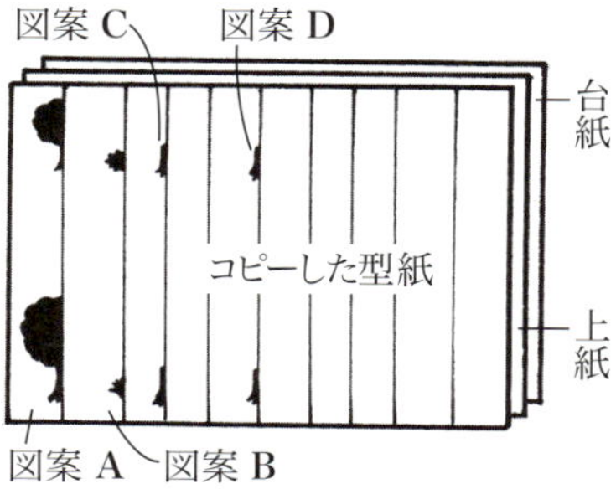

最初に折りたたんだときの全体像は作業手順②の状態です。たたんだ後、図案を切っていく作業手順③～⑩は、紙の折り方が分かりやすいように、上部だけを拡大して説明してありますが、下側部分の図案も上部の図案と同じように切り取りながら作業を進めてください。

✽ 上紙に型紙を写し、何度か折り直しながら図案A～Dを切る

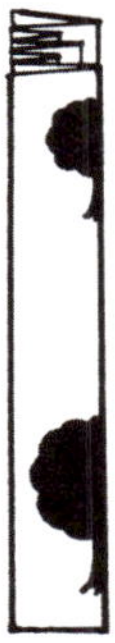

❷上紙（裏）にコピーした型紙を貼るか、カーボン紙で図案を写す。鉄筆で型紙の折り線をなぞって折りすじどおり折る。

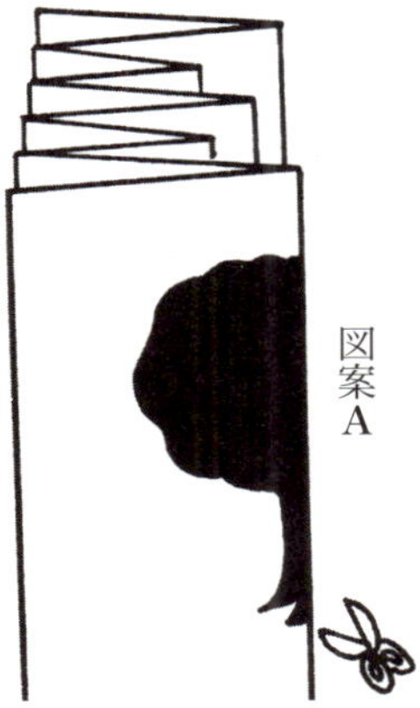

❸折りすじにそって折ると、折り幅が違うため図のような形になる。図案A（上下の木2つ）を切り取る。

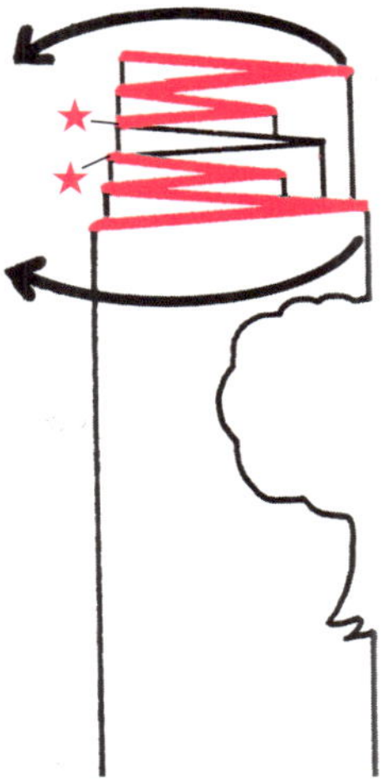

❹図の印（★）の部分を支点に紙を開く。

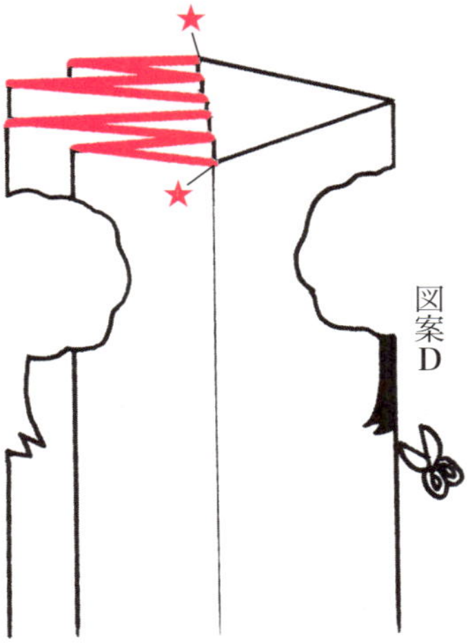

❺紙を開いた図。紙を開いて現れた図案D（上下の木の幹2つ）を切り取る。

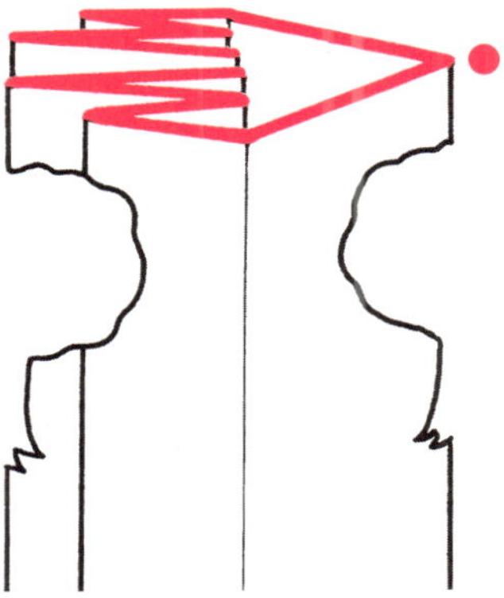

❻図の印（●）を支点に裏返す。このとき●の折りを山折りから谷折りに変える。

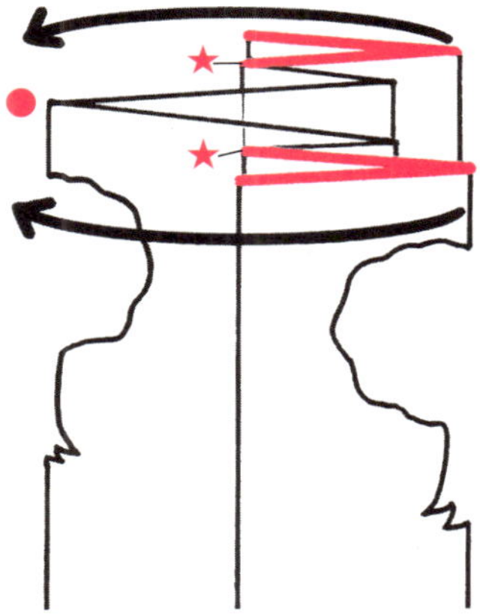

❼作業手順⑥の印（●）が谷折りで左位置に変わった。次に★を支点に紙を開く。

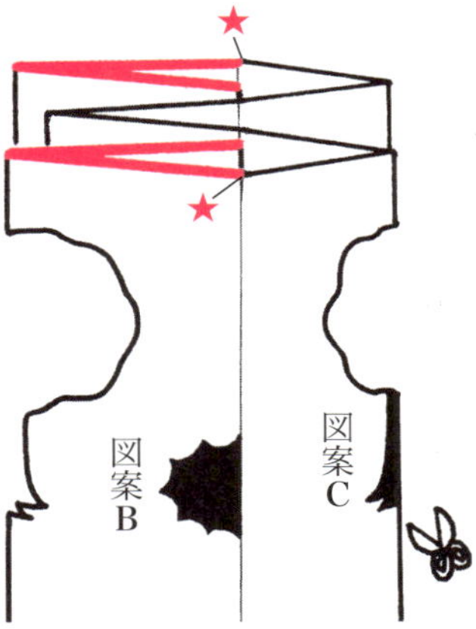

❽図案C（上下の木の幹2つ）のみ切り取る。図案Bは切らない。

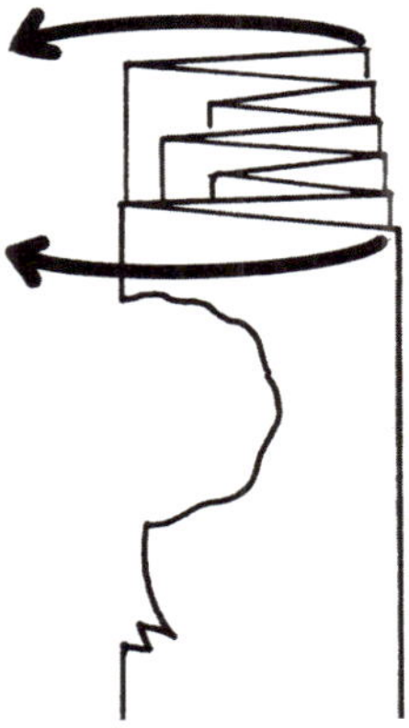

❾型紙の折りすじ（作業手順②③の状態）と逆になるように折り直し、図のように両端を広げる。

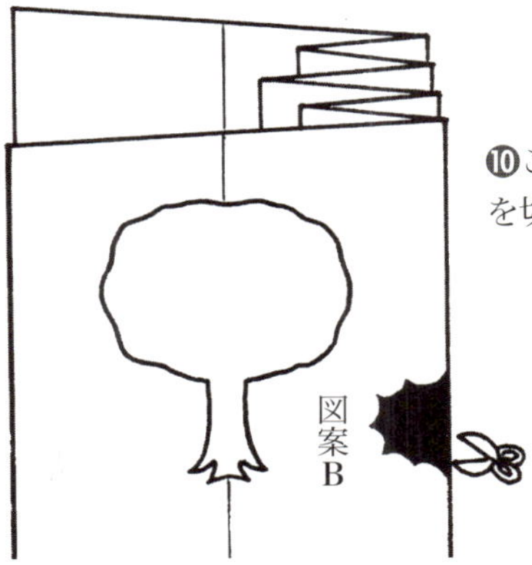

❿ここで図案B（上下2つ）を切り取る。

最後に、切った上紙を破らないように広げ、台紙に重ねて写真立てに入れる。

星空

作品／p.9

左上と右下に星を連ねる図案です。中心の図柄がない部分には写真やポストカードを飾ってもOK。

型紙の使用方法 （詳細はp.6参照）			
A	○	C	○
B	○	D	×

材料／道具　「レース文様」（p.18）と同じ。
☀型紙 p.72

✿ 紙を切り、型紙を上紙に写す

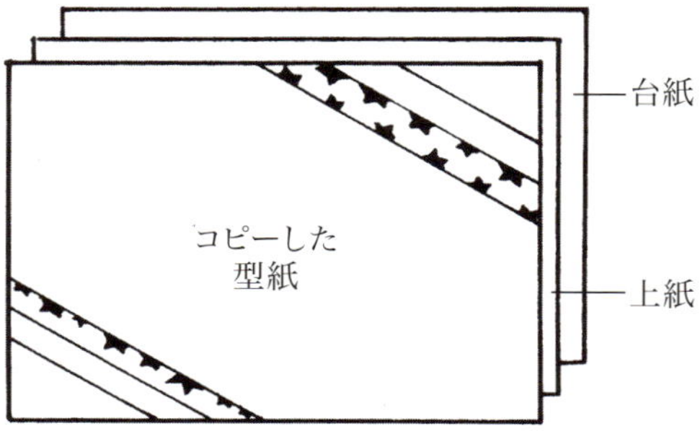

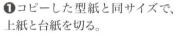

❶コピーした型紙と同サイズで、上紙と台紙を切る。

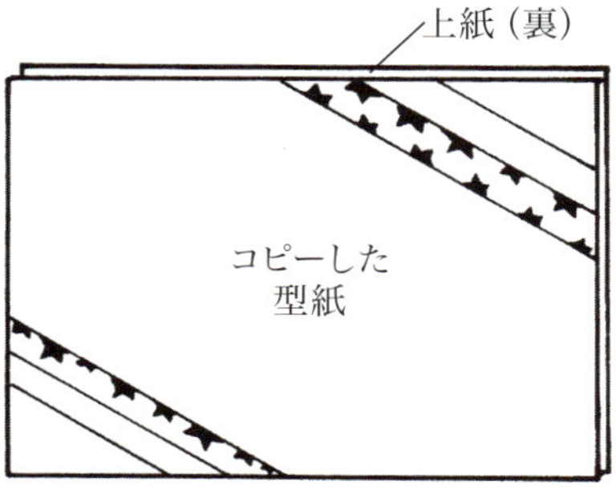

❷上紙（裏）に型紙を貼るか、カーボン紙で図案を写す。鉄筆で型紙の折り線をなぞって折りすじをつける。

✿ 上紙を折りたたんで切る

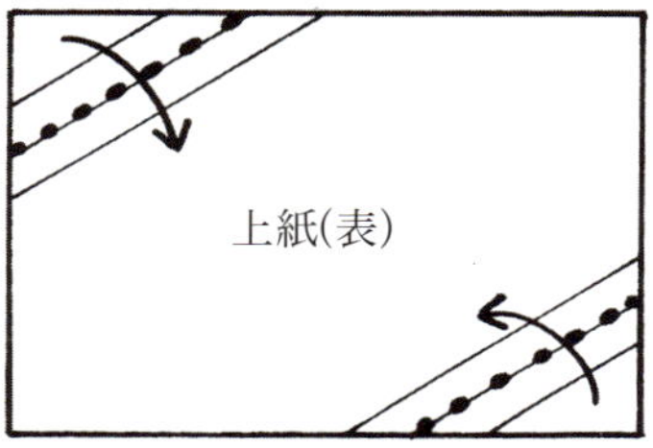

❸裏返して上紙の表を出し、両端とも折り線のうち真ん中の線で図のように折る。

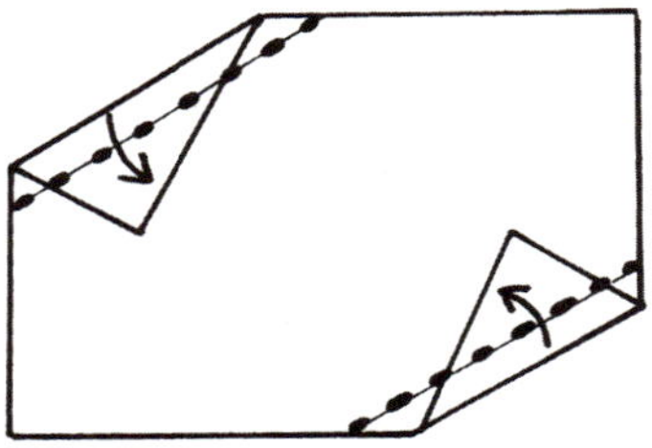

❹折った２枚を重ねてもう一度折る。

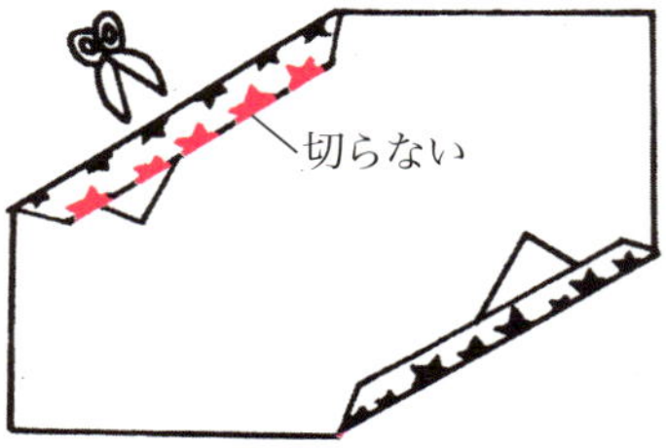

❺型紙の図案が出てくるので、黒い部分を切り取る。図の赤い部分は切らない。

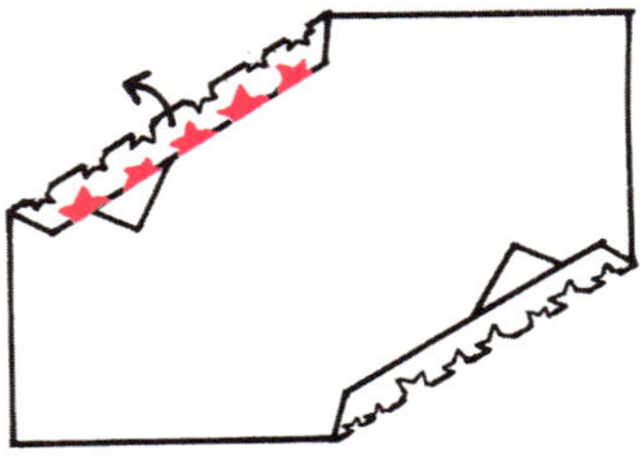

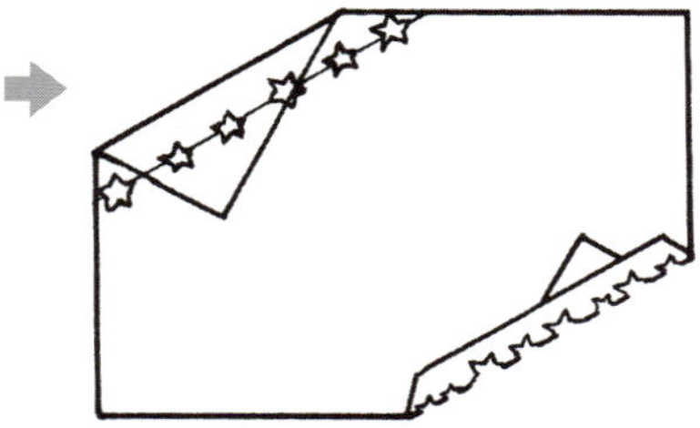

❻左上だけ紙を1回開く。

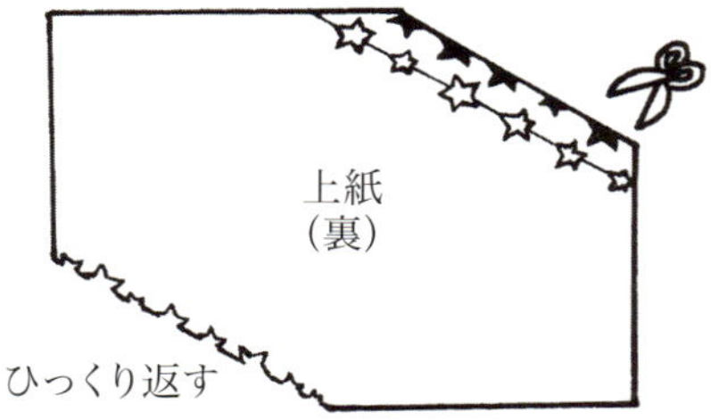

❼ひっくり返して裏を上にし、図案の黒い部分を切り取る。

最後に表に返し、切った上紙を破らないようにそっと広げて、台紙に重ねて写真立てに入れる。

秋景

作品／p.9

片側を均等にずらしながらじゃばら折りにして切ることで、中心のみがとんぼの文様になります。

型紙の使用方法 （詳細は p.6 参照）	
A　×	C　×
B　×	D　○

材料／道具

〈上紙と台紙〉ファンシーペーパー（p.5）や和紙など、好みの模様の色違いの紙

• 鉄筆　• ハサミ　• セロハンテープ　• 写真立て　＊型紙 p.70

＊ 紙を切る

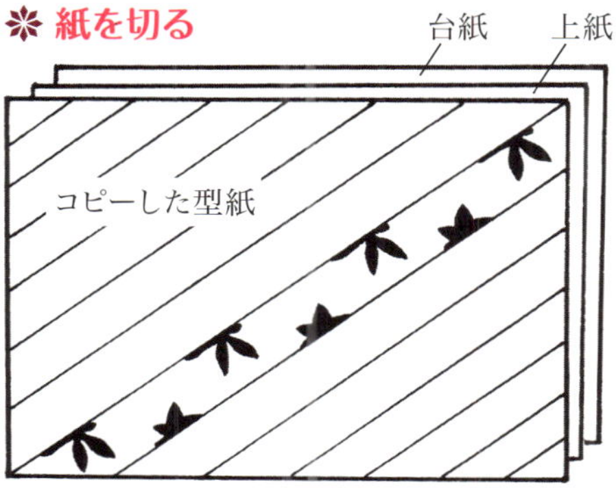

❶コピーした型紙と同じサイズで、上紙と台紙を切る。

＊ 上紙を型紙の折りすじどおり折る

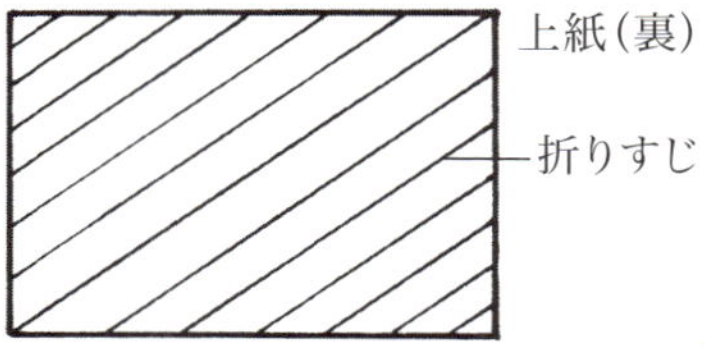

❷上紙の裏を上に向けて置き、コピーした型紙をのせて鉄筆で線をなぞって折りすじをつけ、型紙をはずす。

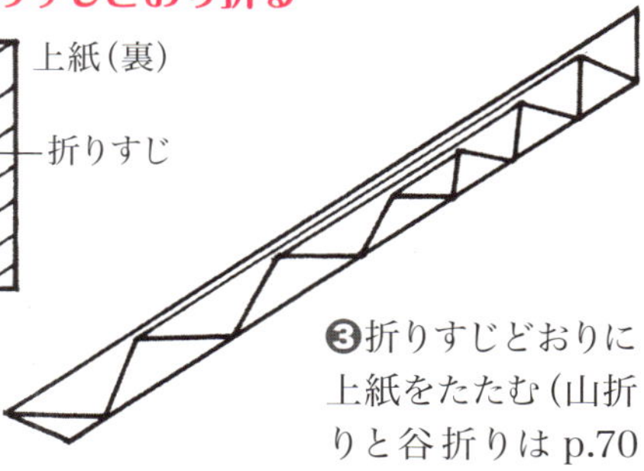

❸折りすじどおりに上紙をたたむ（山折りと谷折りは p.70 の型紙参照）。

＊ 型紙を切り、折った上紙に巻く

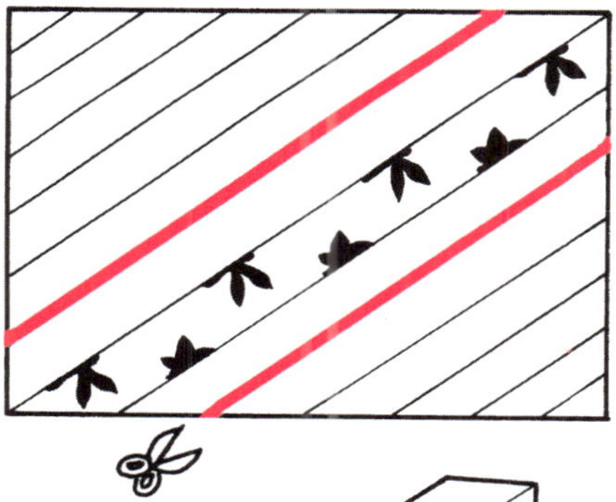

❹コピーした型紙を赤線の位置で切る。

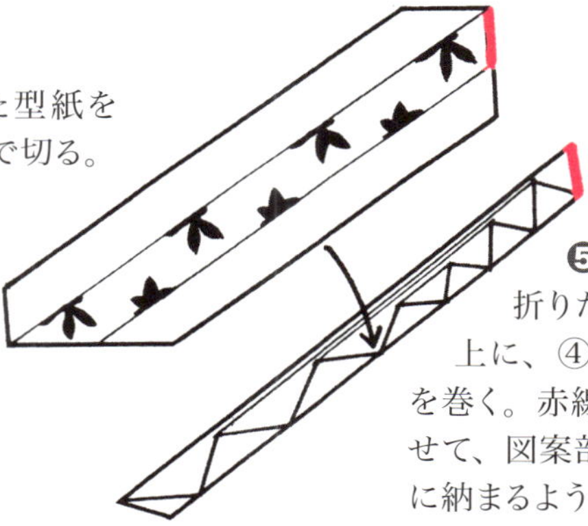

❺作業手順③で折りたたんだ上紙の上に、④で切った型紙を巻く。赤線の位置を合わせて、図案部分が上紙の上に納まるように重ねる。

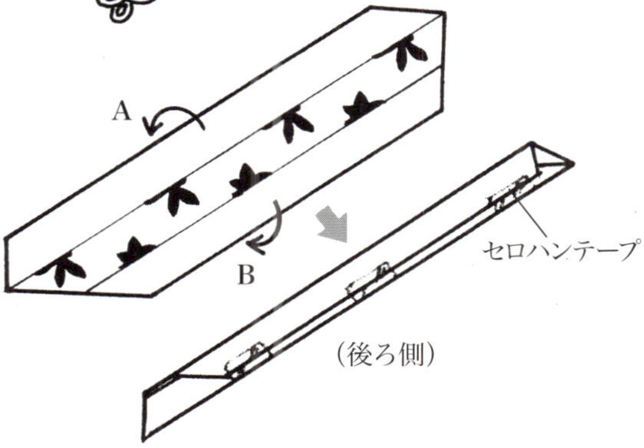

❻A→Bの順に型紙の余白部分を上紙の後ろに回してたたみ、セロハンテープでとめる。

＊ 図案部分を切り取る

❼表を上に向けて、図案部分を切り取る。

最後に、巻いた型紙をはずして切った上紙を破らないようにそっと広げて、台紙に重ねて写真立てに入れる。

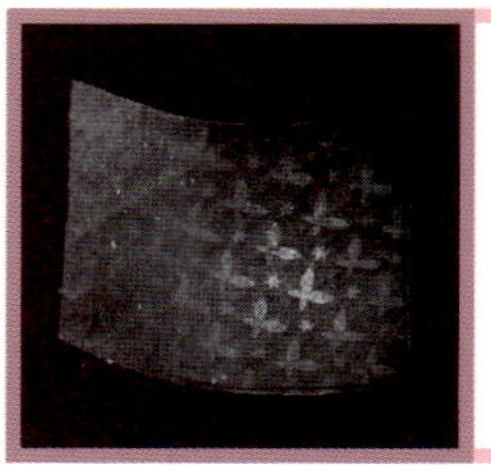

花蝶

作品／p.13

均等に斜めじゃばら折りをして左右から切り取ると、羽ばたく蝶と花の市松文様ができます。

型紙の使用方法（詳細は p.6 参照）	
A　×	C　×
B　×	D　○

材料／道具

〈上紙と台紙〉ファンシーペーパー（p.5）や和紙など、好みの模様の色違いの紙
- 鉄筆
- ハサミ
- セロハンテープ

ライトカバーに仕立てるための材料は p.28 参照。　☀型紙 p.71

台紙に切り紙をした柔らかい光のライトカバー

「花蝶」はやさしい光のライトにするため、台紙に切り紙をし、上紙は切らずに台紙にかぶせます。ライトを使わず切り紙として飾って楽しむ場合は、上紙を切ってください。

✲ 紙を切る

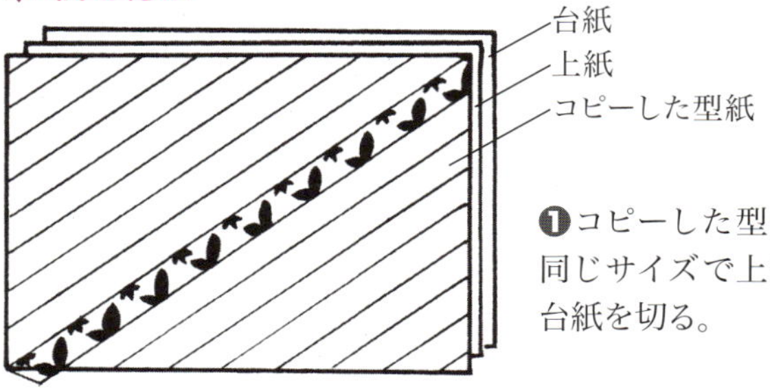

❶コピーした型紙と同じサイズで上紙と台紙を切る。

✲ 台紙を型紙の折り線どおり折る

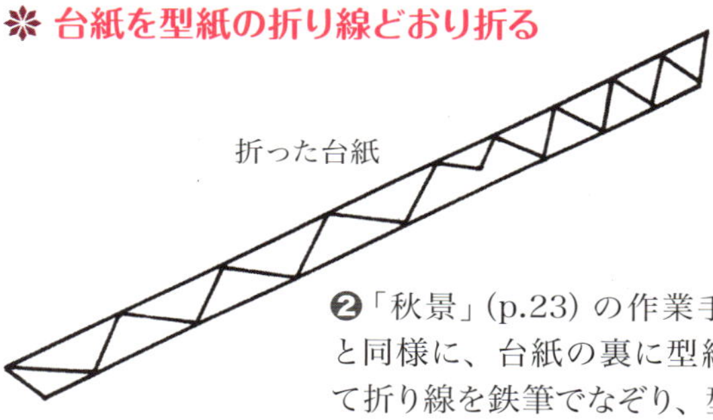

❷「秋景」（p.23）の作業手順②③と同様に、台紙の裏に型紙をのせて折り線を鉄筆でなぞり、型紙をはずして折りすじどおりに台紙を折る。

✲ 型紙を切り、台紙に巻く

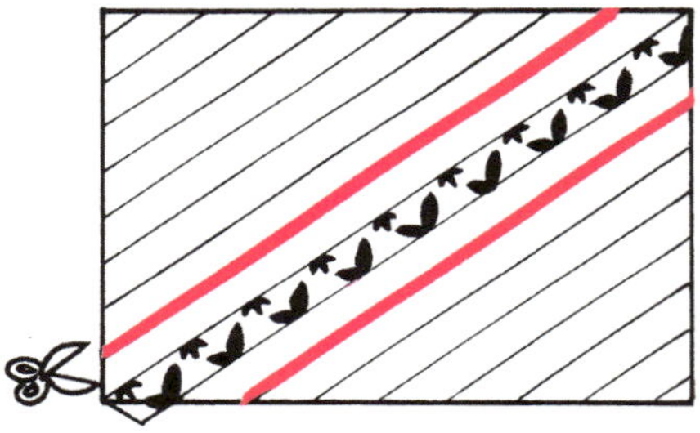

❸コピーした型紙を赤線の位置で切る。

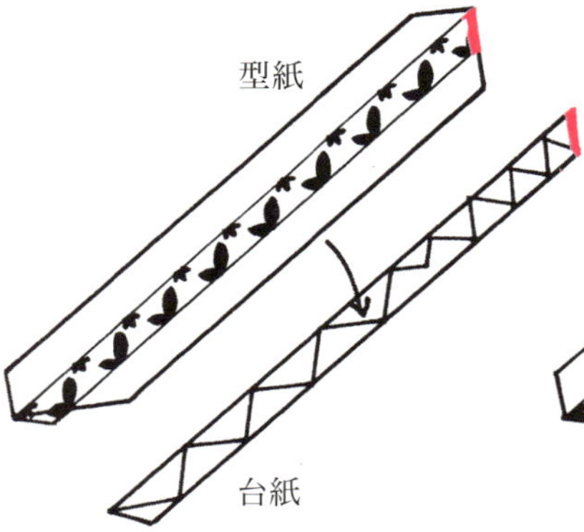

❹作業手順②で折りたたんだ台紙の上に、③で切った型紙を巻く。赤線の位置を合わせ、図案部分が台紙に納まるようにする。

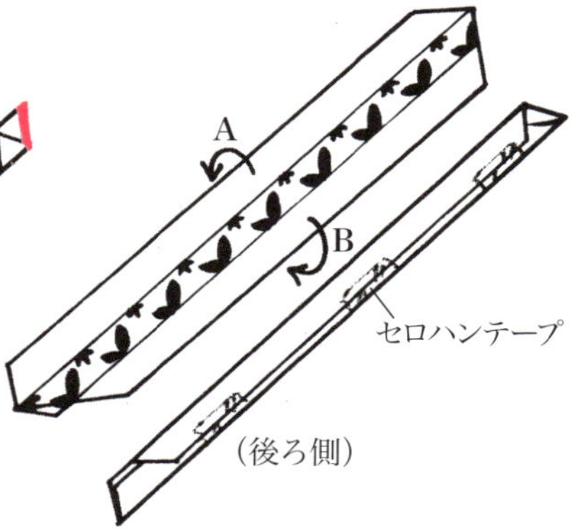

❺A→Bの順に型紙の余白部分を台紙の後ろに回してたたみ、セロハンテープでとめる。

✲ 図案部分を切り取る

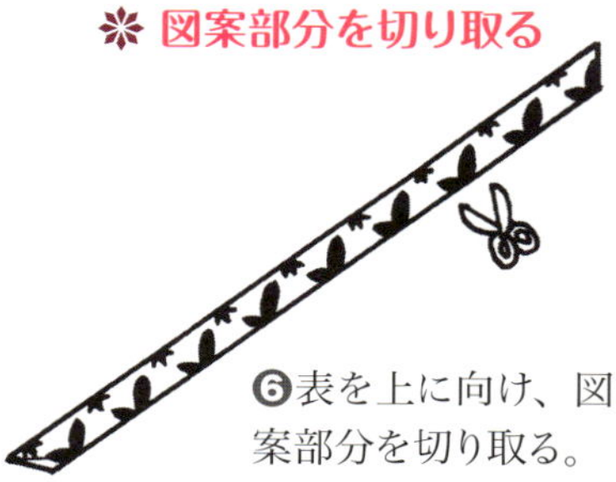

❻表を上に向け、図案部分を切り取る。

最後に、巻いた型紙をはずし切った台紙を破らないように広げ、上紙に重ねてライトカバーに仕立てる（仕立て方 p.28）。

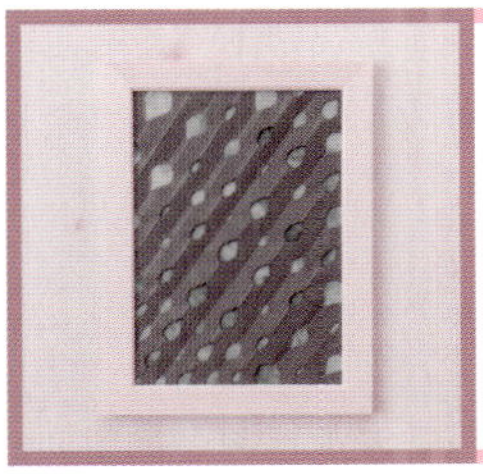

しずく

作品／p.8

型紙の使用方法 （詳細は p.6 参照）	
A ×	C ×
B ×	D ○

両側を均等にずらしながらじゃばら折りして切ることで、さまざまな形と大きさのしずく模様が現れます。

材料／道具

「秋景」（p.23）と同じ。
☀型紙 p.73

✻ 紙を切る

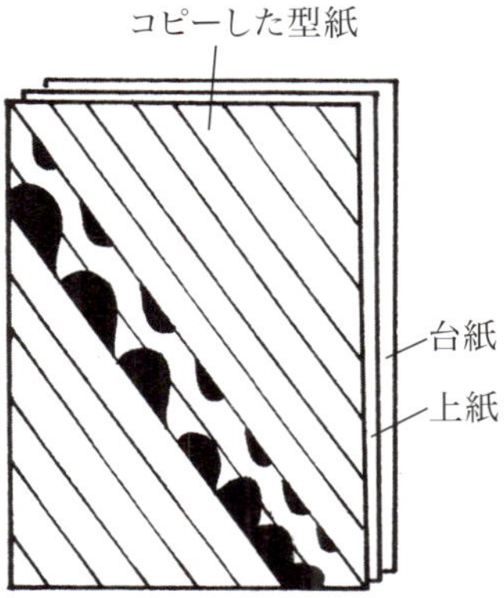

❶コピーした型紙と同サイズで上紙と台紙を切る。

✻ 上紙を型紙の折り線どおり折る

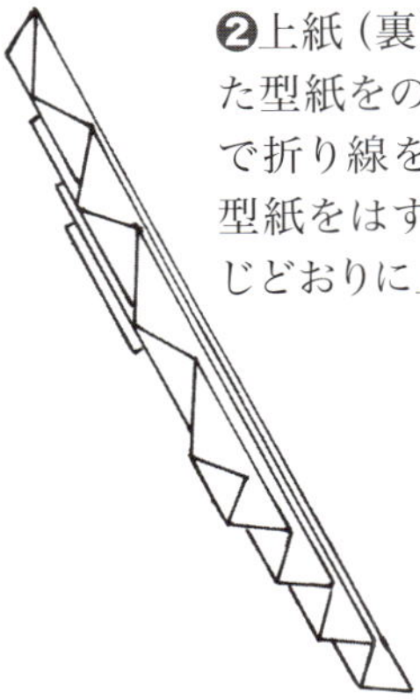

❷上紙（裏）にコピーした型紙をのせる。鉄筆で折り線をなぞったら型紙をはずし、折りすじどおりに上紙を折る。

✻ 型紙を切り、折った上紙に巻く

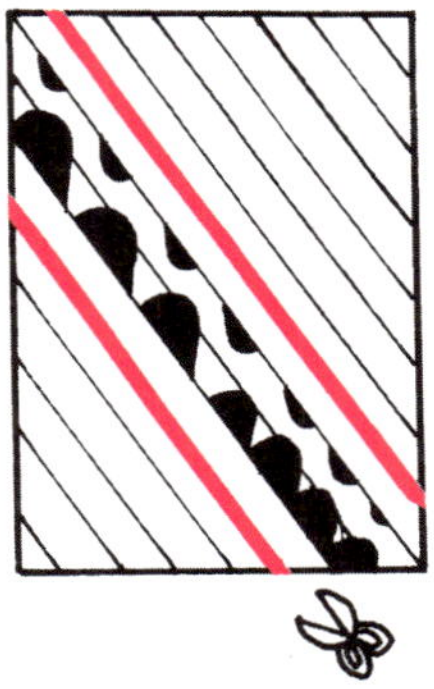

❸コピーした型紙を赤線の位置で切る。

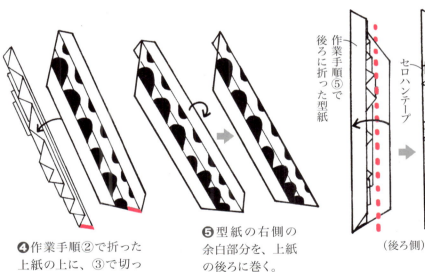

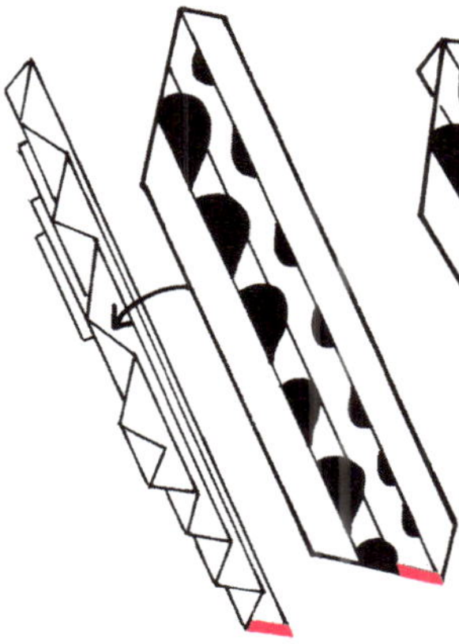

❹作業手順②で折った上紙の上に、③で切った型紙を赤線の位置を合わせてかぶせる。

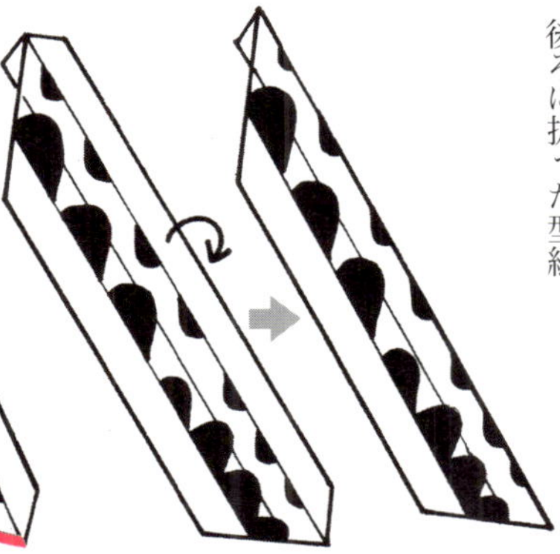

❺型紙の右側の余白部分を、上紙の後ろに巻く。

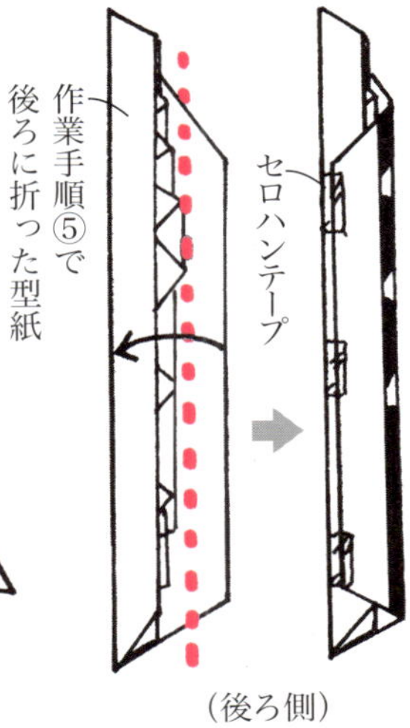

❻裏返して、折った上紙の一番とび出した部分に合わせて型紙を折り、セロハンテープでとめる。

✻ 図案部分を切り取る

❼表にもどし、図案の黒い部分を切り取る。※作業手順⑥で紙の幅が変わったので、作業手順⑦では折り線が見える。

最後に、巻いた型紙をはずし、切った上紙を破らないように広げて台紙に重ね、写真立てに入れる。

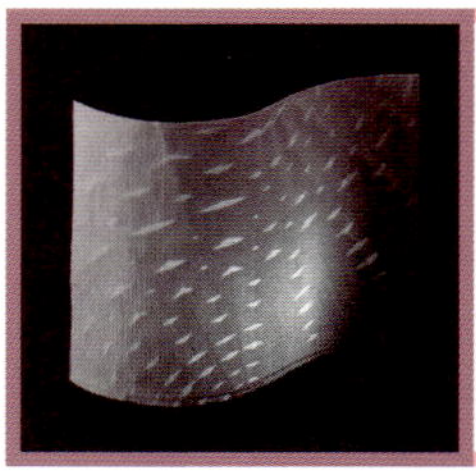

波光（はこう）

作品／p.12

中心から、左右を逆方向に扇形のじゃばら折りにして切ることで、大きな波形に模様が連なります。

型紙の使用方法 （詳細は p.6 参照）	
A　×	C　×
B　×	D　○

材料／道具

「花蝶」（p.24）と同じ。ライトカバーに仕立てるための材料はp.28 参照。
☀型紙 p.71

「花蝶」(p.24) と同様、台紙に切り紙をし、上紙は切らずに台紙にかぶせます。切り紙として飾って楽しむときは、上紙の方を切り取ってください。

✼ 紙を切る

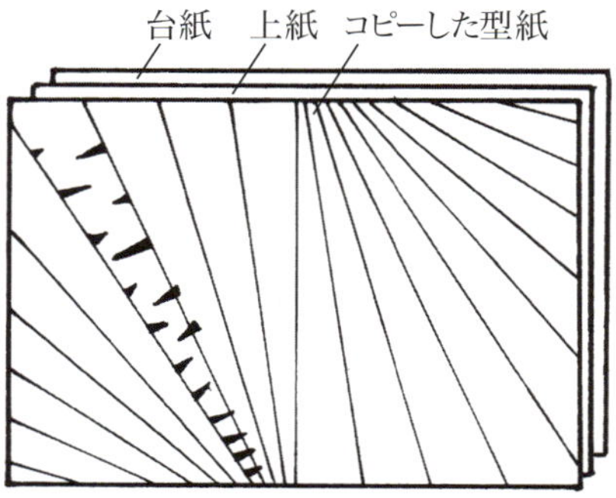

❶コピーした型紙と同サイズで上紙と台紙を切る。

✼ 台紙を型紙の折り線どおり折る

❷台紙（裏）にコピーした型紙を置く。鉄筆で型紙の折り線をなぞって折りすじをつけたら型紙をはずし、台紙を折る。

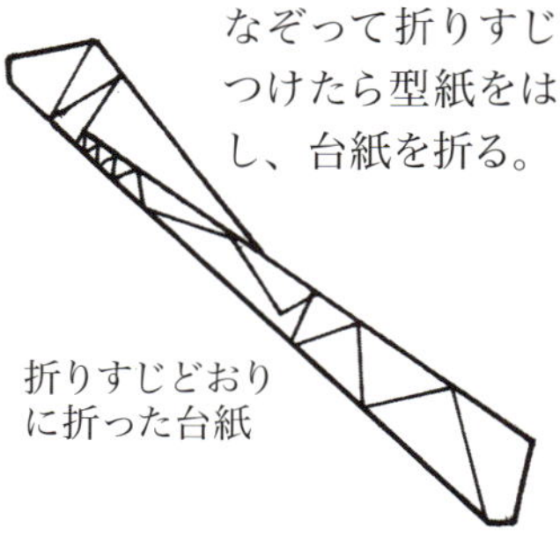

✼ 型紙を切り、折った台紙に巻く

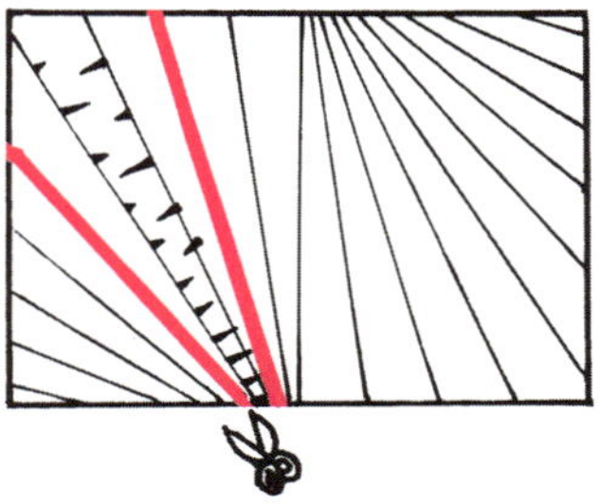

❸コピーした型紙を赤線の位置で切る。

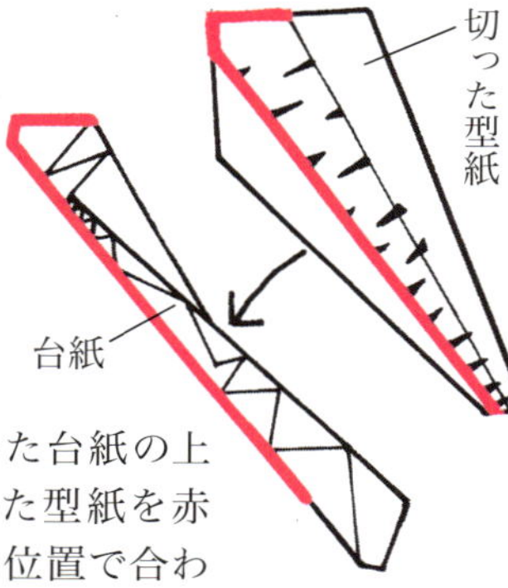

❹折った台紙の上に切った型紙を赤い線の位置で合わせて重ねる。

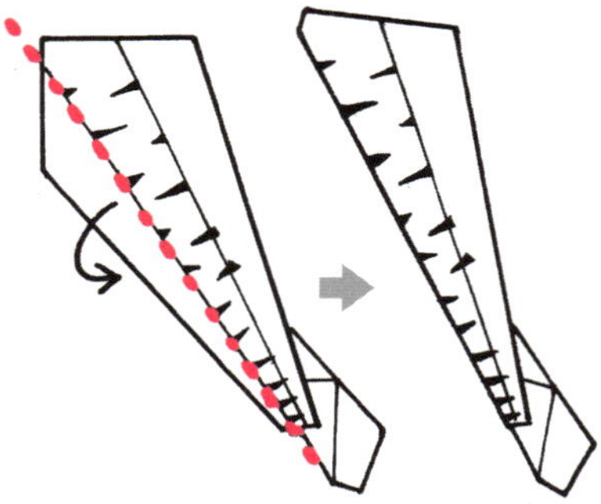

❺型紙の左側の余白部分を台紙の後ろに巻く。

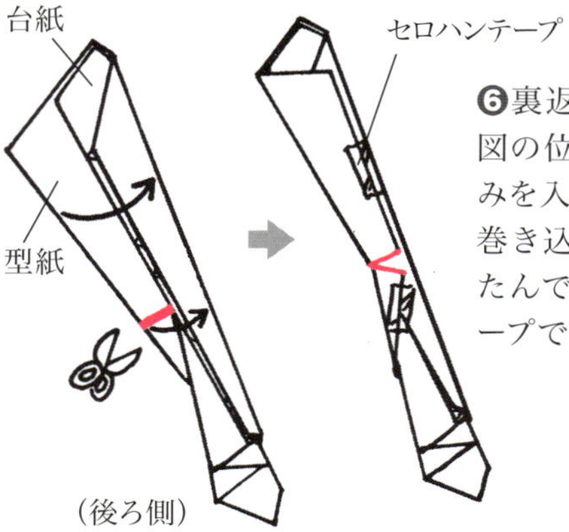

❻裏返して型紙の図の位置に切り込みを入れ、台紙を巻き込むようにたたんでセロハンテープでとめる。

✼ 図案部分を切り取る

❼表に向けて図案の黒い部分を切り取る。

最後に、巻いた型紙をはずし、切った台紙を破らないように広げ、上紙と重ねてライトカバーに仕立てる（仕立て方 p.28）。

孔雀羽模様

作品／p.9

紙の短い辺から巻き込むように折りたたんで切り取ると、放射状に文様が現れます。

型紙の使用方法（詳細は p.6 参照）	
A　×	C　×
B　×	D　○

材料／道具

「「秋景」(p.23) と同じ。
☀型紙 p.72

本書で紹介する他の切り紙作品はすべて山折り・谷折りでたたんでから模様を切り取りますが、本作品だけは山折りを繰り返して紙を巻きます。そのため、巻いていく過程で紙の厚みによっては折り線の位置がずれることもありますので、折り線は目安と考えてください。

✲ 紙を切る

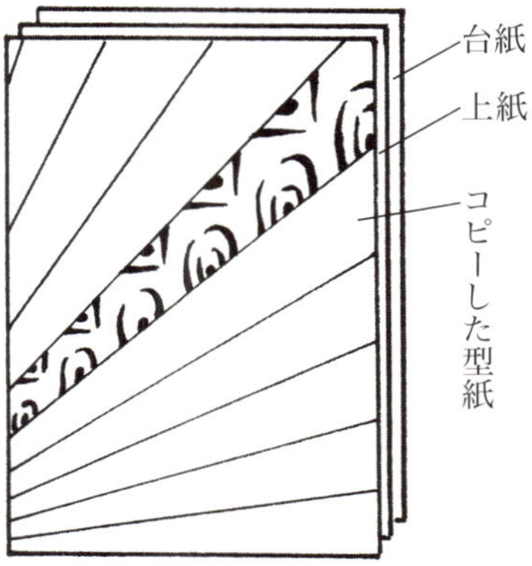

❶コピーした型紙と同サイズで上紙と台紙を切る。

✲ 上紙を型紙の折り線どおり折って巻く

❷上紙（裏）にコピーした型紙をのせる。鉄筆で折り線をなぞったら型紙をはずし、上紙を折りすじどおりにたたんで巻いていく。

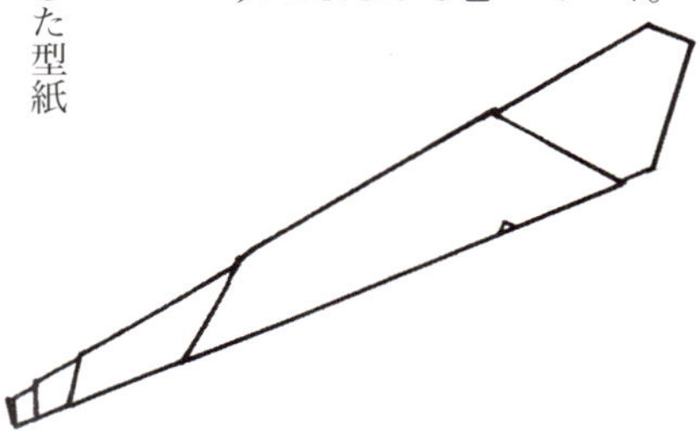

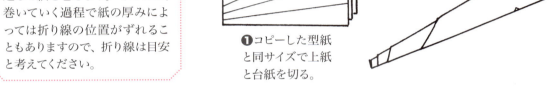

✲ 型紙を切り、巻いた上紙に巻く

❸コピーした型紙を赤線の位置で切る。

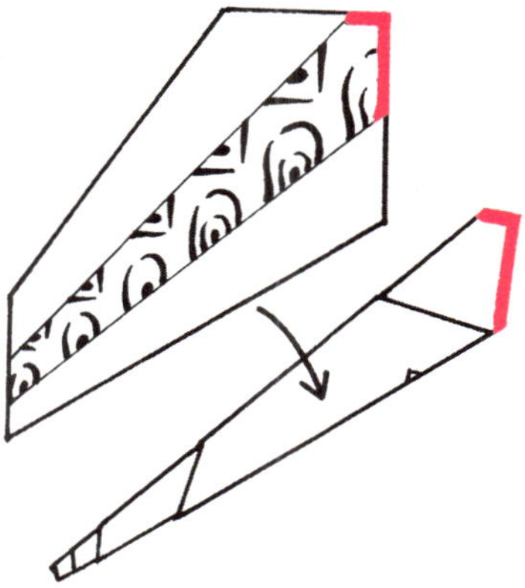

❹作業手順②でたたんで巻いた上紙の上に切った型紙を赤い線の位置を合わせて重ねる。型紙の図案部分が上紙の上に納まるように注意。

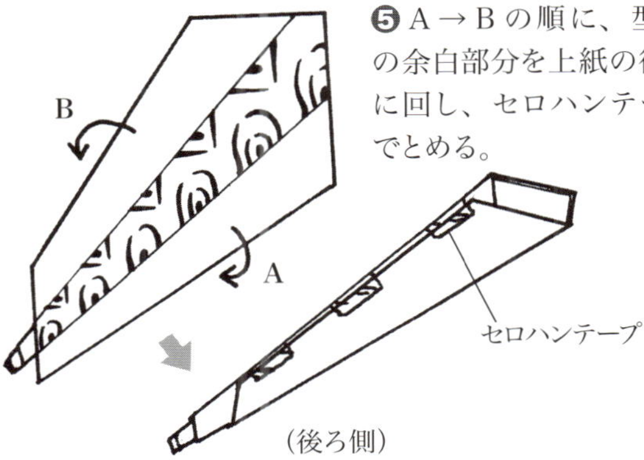

❺A→Bの順に、型紙の余白部分を上紙の後ろに回し、セロハンテープでとめる。

✲ 図案部分を切り取る

❻表を上に向けて、図案の黒の部分を切り取る。

最後に、巻いた型紙をはずし、上紙を破らないように広げて台紙に重ね写真立てに入れる。

ライトカバーについて

ライトカバーと紙

ライトカバーは、光を透しやすい紙を使うと全体が光って爽やかな印象になり、光を透しにくい紙では模様部分が強く光ってコントラストのはっきりした印象になります。紙を選ぶ際には実際に光を透かすなどして好みの紙を選んでください。また切る紙に型紙を貼って作業する場合は、模様を切り取った後も型紙を貼ったままライトカバーに仕立てますので、暗くならないように光を透しやすい紙を選びましょう。

ＬＥＤライトの使用について

ライト点灯中の過熱による事故を防ぐため、電球は白熱電球ではなくＬＥＤライトを使ってください。難燃性の紙もありますがその場合も同様です。

ライトカバーの仕立て方

〈材料／道具〉

- 切り紙（上紙と台紙）
- ワイヤー（1mm）130cm
- LED ライト
- セロハンテープ
- スティックのり

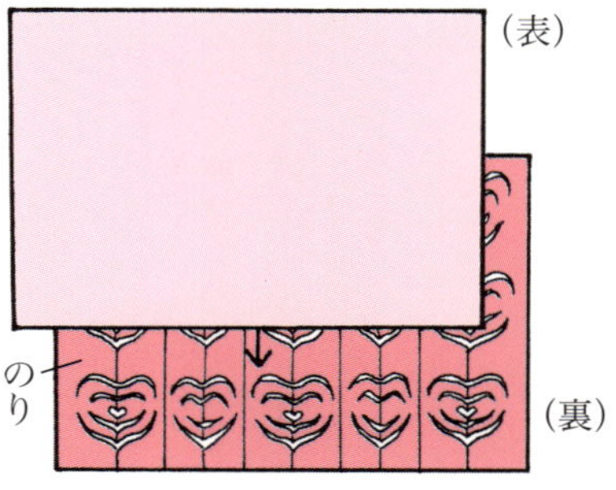

❶図案を切り取った方の紙の裏側にのりを塗り、切っていない方の紙を表を上に向けて貼る。

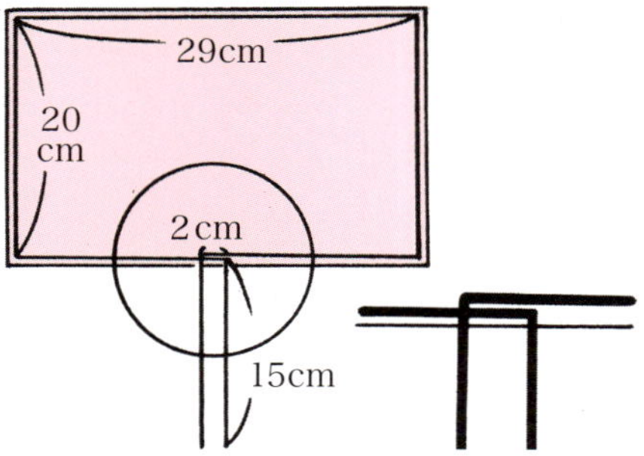

❷台紙を上に向けて置き、ワイヤーを図のように手で曲げる（台紙に図案を切った場合は切り紙した面が上を向くことになる）。

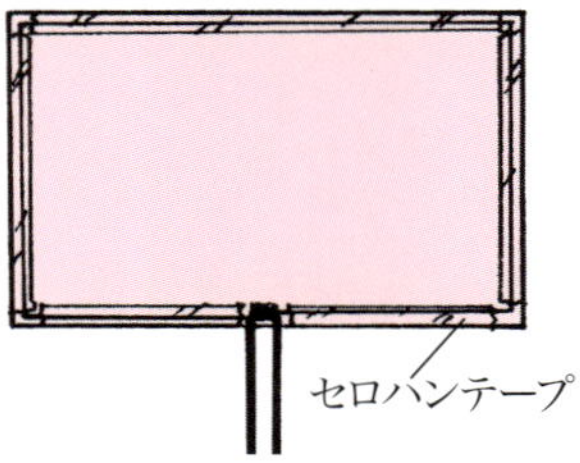

❸セロハンテープでワイヤーを台紙に固定する。

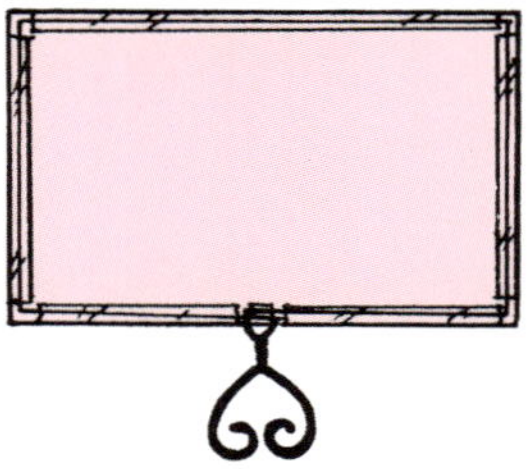

❹交差した部分のワイヤーを2回ねじり、ハート形に曲げる。

ワイヤーは自在に曲がるので、好みの形に曲げてもよい。

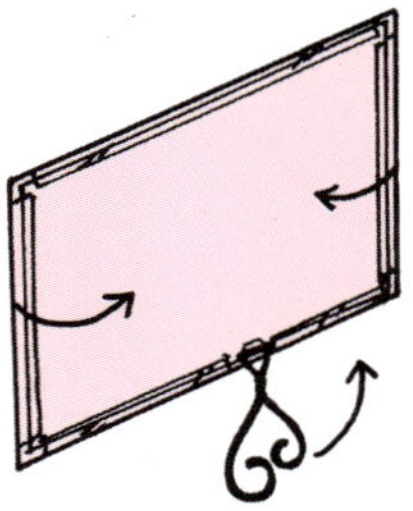

❺紙に貼ったワイヤーの左右を内側に曲げる。ハート形にしたワイヤーはカバー本体に対して直角に起こすように曲げる。

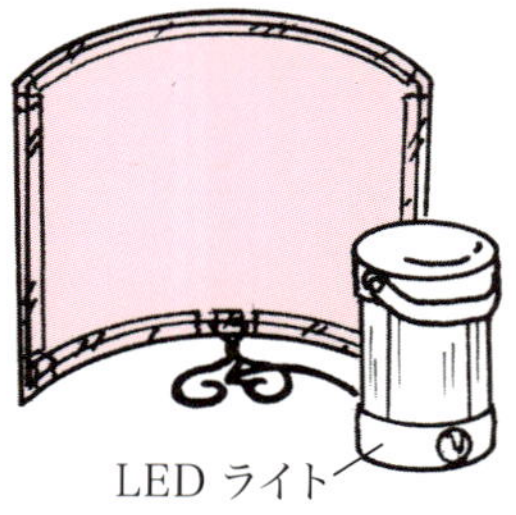

❻紙のライトカバーは軽いので転倒しないように、ハート形のワイヤーの上にLED ライトをのせて重しにする。

「スマイルハート」と「アジアンスタイル」は上紙に図案を切り抜き、「波光（はこう）」と「花蝶」は台紙に図案を切り抜きますが、ライトカバーに仕立てるときは、どちらも台紙にワイヤーを固定します。

とび出す動物切り絵

切り絵の型紙　カッターナイフ用とハサミ用について

本書の型紙には、作品によってカッターナイフ用とハサミ用の２種類があります。作品によっては模様の中だけを切り抜く図案があり、そのような作品はハサミでは作業が困難になるので、切り込み線がつながるようにしたハサミ用の型紙も用意しました。

切るときのコツ

カッターナイフで切る際は曲線や角は紙を動かしながら切ると切りやすいでしょう。ハサミで切る場合、図案の切り終わりや角を刃先で不用意に切ってしまうと、思ったよりも切り過ぎてしまったり、切り終わり周辺の紙が破けてしまったりします。切り終わりはハサミを大きく開いて刃の根元でゆっくり切るとよいでしょう。

紙選び

動物を切り出す上紙と台紙は、ともにA5サイズを用意します。台紙は上紙と同じ厚さでもよいのですが、切り出した動物を飛び出させるために湾曲させた上紙を支える必要があるので、上紙よりも厚めの台紙を使用するとよいでしょう。

ハサミ用型紙で切る際はカッターナイフ用よりも切り離す部分が多く、接続部分が小さくなる場合があるので、硬めの紙を使った方がよいかもしれません。

色は同系、反対色どちらでもよいので好みのものを選んでください。本書では上紙、台紙ともに無地の紙を多く使いましたが、「キリンの背伸び」のようなドット柄はポップな雰囲気になり、千代紙のような和柄はおしゃれで華やいだ雰囲気がでます。さまざまな紙の組み合わせも楽しんでみてください。

ここでは「イルカのジャンプ」でカッターナイフを使った作業手順を紹介しますが、他の「とび出す動物切り絵」作品（p.14 ～ 16）も手順は同様です。

イルカのジャンプ

作品／p.16

上紙の左右の折り返しに台紙を差し込むだけで愛らしい動物が飛び出し、そのまま立てて飾れます。

材料／道具

〈上紙と台紙〉ファンシーペーパー（p.5）　☀型紙 p.73、74
• カッターナイフ　• ハサミ　• カッティングマット　• スティックのり　• 目打ち

✲ 型紙をコピーして上紙に貼る

❶ p.73 の型紙（カッターナイフ用）を指示どおり拡大コピーする。上紙の裏側の両端に、図のように上を1cm あけて1cm 幅でのりをつけ、型紙のコピーを印字面を上にして上紙に貼る。

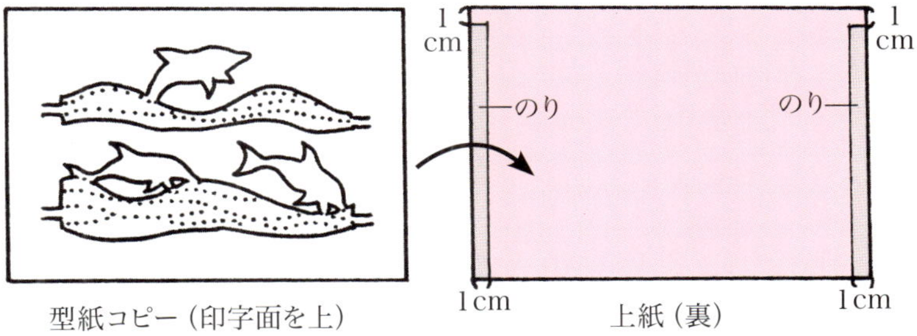

型紙コピー（印字面を上）　上紙（裏）

✽ カッターナイフで型紙の上から絵柄を切る

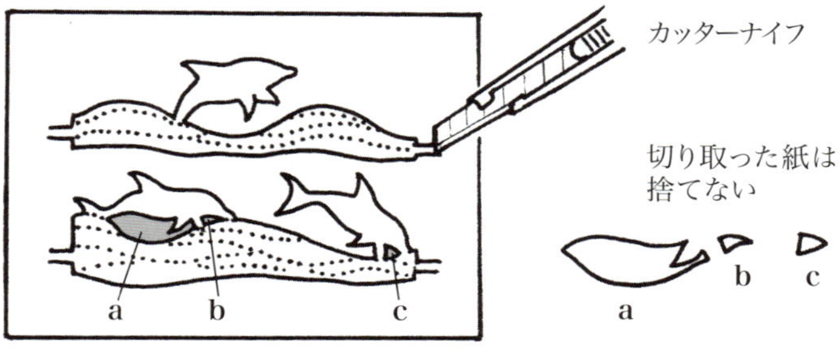

❷台の上にカッティングマットを敷き、カッターナイフで絵柄の線を切る。

切り離した紙は、後で台紙に貼るので（作業手順⑦）捨てずにとっておく。

✽ 型紙をはずす

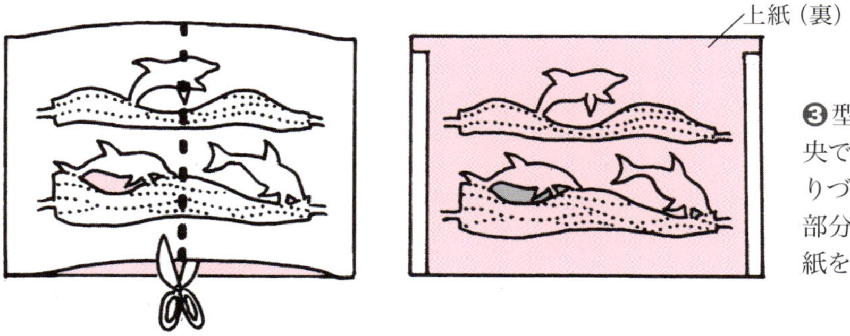

❸型紙だけを中央で切り開き、のりづけされている部分を残して、型紙を切り取る。

✽ 切った上紙を台紙に貼って仕上げる

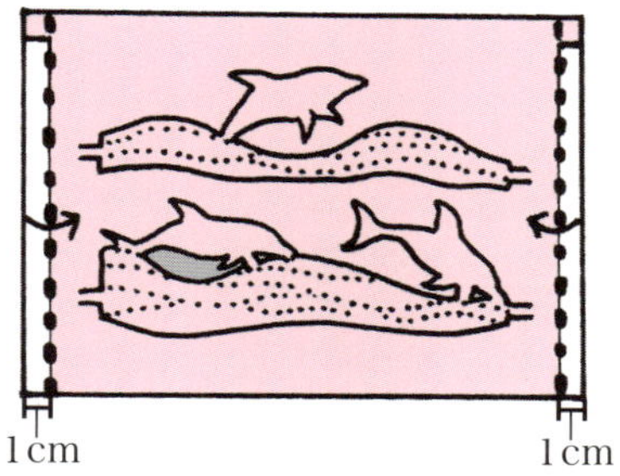

❹上紙の左右1cm（作業手順③で残した部分）を内側に折る。

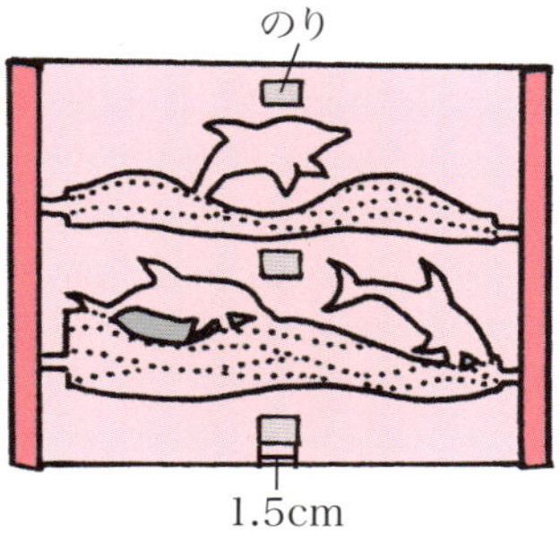

❺絵柄を切った部分以外の上、下、中央の3カ所に1.5cm幅でのりをつける。

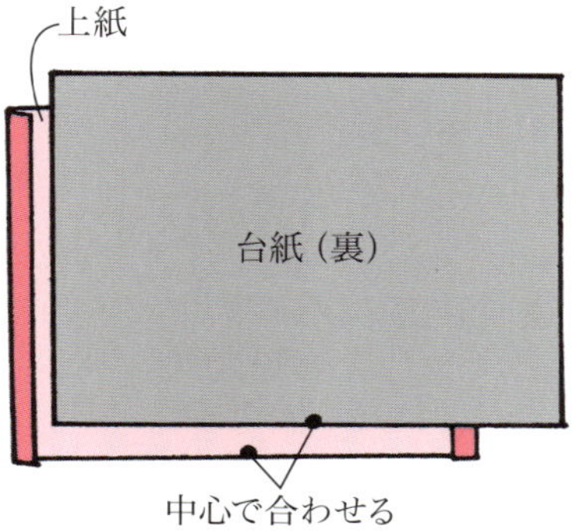

❻台紙の裏側を上にして、中心で合わせて上紙の上に貼る。台紙の左右は折っていないので、台紙は上紙から左右1cmずつはみ出す。

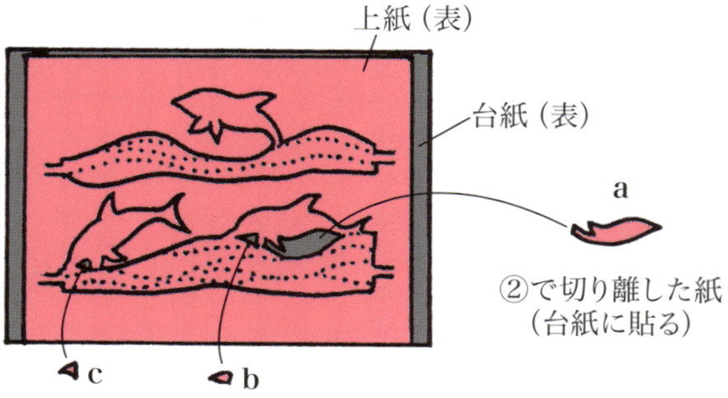

❼ひっくり返して上紙を上にし、作業手順②で切り離した紙の裏にのりをつけて元の位置に合わせて台紙に貼る。

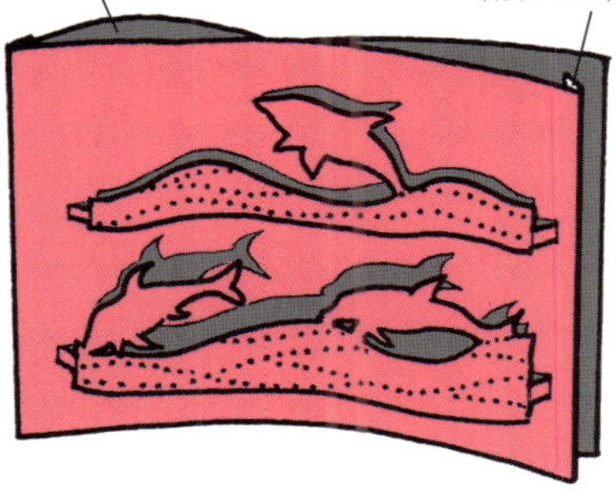

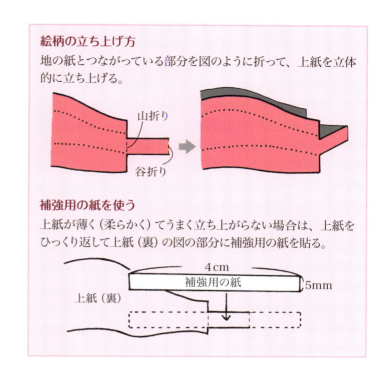

❽作業手順④で折った上紙の左右に台紙を差し込む。作業手順⑤で中心がのりづけされているので、台紙を差し込むと図のようにアーチ状になる。次に絵柄の両脇にあるベースの紙とつながっている部分を折って、絵柄を立ち上げる。完成。

絵柄の立ち上げ方

地の紙とつながっている部分を図のように折って、上紙を立体的に立ち上げる。

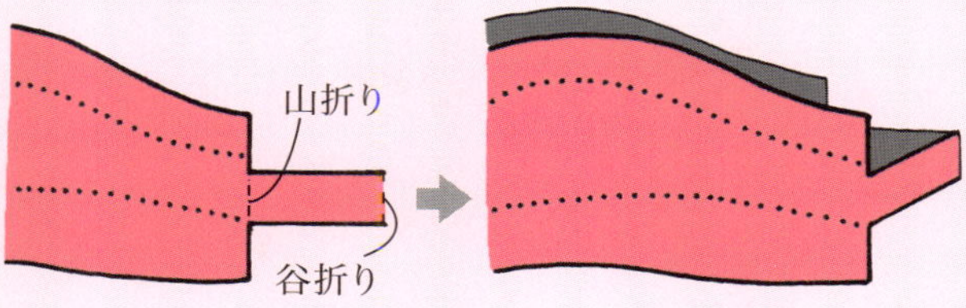

補強用の紙を使う

上紙が薄く（柔らかく）てうまく立ち上がらない場合は、上紙をひっくり返して上紙（裏）の図の部分に補強用の紙を貼る。

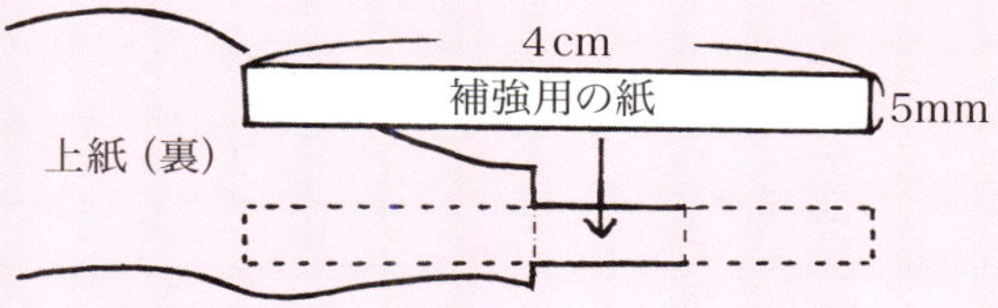

p.73～75の型紙をハサミで切るとき

上紙と台紙は全面貼り合わせる

ハサミを使う場合は紙を持ち上げて切るため、作業しやすいように上紙と型紙を全面貼り合わせます（のりは型紙の方につけます）。そのため、仕上がり後も上紙には裏に型紙が貼ったままとなります。

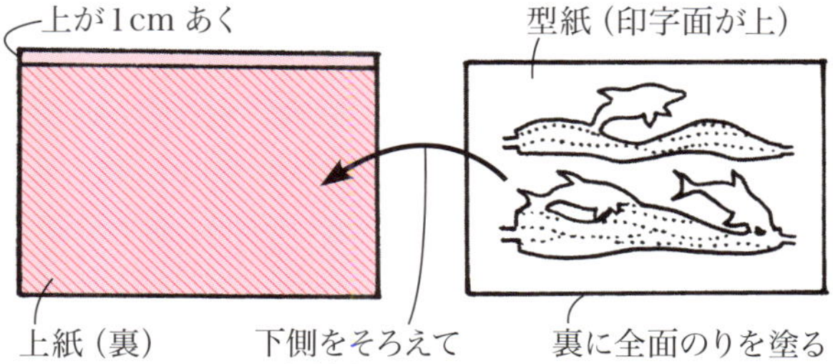

型紙を貼る位置

完成後に上紙の上部から裏に貼った型紙が見えないように、型紙の上部は上紙より1cm短くしてあるので、貼るときは上紙と型紙は下側を合わせて貼ります。

最初にハサミを入れる位置

ハサミを入れる位置はp.73～75の型紙に赤線で指示してありますのでご覧ください。作業では赤線部分をカッターナイフで切り、そこからハサミを入れて切っていきます。

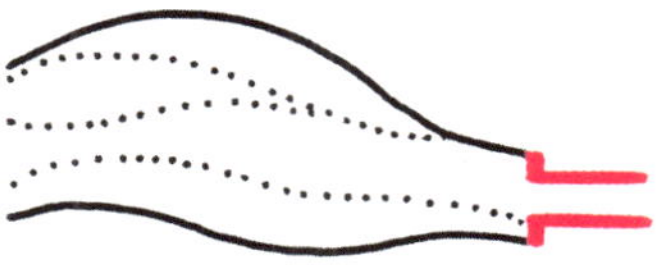

ハサミで切った上紙を台紙に貼って仕上げる作業はカッターナイフを使う場合と同様です（p.30、31の「✽切った上紙を台紙に貼って仕上げる」④～⑧を参照）。

とび出す動物切り絵のディテールのつけ方

目打ちで上紙に穴をあける

イルカ、アヒル、サルは、ディテールをつけるために上紙の一部を目打ちなどの先の細いもので突いて穴をあけ、模様にしてあります。穴をあける位置は型紙に点線で示しています。

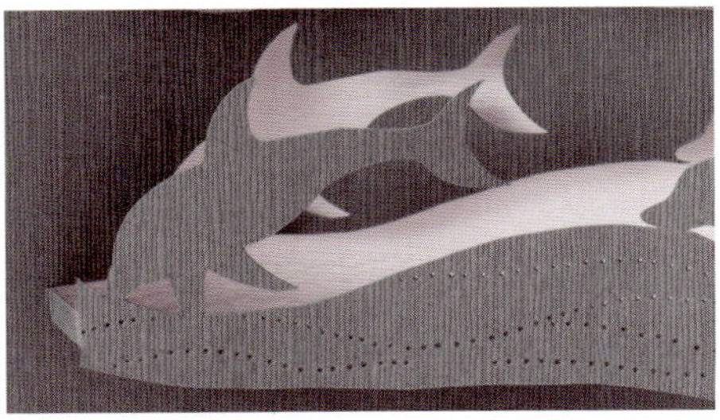

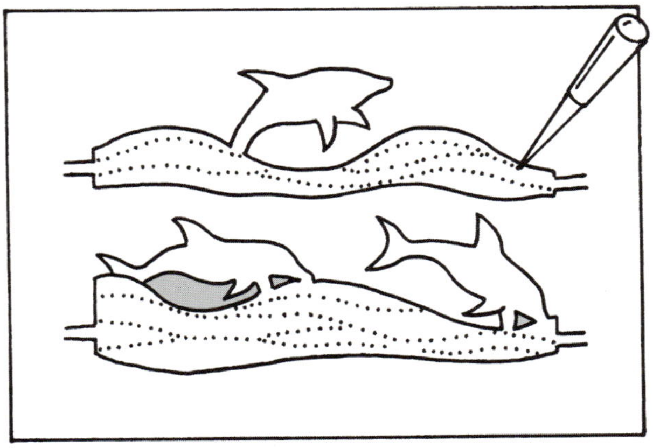

ベースの紙の上に別の紙でパーツを貼る

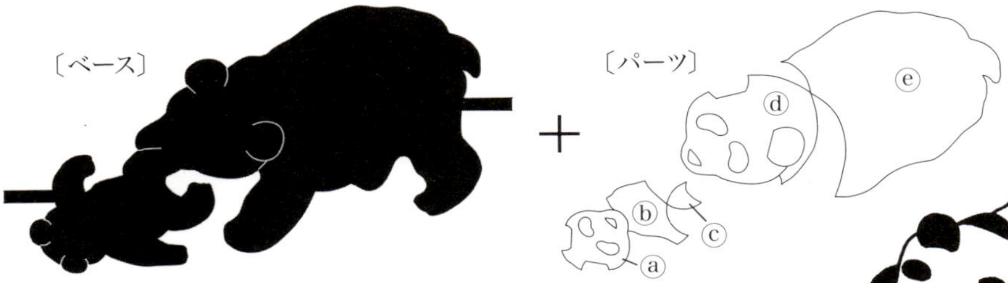

子守りパンダ（型紙 p.75）はⓐ～ⓔのパーツを好みの紙にコピーして切り取り、ベースの上に貼ります。

上紙の一部に切り込みを入れて持ち上げる

頭、耳、しっぽ、鳥の羽など、立体的に見せたい部分の紙に切り込みを入れ、持ち上げてアクセントにします。

II

紙を切って組み立てる

切って組み立てる箱

赤い屋根の家
（つくり方 53 ページ）

ポケットつきの箱
（つくり方 54 ページ）

中仕切りつき2色箱

（つくり方 52 ページ）

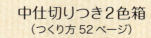

三脚の筒形箱

（つくり方 55 ページ）

五角形の梅箱
（つくり方 51 ページ）

四角のあじさい箱
（つくり方 49 ページ）

小物を入れて楽しむ器

しずく形のペン立て
（つくり方 60 ページ）

正方形ユニット皿
（つくり方 58 ページ）

星の器
（つくり方 57 ページ）

市松模様の長皿
（つくり方 56 ページ）

季節を楽しむ　ポップアップ

正月／角松
（つくり方 62 ページ）

春／桜
（つくり方 63 ページ）

夏／ひまわり畑
（つくり方 64 ページ）

秋／紅葉
（つくり方 65 ページ）

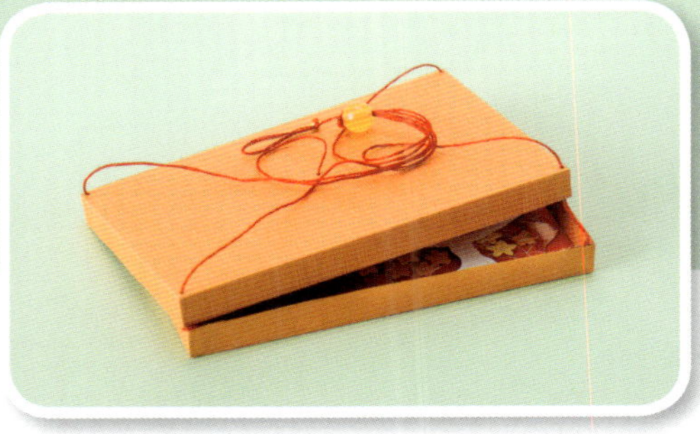

冬／クリスマスツリー
（つくり方 66 ページ）

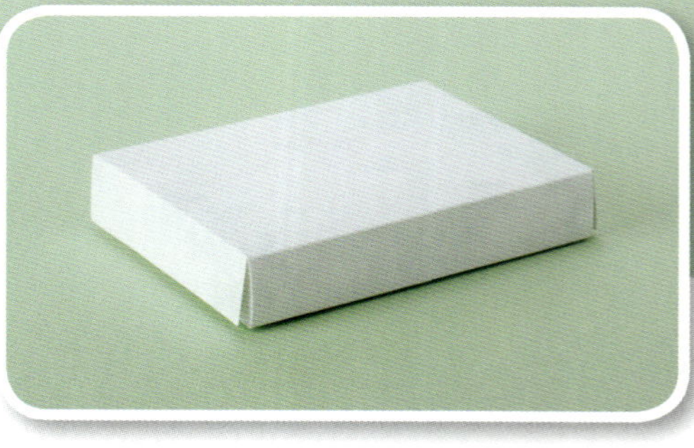

ハートのバレンタインカード

（つくり方 61 ページ）

「季節を楽しむ　ポップアップ」に使用する型紙

カラーの型紙は 130%でカラーコピーしてそのまま使用してください。

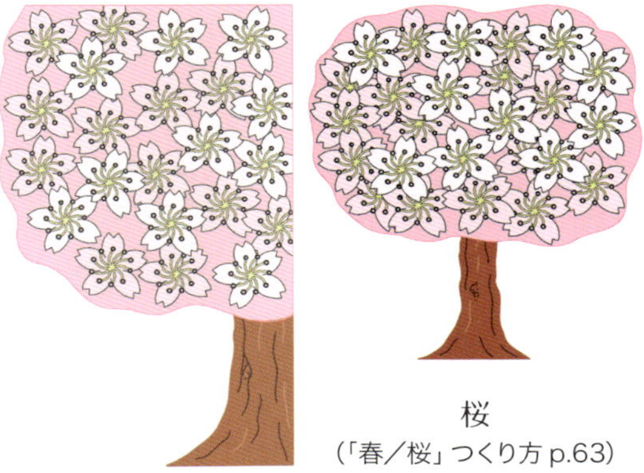

桜
（「春／桜」つくり方 p.63）

角松
（「正月／角松」つくり方 p.62）

F　G

I　H

ひまわり
（「夏／ひまわり畑」つくり方 p.64）

もみじ
（「秋／紅葉」つくり方 p.65）

クリスマスツリーは 130%でコピーし、好みの紙に写して切り取って使用してください。

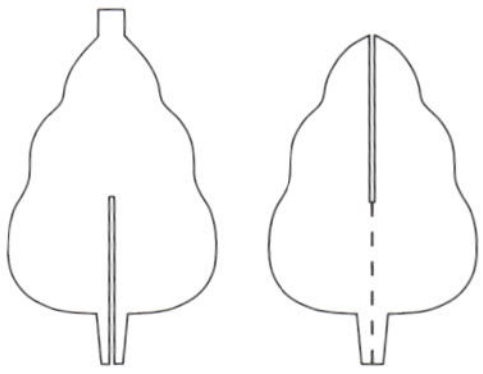

クリスマスツリー
（「冬／クリスマスツリー」つくり方 p.66）

箱と器

道具を使い仕上がりを美しく

本書の型紙には折りすじをつけるための折り線が描かれています。折り線に沿って、そのまま折っても問題ありませんが、定規をあてて鉄筆や楊枝で折りすじをつけてから折ると角がはっきりとし、美しい仕上がりになります。

紙選びのコツ

使用する紙は薄すぎなければ問題ありませんが、厚さよりも紙の硬さを目安にするとよいでしょう。硬ければ、薄くて透明なものや、レース状のものでも面白い仕上がりになります。

箱について

ある程度の重さのあるものを入れても大丈夫なように、底部分にはストッパー機能がつけてありますが、薄く柔らかい紙ではその機能が不十分になる場合があります。入れるものの重さを考慮して、紙の厚みと硬さを選んでください。

器について

本書では画用紙程度の厚みの紙を使用していますが、工作用の硬い厚紙を使用し、その表面に好みで和紙や包装紙を貼り込んでもよいでしょう。長く使えるしっかりとしたものにしたい場合は、最後にニスを塗って仕上げます。

四角のあじさい箱

作品／p.39

好みの紙を切り、折りすじをつけたら側面ののりしろでのりづけし、底と口側をたたんで閉じます。

型紙の使用方法 (詳細は p.6 参照)	
A ○	C ○
B ○	D ×

材料／道具

〈紙〉ファンシーペーパー(p.5) など好みの柄の紙（厚めのものを使うとしっかりする）
- スティックのり
- 鉄筆
- ハサミ

☀型紙 p.76

❀ 型紙に合わせて紙を切る

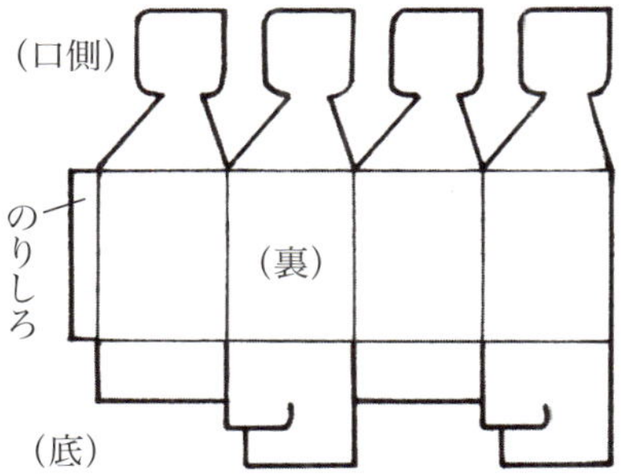

❶紙の裏を上にして置き、型紙どおりに紙を切る。折り線を型紙の上から鉄筆でなぞる。

❀ 本体を組み立てる

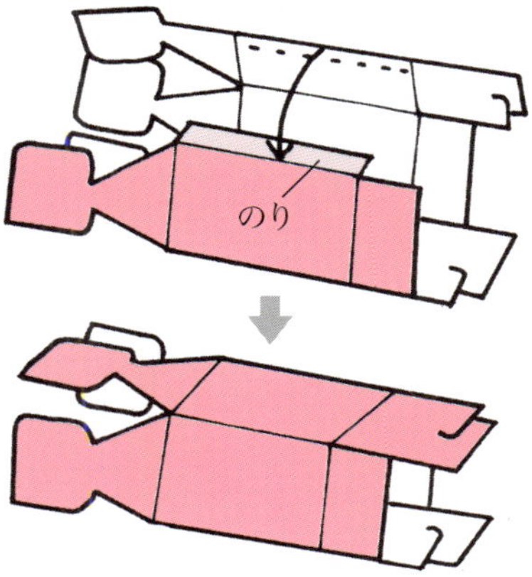

❷のりしろにのりをつけ、箱形に組み立てる。

❋ 底を組み立てる

❸口側の４枚の紙を開いて、底を上に向けて置く。底の短い方の辺を先にたたむ。

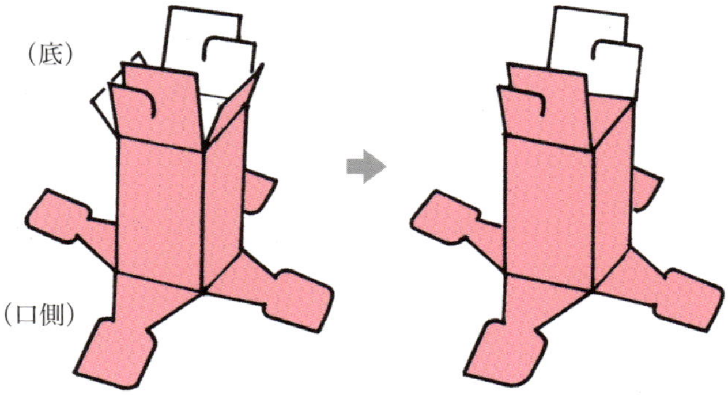

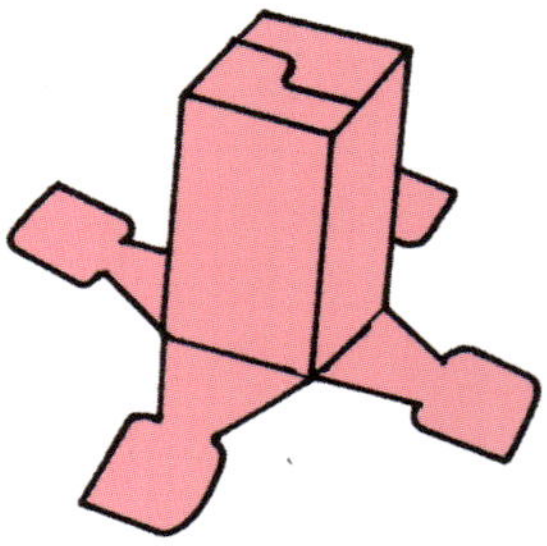

❹残った２辺を、切り込み部分を使って互い違いに差し込んでとめる。

❺底のでき上がり。

❋ 口側を組み立てる

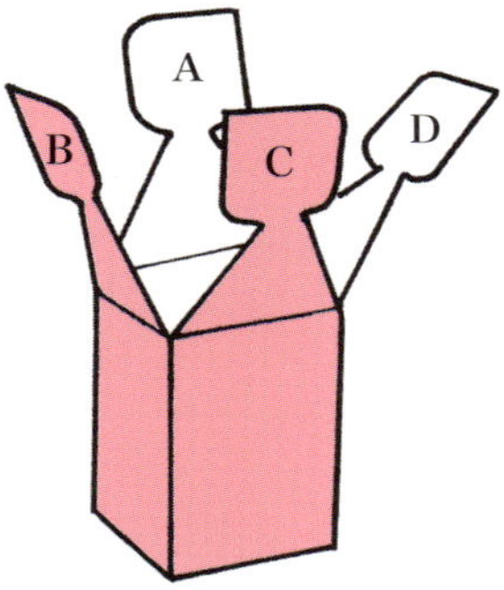

❻口側を上に向けて置く（花びら４枚をA、B、C、Dとする）。

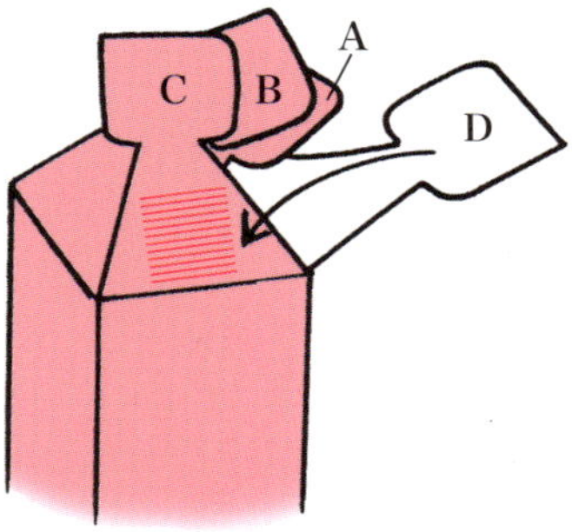

❼A、B、Cを図のように重ねて持つ。DをCの斜線部分に重ねる。

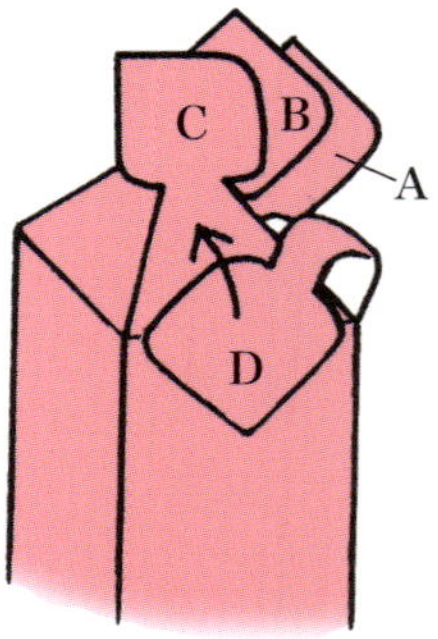

❽Cの右下の切り込みにDの切り込みを差し込む。

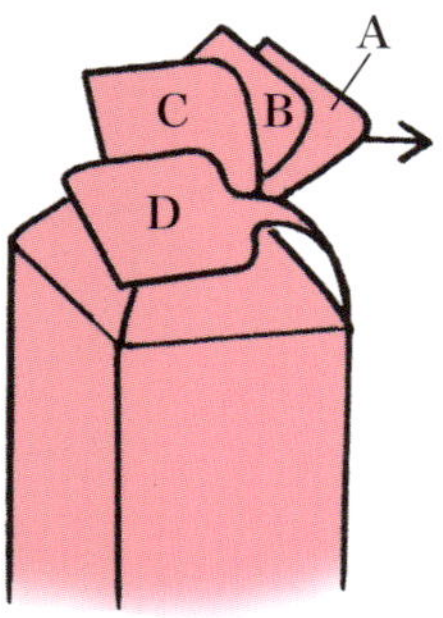

❾B、C、Dの３枚を重ねて持ち、Aを矢印の方向に引っぱり出す。

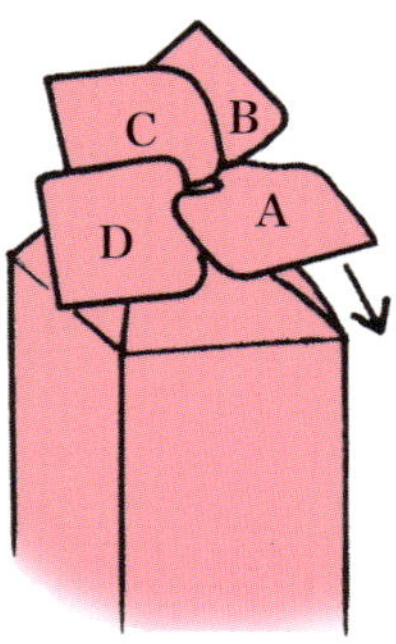

❿Dの上に重ねるようにして、Cの切り込みにAの切り込みを差し込む。

⓫Bを引き出して花びらの形を整えて完成。

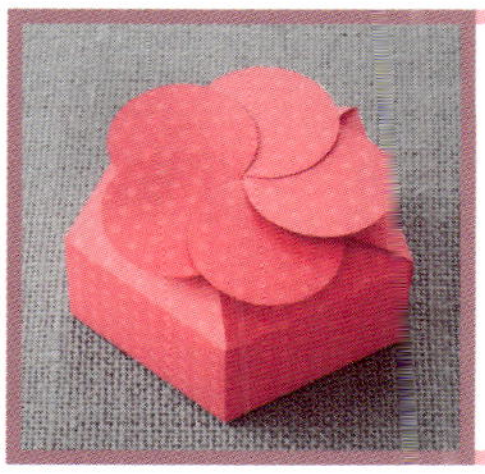

五角形の梅箱

作品／p.38

梅箱は五角形なので、底の閉じ方も口側をアレンジした閉じ方になります。

型紙の使用方法 （詳細は p.6 参照）	
A ○	C ○
B ○	D ×

材料／道具

「あじさい箱」（p.49、50）と同じ。
✳型紙 p.78

✳ 型紙に合わせて紙を切る

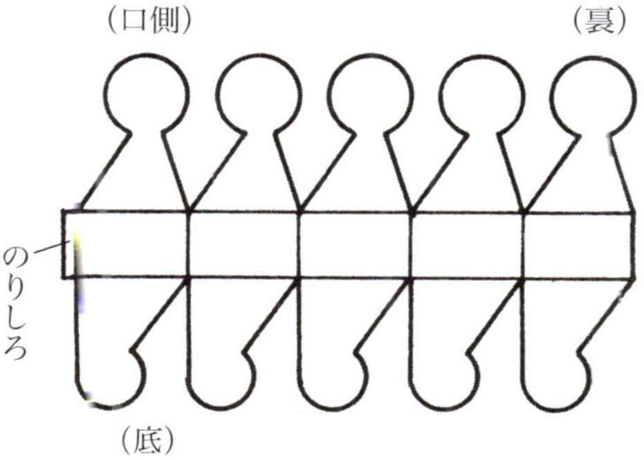

❶紙の裏を上にして置き、型紙どおりに紙を切る。折り線は型紙の上から鉄筆でなぞる。

✳ 本体を組み立てる

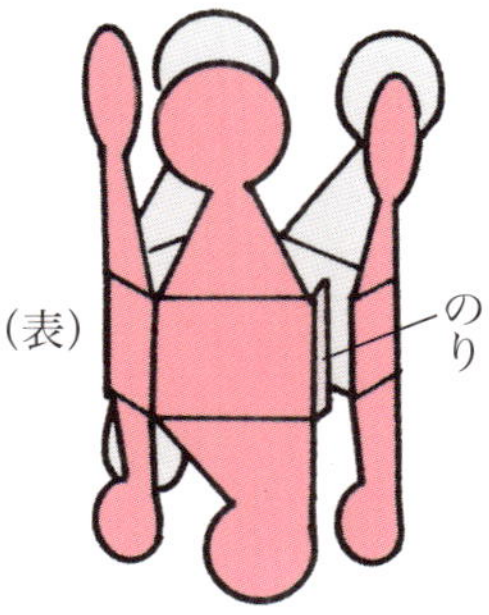

❷紙を表に向け、のりしろにのりをつけ、貼り合わせて五角形の本体をつくる。

✳ 底を組み立てる

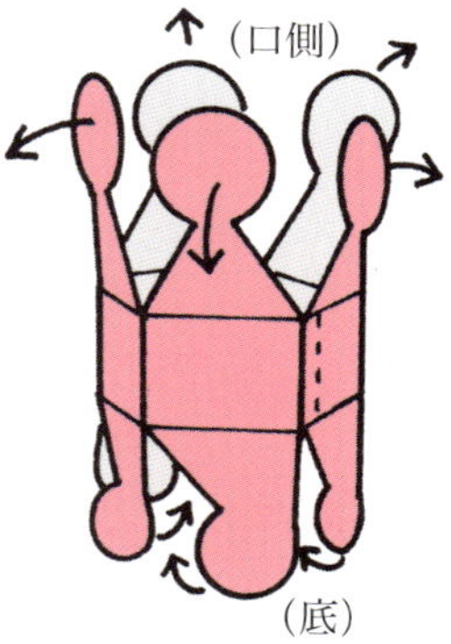

❸口側を外側に開き、底の5枚を順に内側に押し込む。

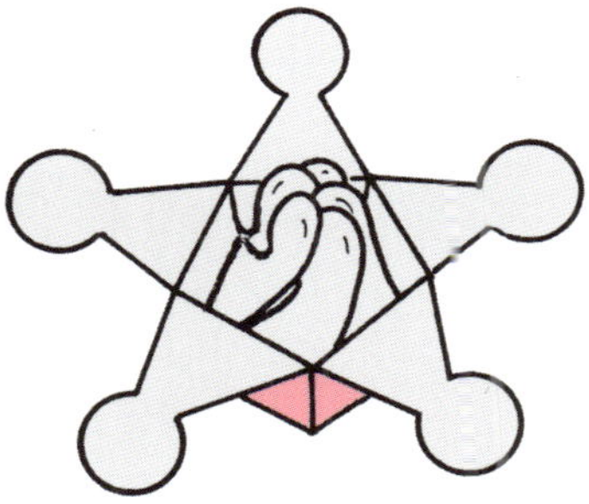

❹底の5枚を順に組み合わせて立てる。

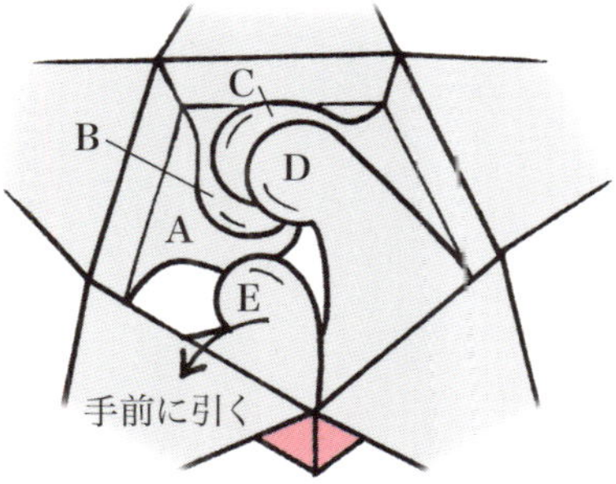

❺Eを手前に引き、A、B、C、Dを重ねてつまむ。

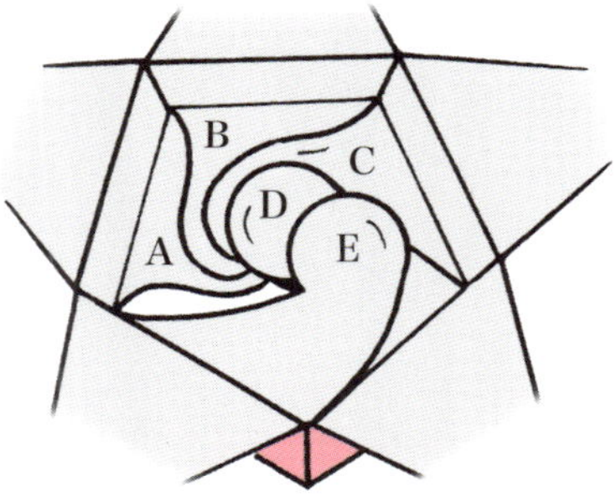

❻EをDに重ねるようにして、Dの切り込みにEを差し込む。

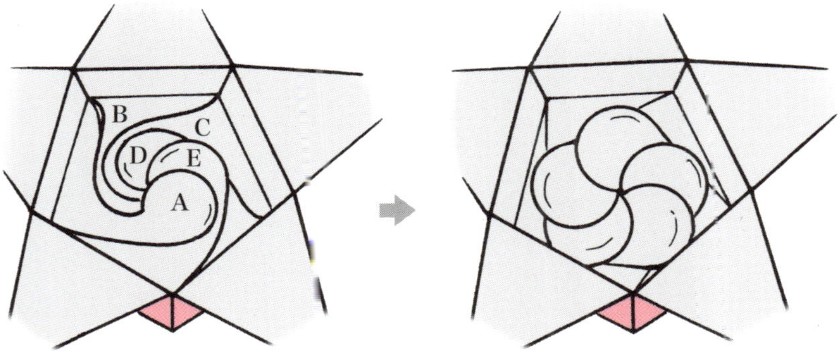

❼B、C、D、Eをつまんで A を引っぱり出して E の切り込みに差し込むと、底にも五弁の梅の花びらが現れる。中心を軽く押さえて底完成。

✳ 口側を組み立てる

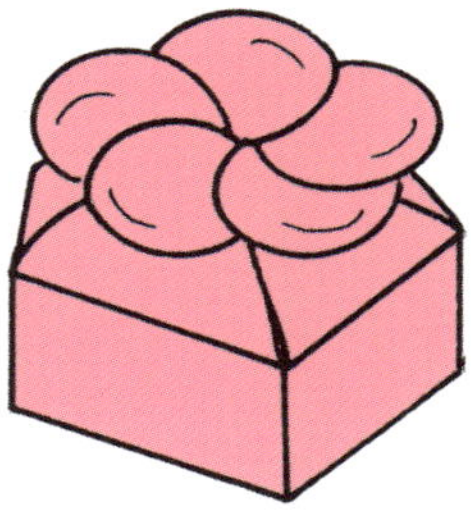

❽口側の組み立て方は「あじさい箱」p.50 の「✳口側を組み立てる」を参照。

中仕切りつき２色箱

作品／p.36

型紙の使用方法 （詳細は p.6 参照）	
A　○	C　○
B　○	D　×

A パーツと仕切り付きの B パーツを並べて貼り、仕切り部分を巻き込むようにして箱にします。

材料／道具　「あじさい箱」（p.49、50）と同じ。ただし紙は色違いで２種類。
☀型紙 p.77

❈ 型紙に合わせて紙を切る

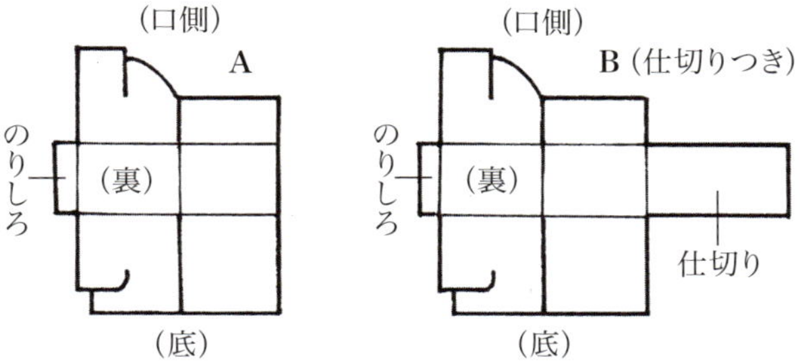

❶紙の裏を上にして、型紙どおりに A と B を切る。Bは仕切りつき。折り線は型紙の上から鉄筆でなぞる。

❈ 箱本体を組み立てる

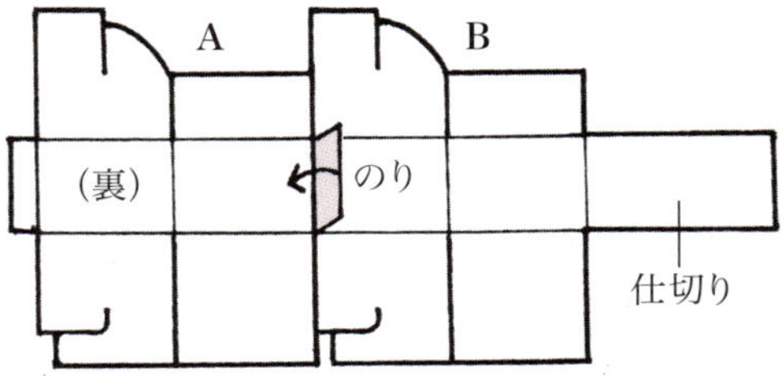

❷ A と B を図のように並べて置き、B ののりしろにのりをつけて A に貼る。

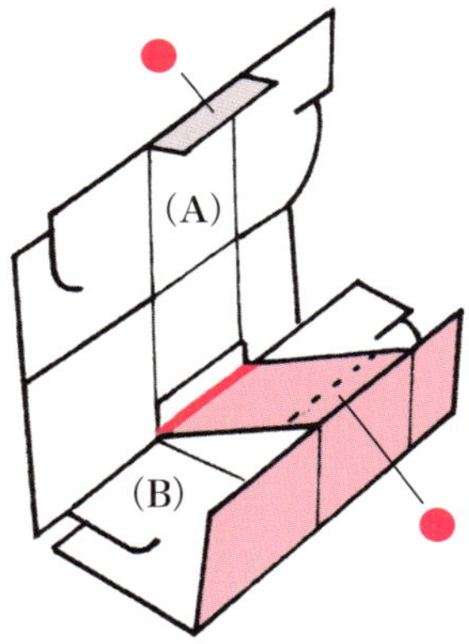

❸箱を立ち上げ、B の仕切りの端を角に合わせる（赤線）。A ののりしろ（●）にのりをつけ、B の●の位置に貼る。

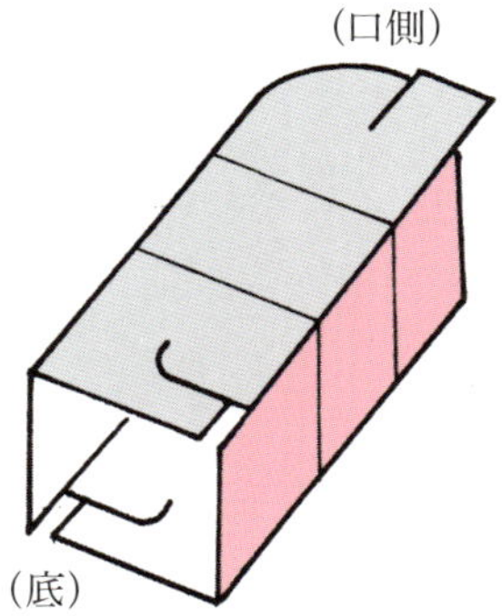

❹本体の組み上がり。箱の中には B の仕切りが箱の中身を斜めに仕切っている。

❈ 底を組み立てる

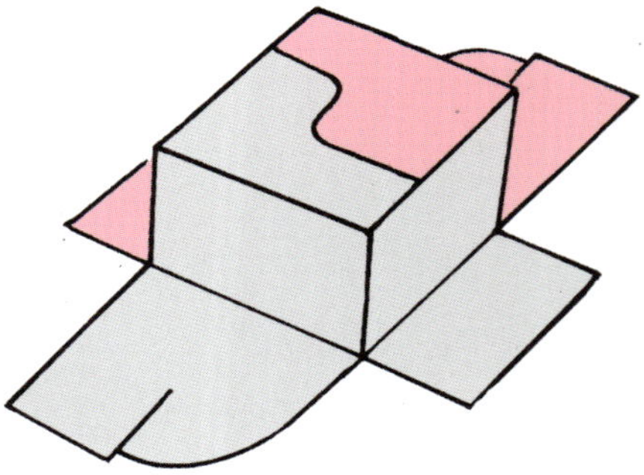

❺底の組み立て方は「あじさい箱」（p.50）の「❈底を組み立てる」を参照。

❈ 口側を組み立てる

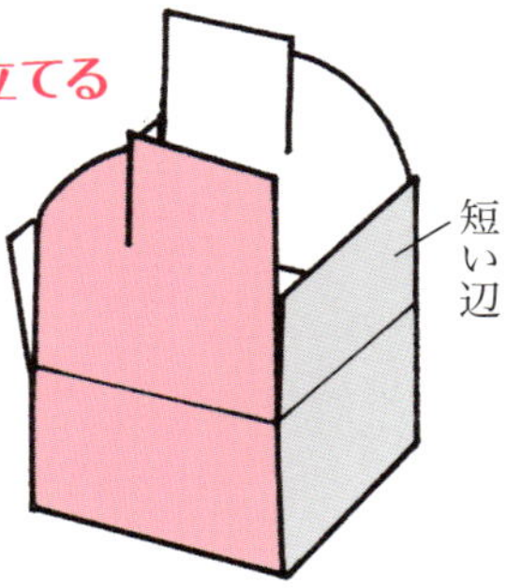

❻口側を上にして置き、短い辺を先にたたむ。

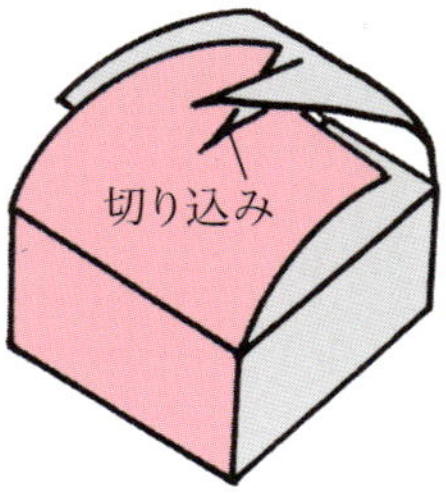

❼残った２辺を、切り込み部分を使って図のように互い違いに差し込んでとめる。

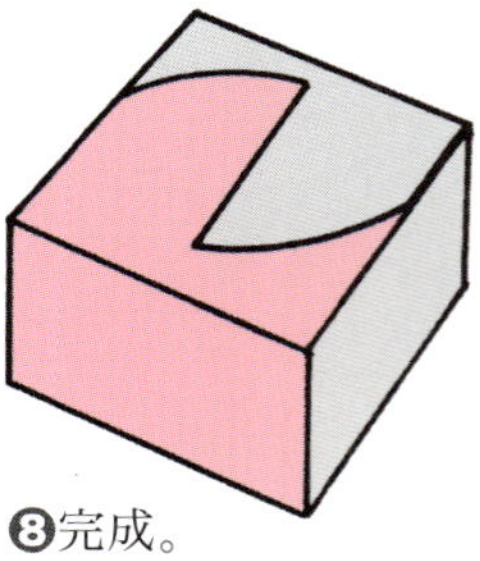

❽完成。

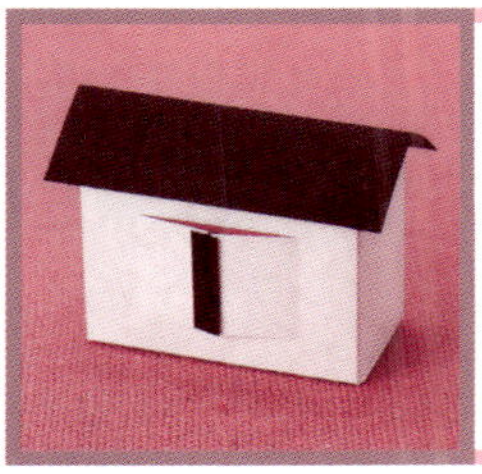

赤い屋根の家

作品／p.34

型紙の使用方法 （詳細は p.6 参照）	
A　○	C　○
B　○	D　×

赤い屋根の手前を奥に持ち上げると屋根の形の蓋が開き、窓を開けるとメッセージカードが読めます。

材料／道具

「あじさい箱」（p.49、50）と同じ。ただし紙は色違いで2種類。ほかにカッターナイフ。
☀型紙 p.78

紙は本作品では屋根部分と窓のストッパーを赤、箱（家）本体に白を使っていますが、好みの色でつくってください。

✽ 型紙に合わせて紙を切る

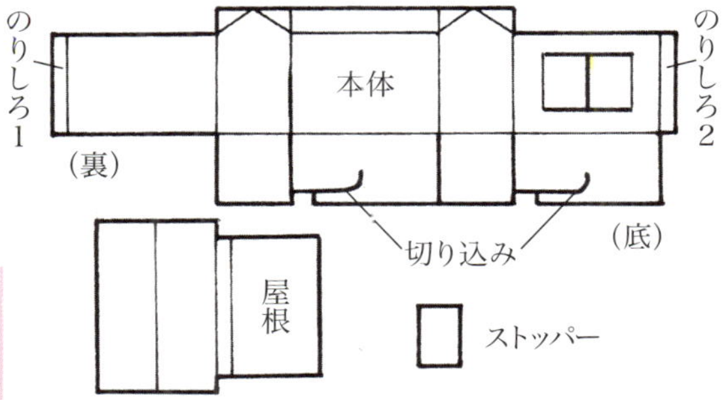

❶紙の裏を上にして置き、本体と屋根を色違いの紙で型紙どおりに切る。折り線は鉄筆でなぞる。

✽ 本体を組み立てる

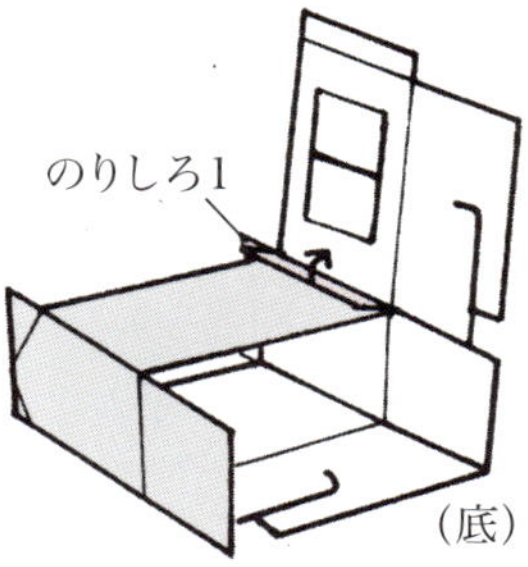

❷本体を図のように四角に立ち上げ、のりしろ1にのりをつけて貼る。

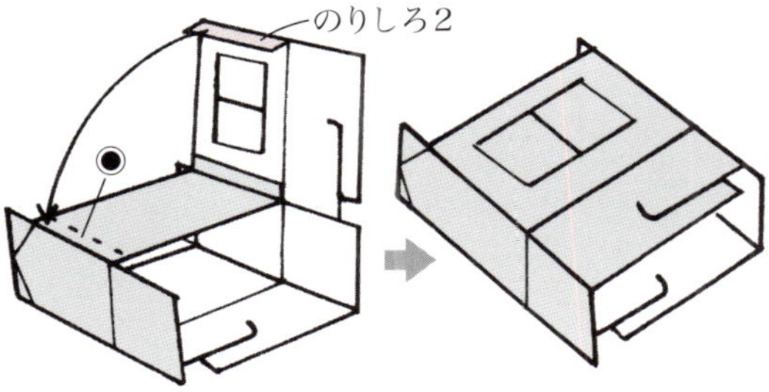

❸のりしろ2にのりをつけて◉の位置に貼る。窓と本体の間にカードを入れるポケットができる。

✽ 屋根の紙を折る

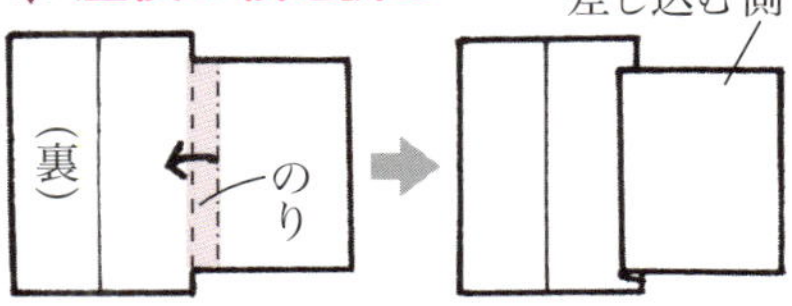

-・-・- 山折り
- - - 谷折り

❹図の位置にのりをつけ、折り線に従って折って貼る。

✽ 底を組み立てる

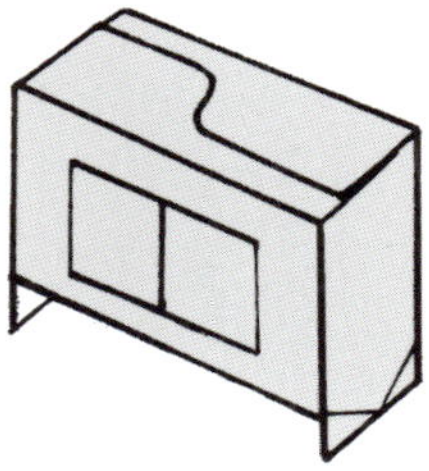

❺作業は「あじさい箱」（p.50）の「✽底を組み立てる」参照。

✽ 屋根と本体を組む

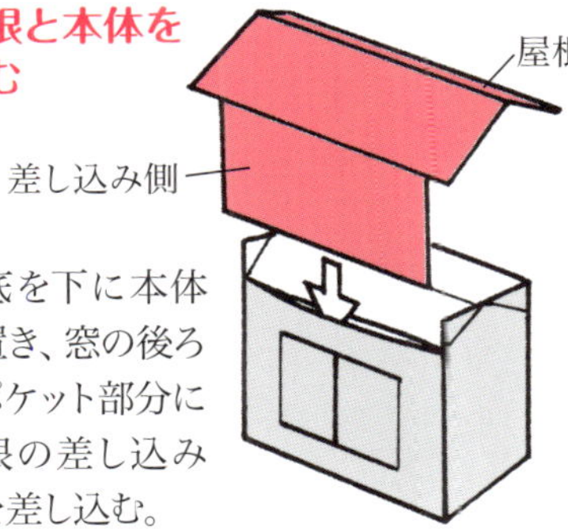

❻底を下に本体を置き、窓の後ろのポケット部分に屋根の差し込み側を差し込む。

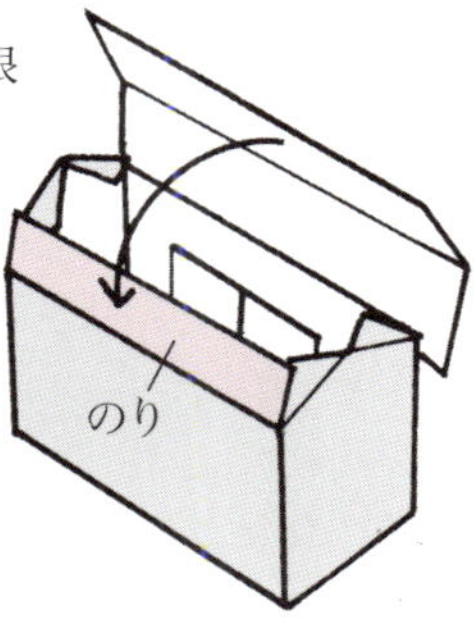

❼窓のない方を手前に置き、本体の上の角4つを折る。図の部分にのりをつけ、屋根を下ろして貼る。本体と屋根のでき上がり。

✽ 窓をとめるストッパーをつける

❽型紙に合わせて紙を切り、鉄筆で線をつける。

-・-・- 山折り
- - - 谷折り

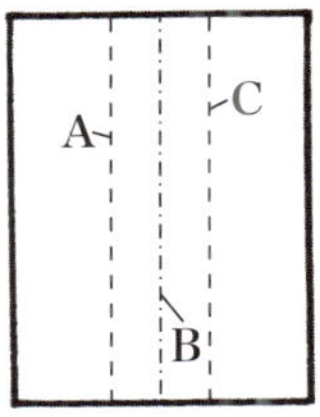

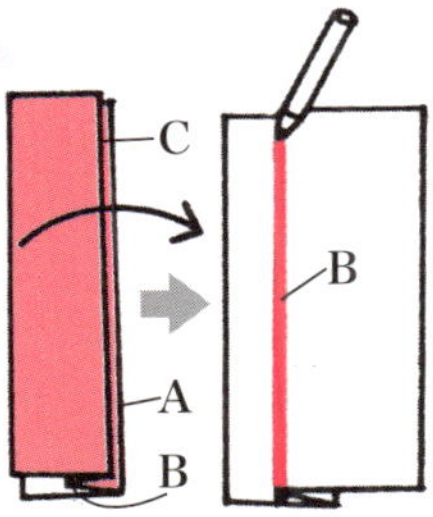

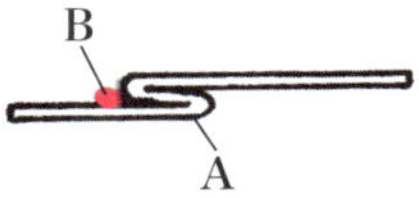

❾折り線どおり折って上の1枚を開き、Bに合わせて線を引く（図の赤線）。

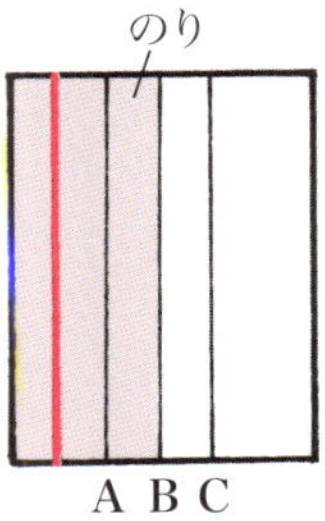

❿紙を開き、半分だけのりをつける。

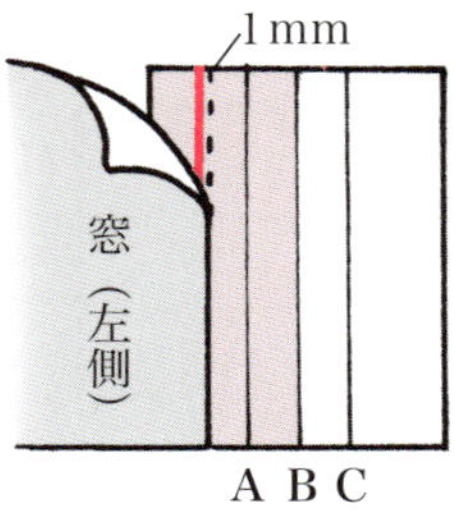

⓫左の窓を赤線より1mm右側に合わせて貼る。

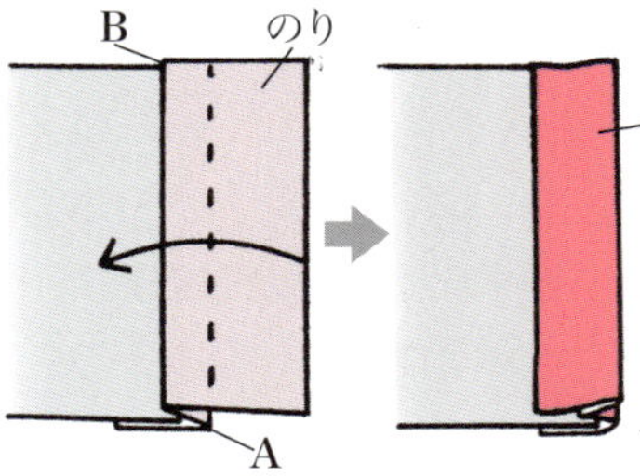

⓬作業手順⑨のように折り直し、図の位置にのりをつけて折り線どおりにたたんで貼る。ストッパーのでき上がり。

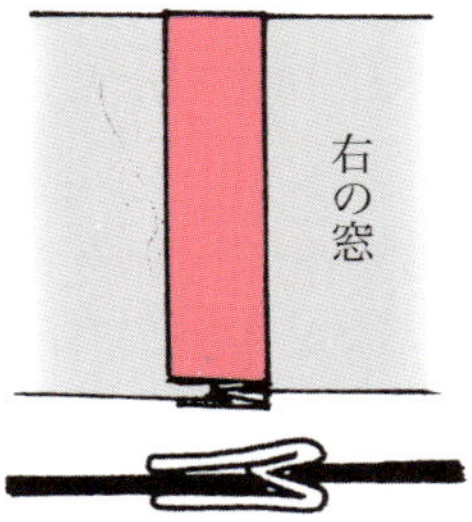

⓭ストッパーの右側の凹みに右の窓を差し込んでとめる。

カードを差し込むと開いた窓からカードが見えます。

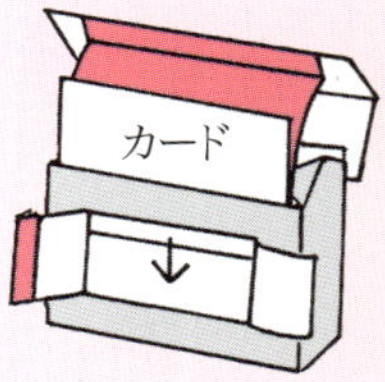

ポケットつきの箱

作品／p.35

上下をたたんで箱に組み立てる前はシート状になっているので、つくり置きに場所を取りません。

型紙の使用方法（詳細は p.6 参照）	
A ○	C ○
B ○	D ×

材料／道具

「あじさい箱」(p.49､50) と同じ。ただし紙は色違いで2種類。

☀型紙 p.75、76

✽ 型紙に合わせて紙を切る

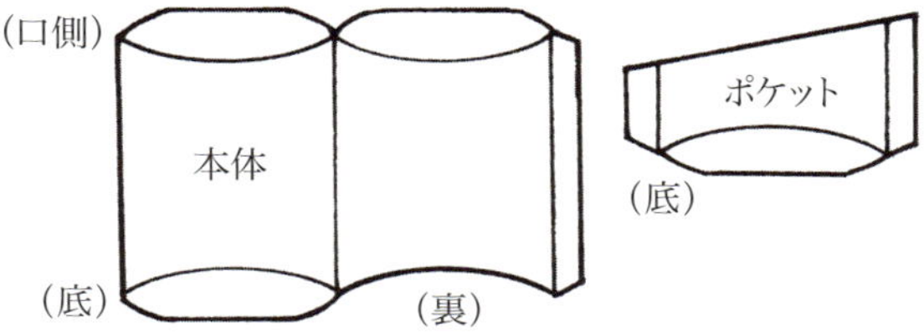

❶紙の裏を上にして置き、型紙どおりに紙を切る。折り線は型紙の上から鉄筆でなぞる。曲線部分はカーブ用の型紙(p.75)をあててなぞると作業が楽。

✽ 箱を組み立てる

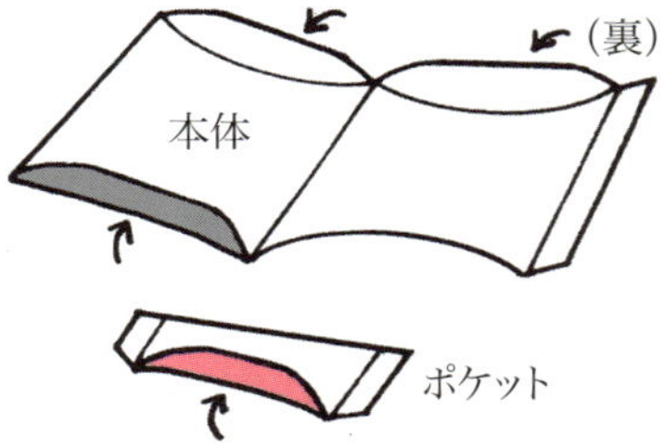

❷折り線にそって4カ所のカーブを曲げて折りすじをつけてもどす。

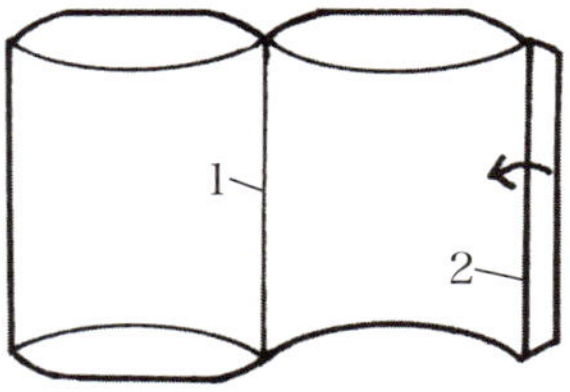

❸直線1は折って折りすじをつけてもどし、2は折ったままにする。

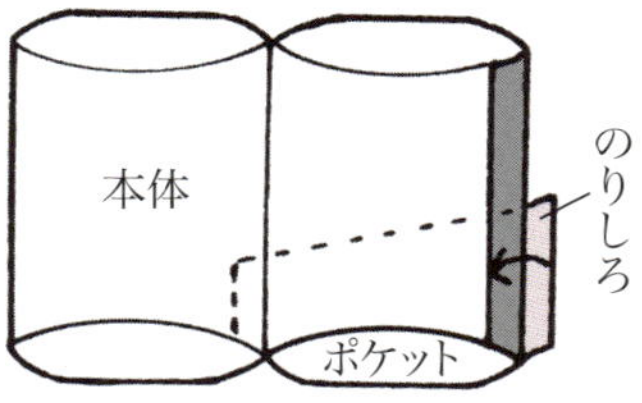

❹ポケットのカーブに合わせて本体を置き、端から出ているポケットののりしろにのりをつけて貼る。

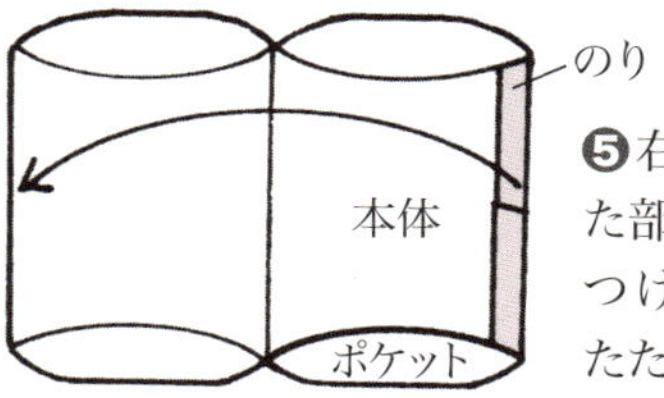

❺右端の折った部分にのりをつけて左側にたたんで貼る。

カーブ用型紙 (p.75)

カーブを鉄筆でなぞるときに使用するときれいなカーブを描けます。

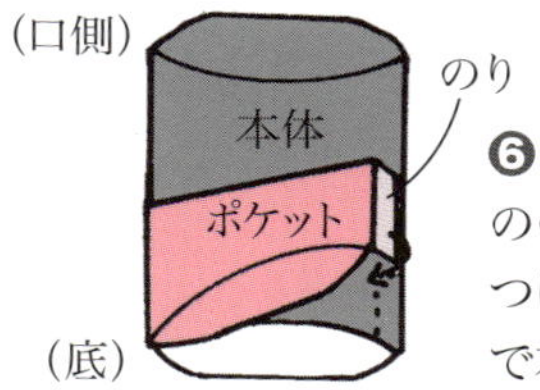

❻ポケットの短い方ののりしろにのりをつけ、内側にたたんで本体に貼る。

✽ 底と口をたたむ

❼折りすじどおりにたたむ。底は本体を先にたたみ、上にポケットをたたむ。

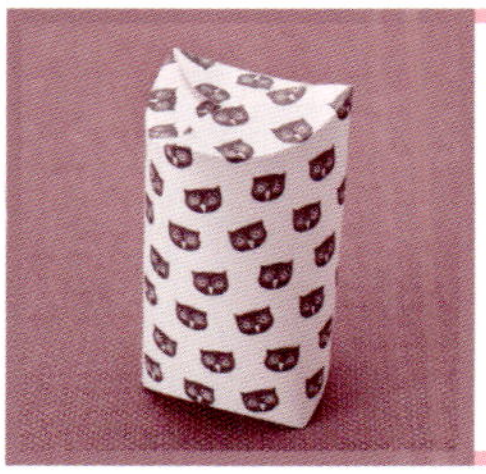

三脚の筒形箱

作品／p.37

好みの紙を切って型紙どおり折りすじをつけたら
底をたたみながら筒状に組み上げます。

型紙の使用方法 （詳細は p.6 参照）	
A ○	C ○
B ○	D ×

材料／道具

「あじさい箱」(p.49、50) と同じ。
☀型紙 p.77

✻ 型紙に合わせて紙を切る

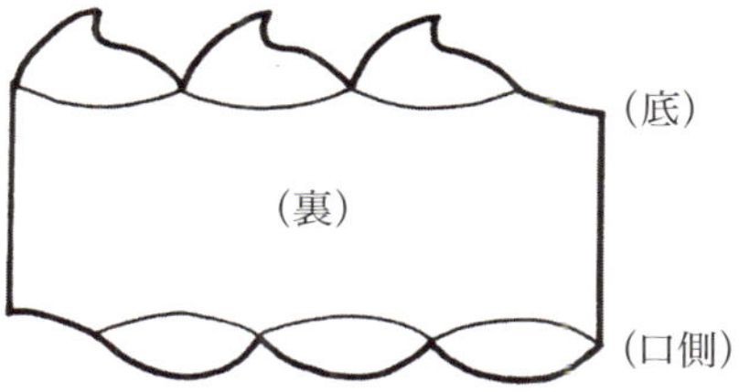

❶紙の裏を上にして置き、型紙どおりに紙を切る。型紙の上から鉄筆で折り線をなぞる。

✻ 本体と底を組み立てる

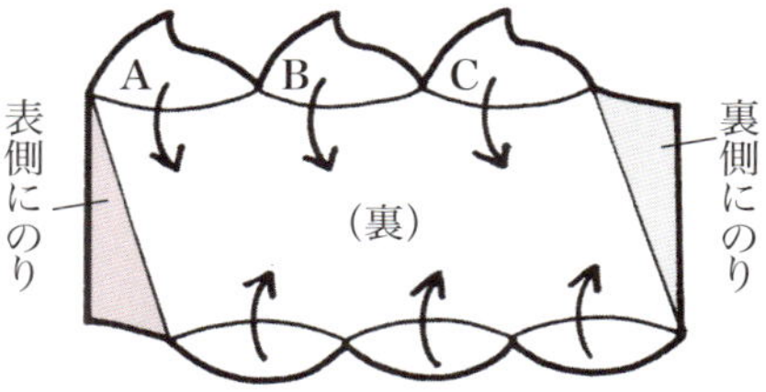

❷上下の折り線のカーブにそって紙を曲げ、両端の図の部分（A 側の端は図の表側、C 側は図の裏側）にのりをつける。

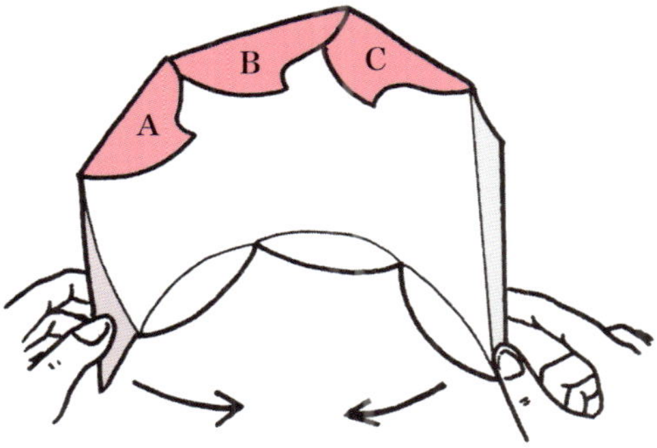

❸底側を上にして紙の両端を持ち、内側に曲げる。

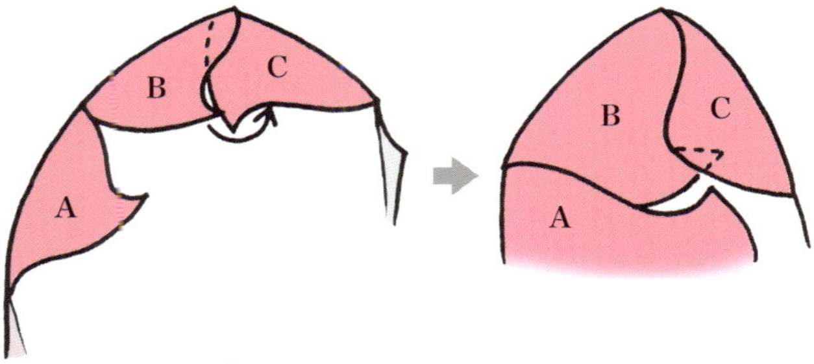

❹ C の上に B を重ねるように寄せ、B 先端の突起部分を C の下に差し込む。

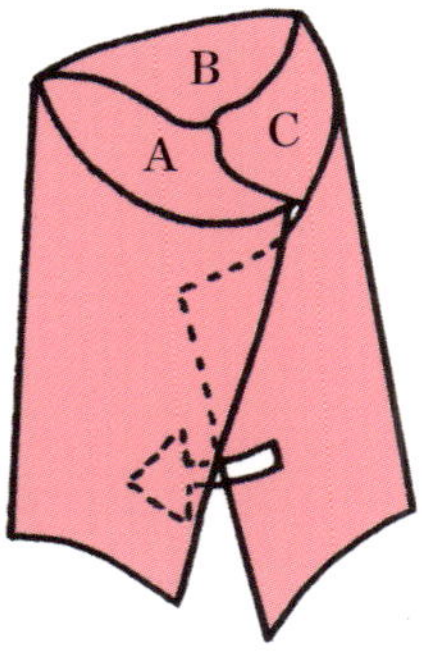

❺ B の上に A を重ねるように寄せていき、突起部分がある A の右側を C の下に差し込む。同時に、本体側面は C の側面を A の側面の下に差し込み、作業手順②でつけた側面両端ののりで本体を貼り合わせる。本体側面と底でき上がり。

✻ 口側を組む

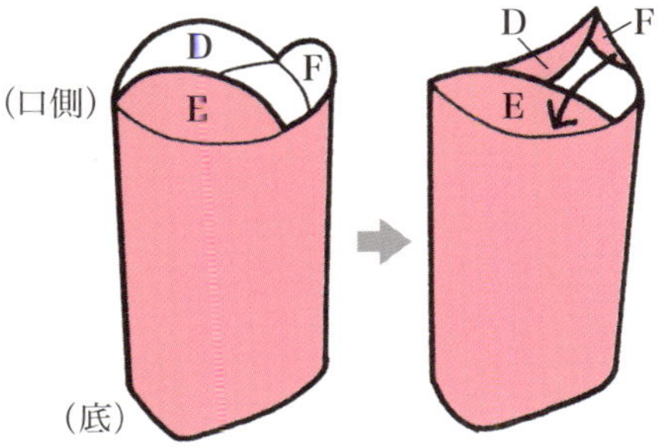

❻本体は作業手順⑤で組み立て貼り合わせてある。口側を上にして置き、まず D の上に E を重ねる。次に D の下に F を入れつつ E に F を重ねる。D、E、F は互い違いになる。

❼完成。

市松模様の長皿

作品／p.41

型紙の使用方法 （詳細は p.6 参照）	
A ○	C ○
B ○	D ×

四隅に切り込みを入れ三角形に折りすじを入れることで、上部が開いた長皿になります。

材料／道具 「あじさい箱」（p.49、50）と同じ。ただし紙は色違いで2種類。
☀型紙 p.80

✲ 型紙に合わせて紙を切る

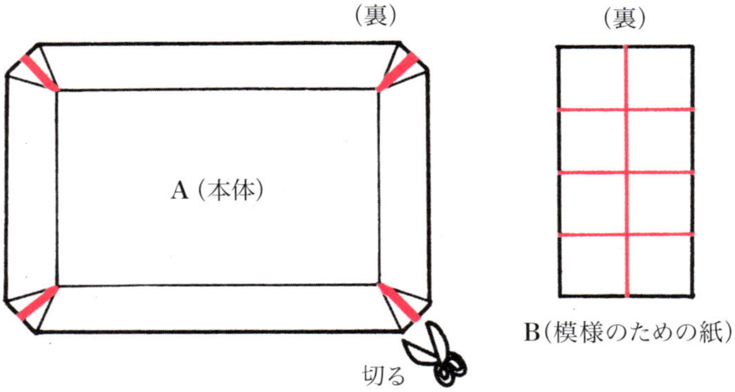

❶紙の裏を上にして置き、型紙どおりに本体（A）と模様のための紙(B)を切る。A は角の赤線4本に切り込みを入れ、折り線は型紙の上から鉄筆でなぞる。B は8枚に切り離す。

✲ 模様の紙を貼る

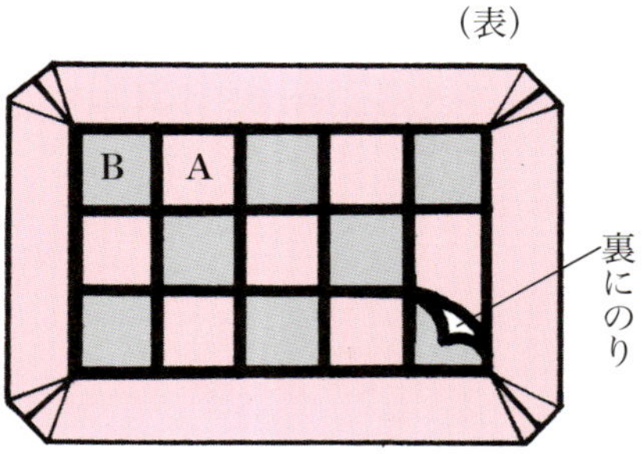

❷本体（A）を表を上にして置き、裏側にのりをつけた B 8枚を中央の長方形からはみ出さないように貼って市松模様をつくる。

✲ 皿の縁を立ち上げる

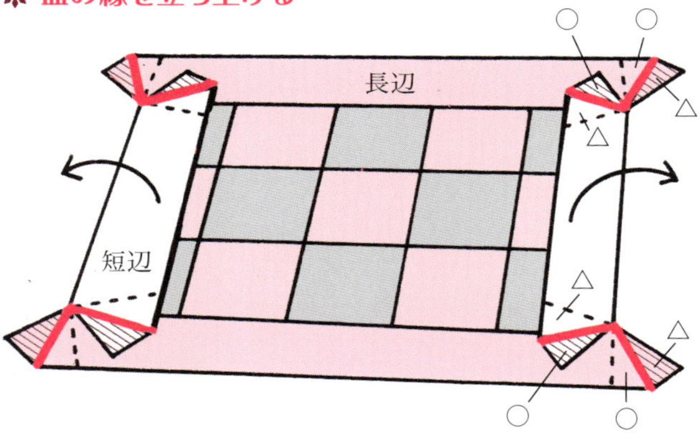

❸まず短い辺を内側に折りたたみ、三角形の斜線部分にのりをつける。次に角の赤線同士を合わせて縁を立ち上げると、長辺と短辺の○同士、△同士が重なる。

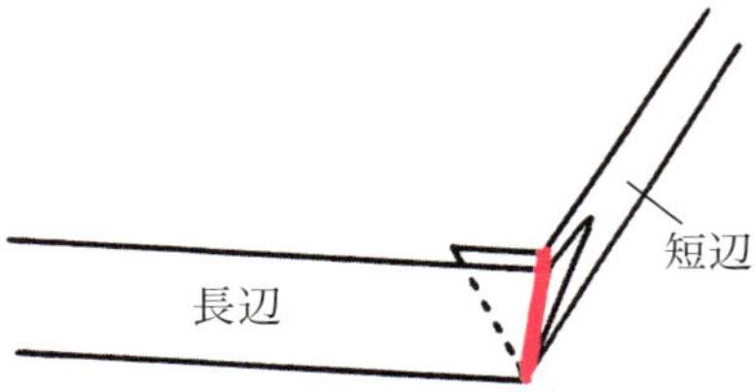

❹角は長辺を外側にして貼り合わせる。

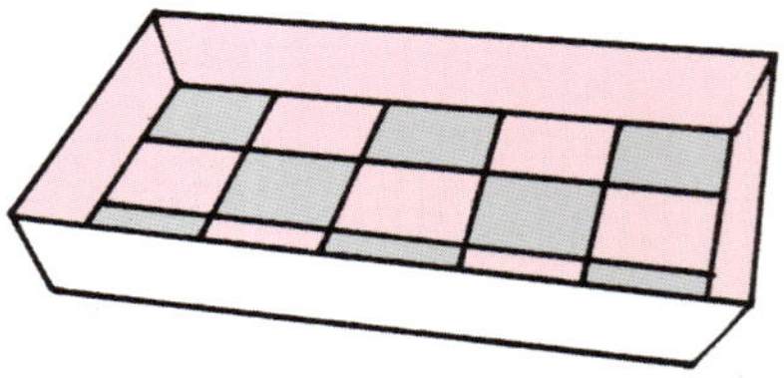

❺完成。

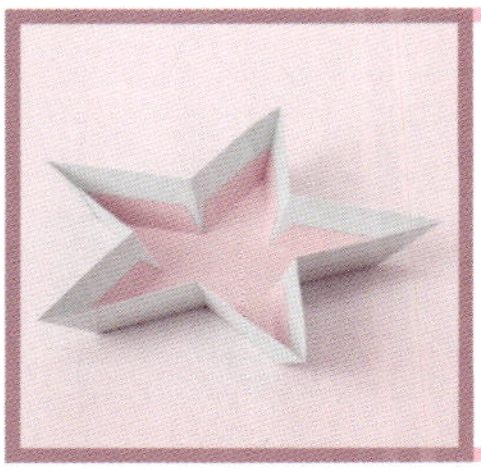

星の器

作品／p.41

中心部分に、色違いの側面パーツを順に貼っていくだけで仕上がります。

型紙の使用方法 （詳細は p.6 参照）	
A ○	C ○
B ○	D ×

材料／道具　「あじさい箱」（p.49、50）と同じ。ただし紙は色違いで２種類。
☀型紙 p.79

型紙に合わせて紙を切る

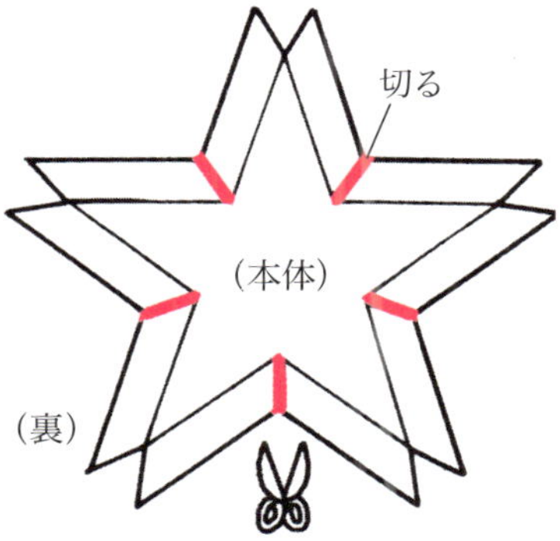

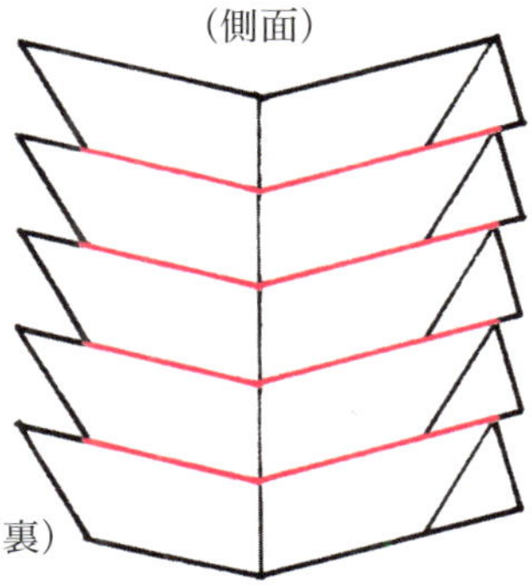

❶紙の裏を上にして置き、型紙どおりに本体と側面を切る。本体は赤線部分５本に切り込みを入れ、折り線は型紙の上から鉄筆でなぞる。側面は横に切り離して５枚にしてから折り線をつける。

本体を組み立てる

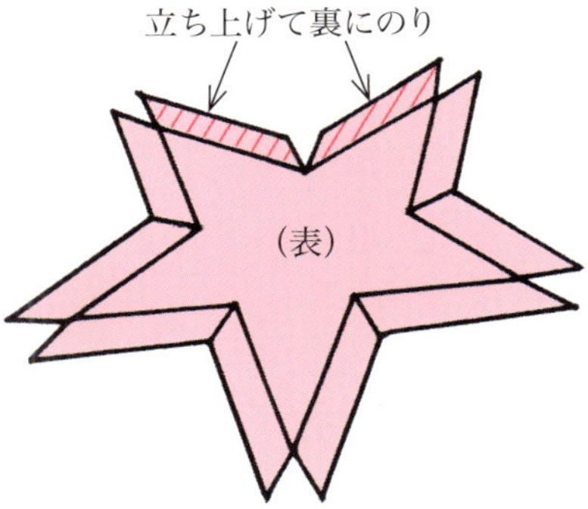

❷本体を表を上に向けて置く。図のように縁２枚を立て、斜線部分の裏側にのりをつける。

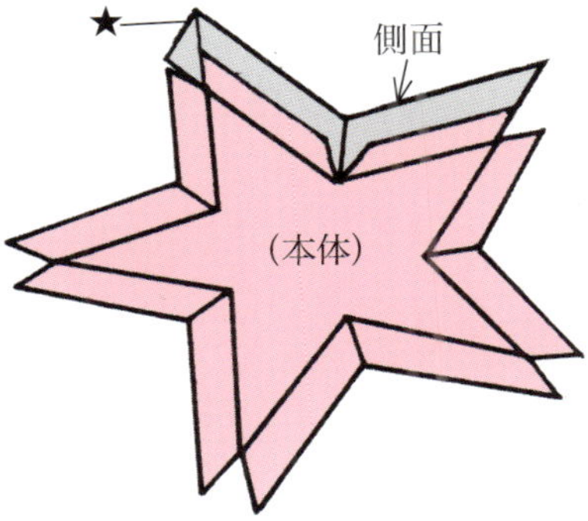

❸作業手順②でのりをつけた本体の縁２枚に表を上にして側面を図のように貼りつける。本体の底と側面の下側はそろえる。側面端の三角部分（図の★）は、最後に貼るのでそのまま。

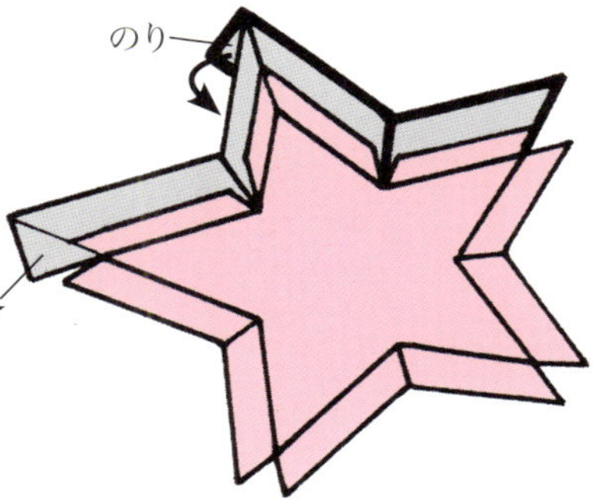

❹作業手順②③と同様に、２枚目の側面を本体に貼る。はみ出している左端の三角部分にのりをつけて③で貼った側面に貼り重ねる。

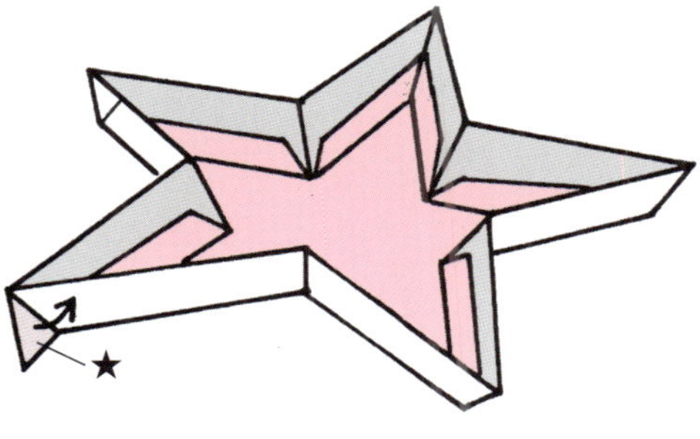

❺残りの側面と本体も同様に貼り合わせる。残しておいた作業手順③の★部分にのりをつけて隣の側面に貼る。

❻完成。

正方形ユニット皿

作品／p.40

手順どおりに折りながら貼り進めていくと簡単に仕上がります。接続部分がついているのがAパーツです。

型紙の使用方法（詳細は p.6 参照）	
A ○	C ○
B ○	D ×

材料／道具

「あじさい箱」（p.49、50）と同じ。ただし紙は色違いで2種類。
☀型紙 p.80

✻ 型紙に合わせて紙を切る

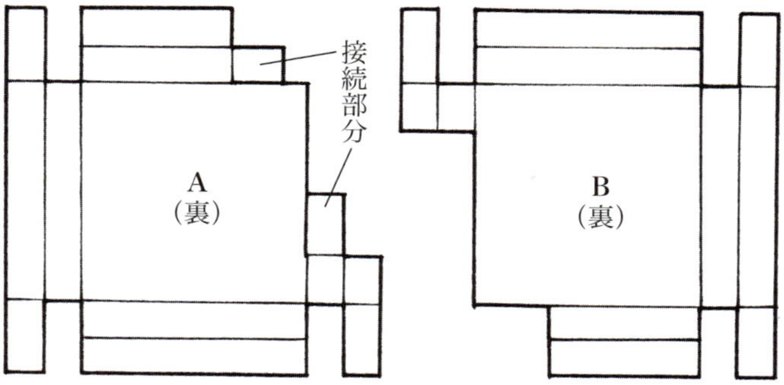

❶紙の裏を上にして置き、型紙に合わせてAとBを切る。折り線は型紙の上から鉄筆でなぞる。

✻ Aを組み立てる

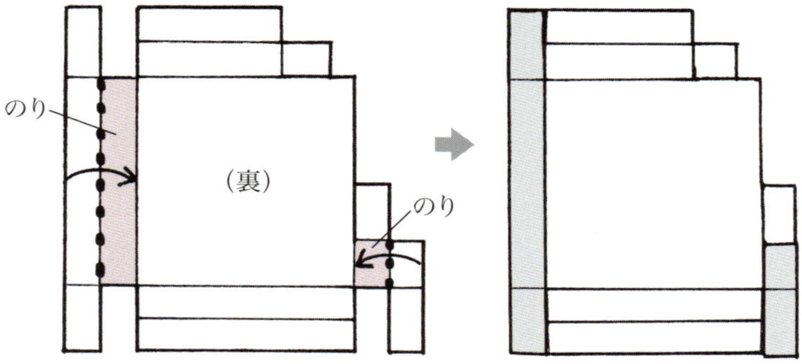

❷紙の裏を上に向けて置き、図の位置2カ所にのりをつけて左右から折りたたんで貼る。

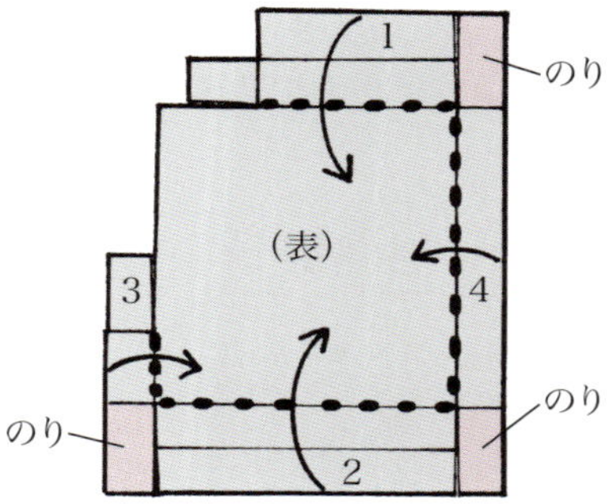

❸紙を表に返し、3カ所にのりをつけて1～4の順に縁を立ち上げる。

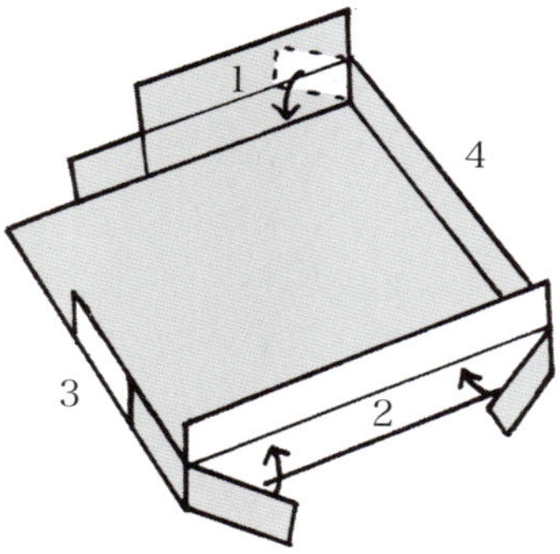

❹1と2の外側に、作業手順③でのりをつけた3カ所を貼る。

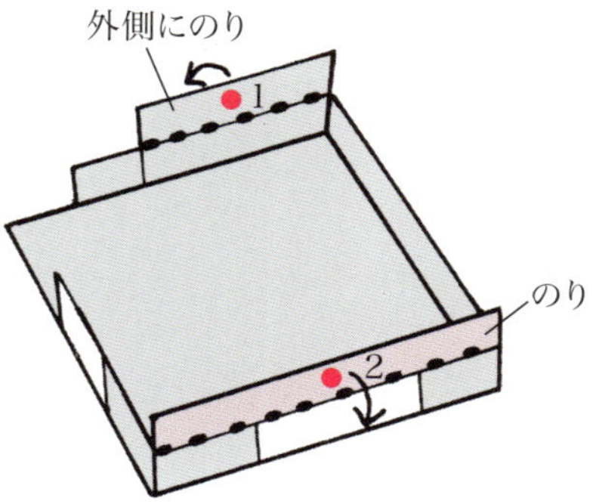

❺1と2の縁の上半分（●）の外側にのりをつけ、外側に折りたたんで貼る。

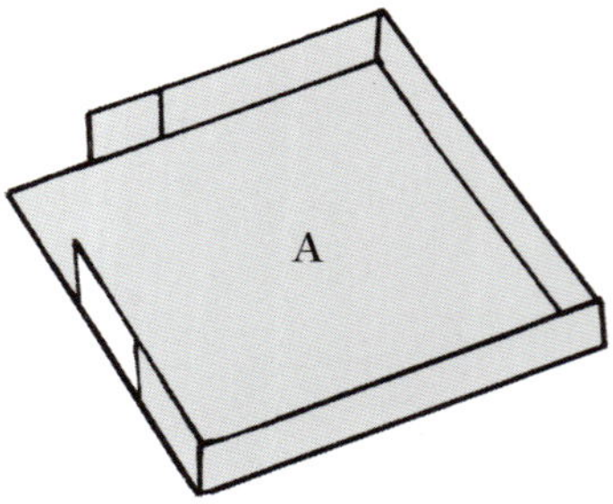

❻Aのでき上がり。

Bを組み立てる

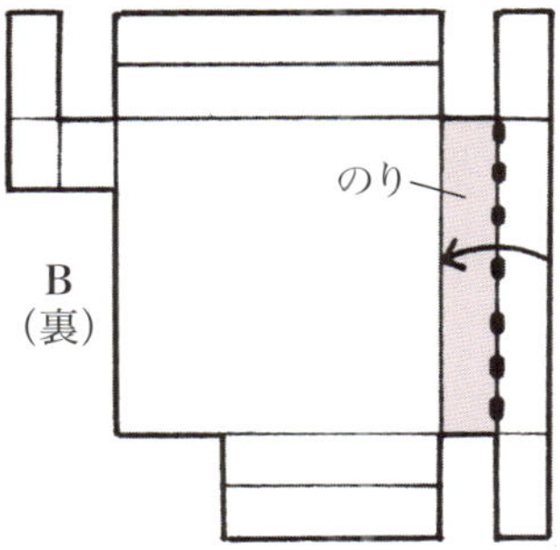

❼紙の裏を上に向けて置き、図の位置にのりをつけ折って貼る。

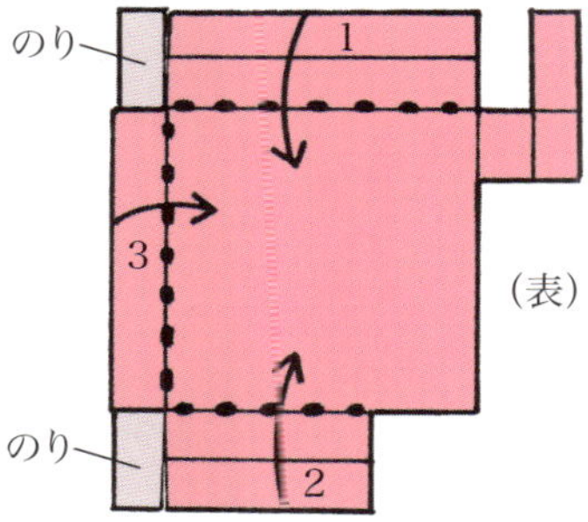

❽紙をひっくり返して表を出し、図の位置２カ所にのりをつけ、１〜３の順に縁を立ち上げる。

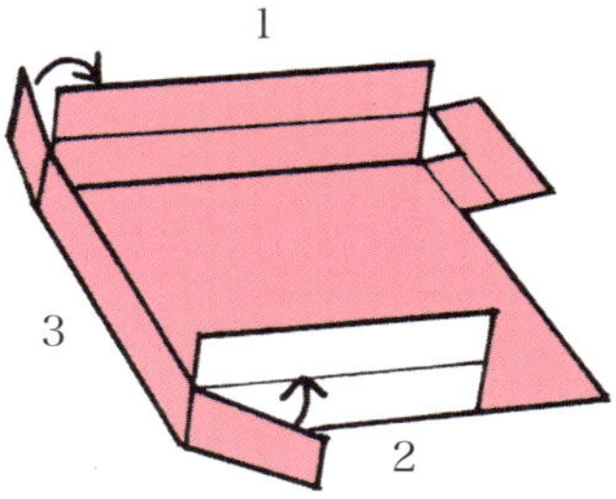

❾１と２を立てておき、作業手順⑧でのりをつけた部分を１と２の外側に貼る。

AとBを組む

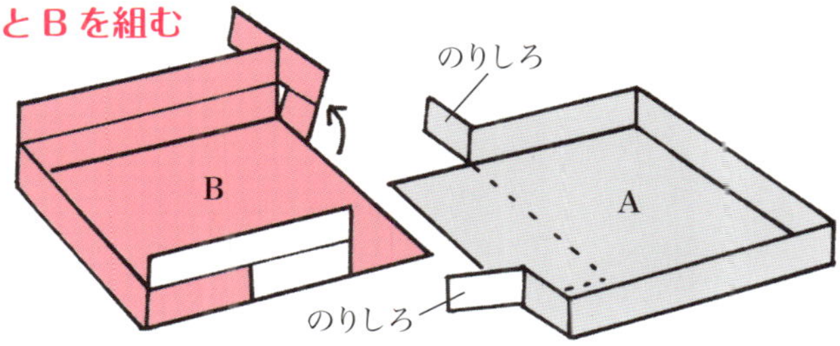

❿Ｂの残りの縁を立ち上げる。作業手順⑥のＡののりしろ２枚を外側に広げる。Ａの上にＢを差し込む。

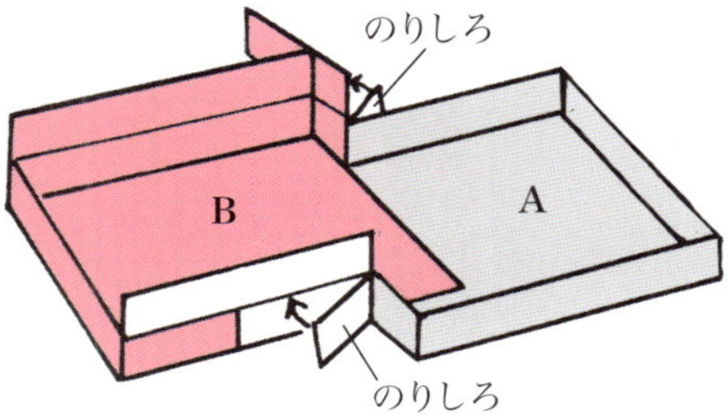

⓫Ａののりしろ2カ所にのりをつけて、Ｂの縁に貼り、ＡとＢをつなげる。

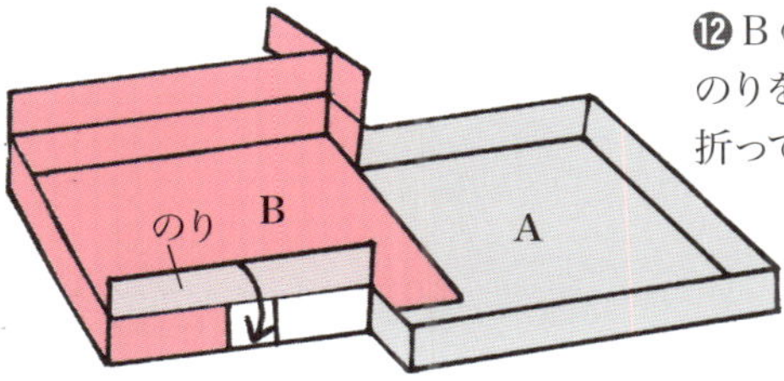

⓬Ｂの図の位置にのりをつけ、手前に折って貼る。

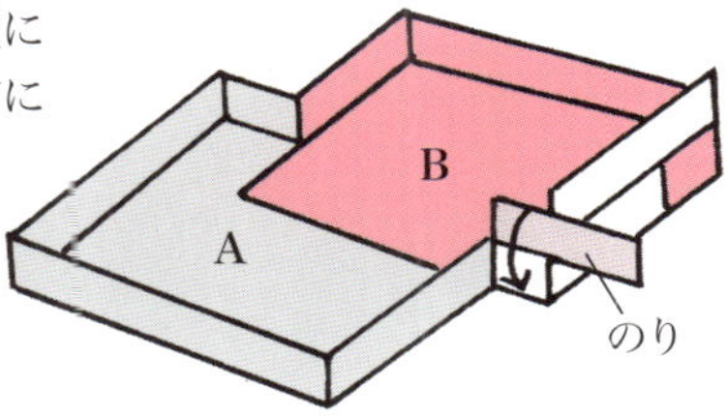

⓭Ａ、Ｂの方向を変えて、Ｂの図の位置にのりをつけ下側に折りたたみ、ＡとＢの接続部分に貼り重ねる。

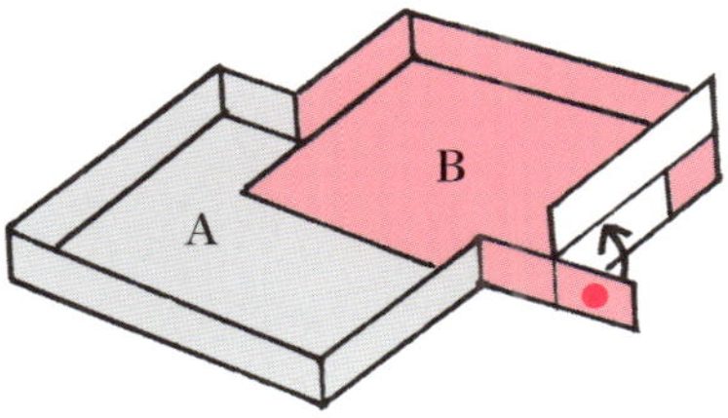

⓮図の●をＢの縁に貼る。

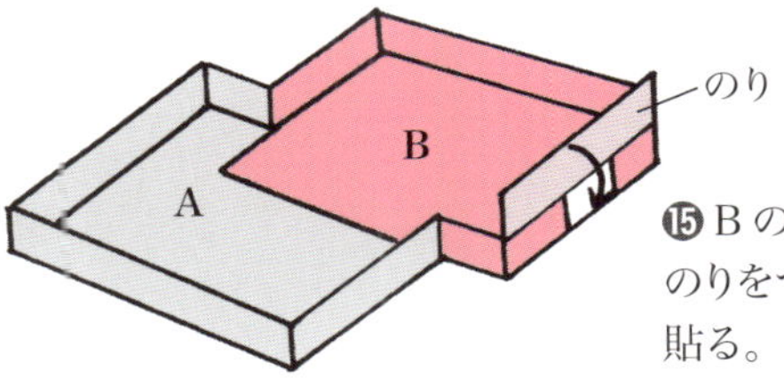

⓯Ｂの図の位置にのりをつけ、折って貼る。

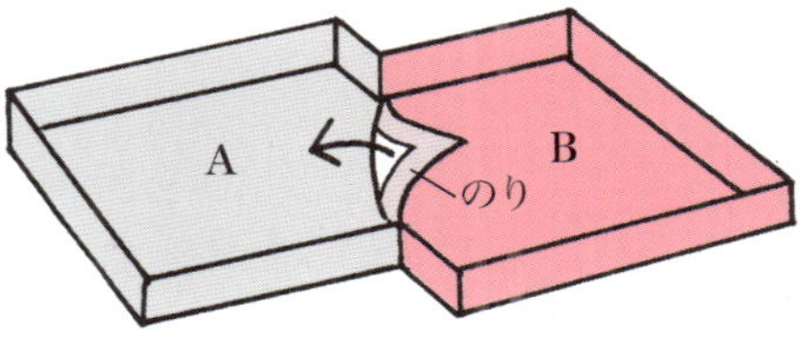

⓰紙のめくれが気になるときは、図の位置にのりをつけて貼る。裏も同様に。

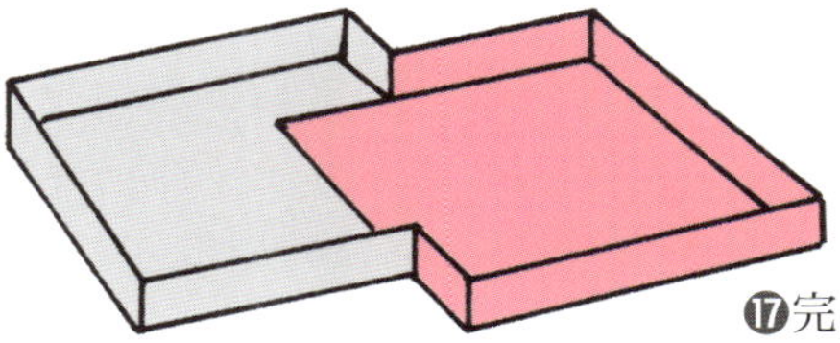

⓱完成。

しずく形のペン立て

作品／p.40

底の貼り込み部分を隠すように上部が波形になった飾りの紙を貼ることで強度が増し、おしゃれになります。

型紙の使用方法 （詳細は p.6 参照）	
A ○	C ○
B ○	D ×

材料／道具 「あじさい箱」（p.49、50）と同じ。ほかにマスキングテープ（幅1cm）。
紙は本体と底および飾り用に色違い２種類（底と飾りは同色）。 ☀型紙 p.79

❊ 型紙に合わせて紙を切る

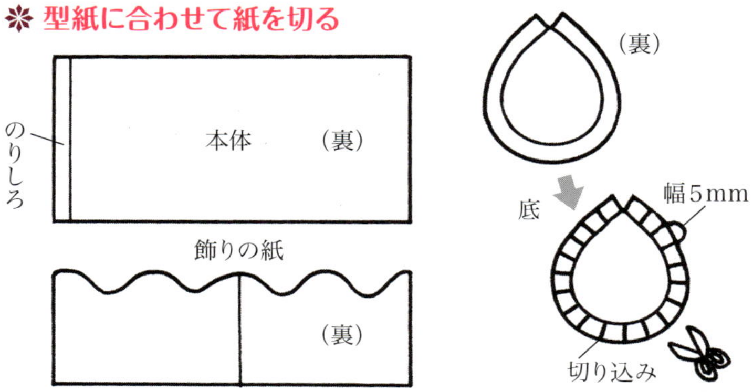

❶紙の裏を上にして置き、型紙どおりに本体、飾り、底を切る。折り線は型紙の上から鉄筆でなぞる。切った底の縁に幅5mmの切り込みを入れる。

❊ 本体を貼り合わせて しずく形の筒にする

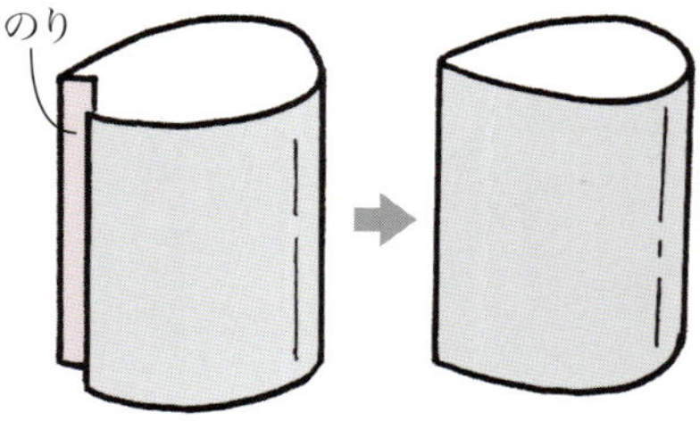

❷本体を輪にし、のりしろにのりをつけて貼り合わせ、しずく形をつくる。

❊本体と底を貼る

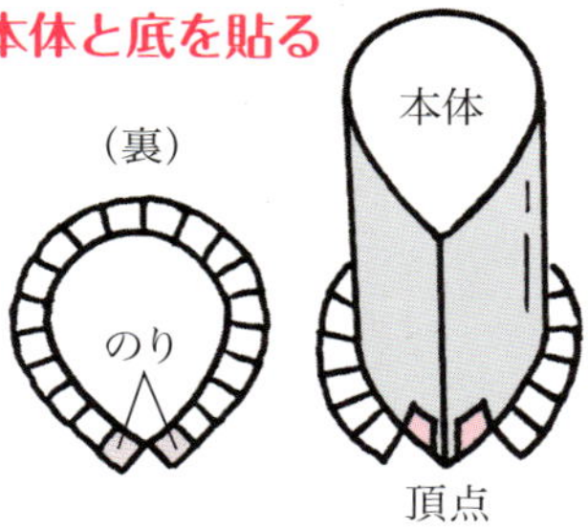

❸底の紙を裏を上にして置き、頂点同士を合わせて本体をのせる。まず頂点の両側の切り込みにのりをつけて本体に貼る。

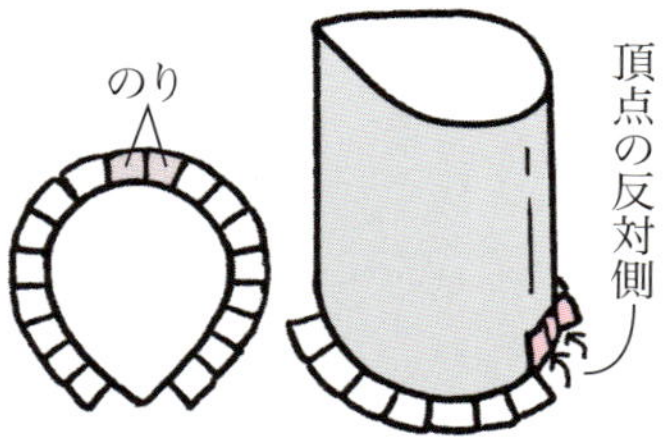

❹頂点の反対側の切り込み２枚を貼り、本体の位置を決める。

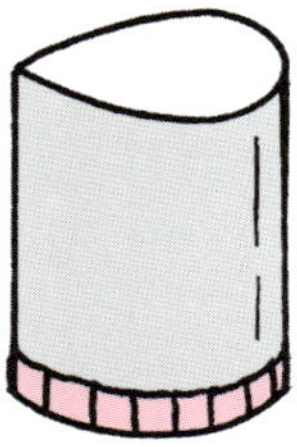

❺残りの切り込みをのりで貼る。

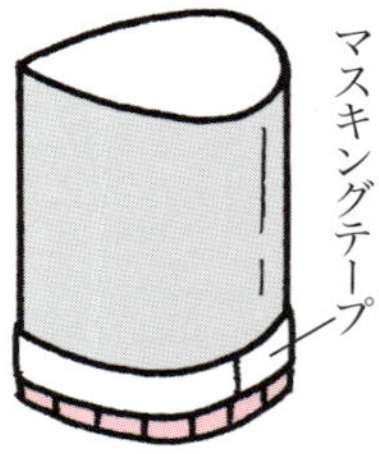

❻底から5mmほど離して、マスキングテープを１周貼って補強する。最後は少し重ねておく。

❊本体に飾りの紙を貼る

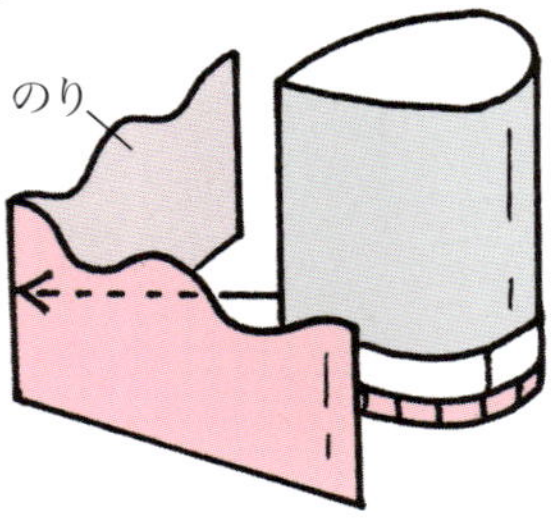

❼飾りの紙を型紙の線どおりに２つに折る。内側全面にのりをつけ、底側にそろえてしずくの頂点同士を合わせる。

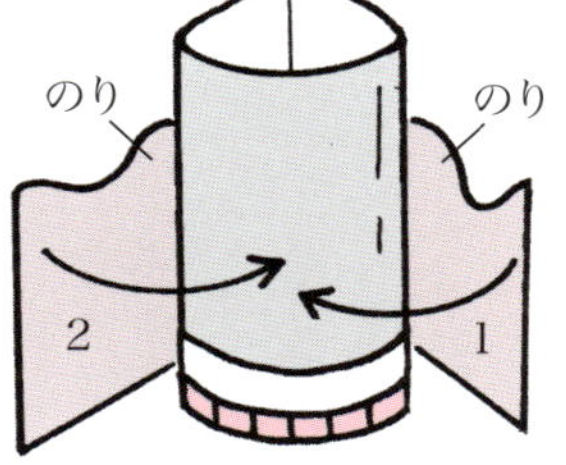

❽１、２の順に飾りの紙を本体に貼る。

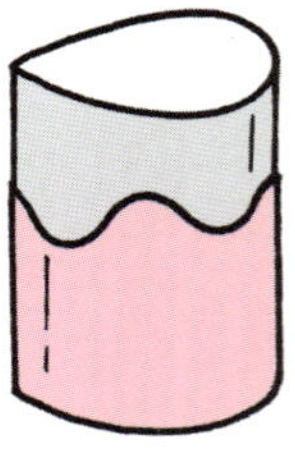

❾完成。

ポップアップクラフト

ポップアップの表紙や箱

硬めでしっかりした紙を使用すると、きれいに立ち上がります。本書では表と裏が同じ色の色画用紙やファンシーペーパー (p.5) を使用しましたが、表と裏で色が違っても楽しいでしょう。

立ち上がるメインの絵

角松、桜、ひまわり、もみじは、カラーの型紙を掲載しましたので (p.48)、写真用紙などの厚い紙に直接カラーコピーして使ってください。薄い紙にコピーするときは画用紙など厚めの紙に貼るとよいでしょう。

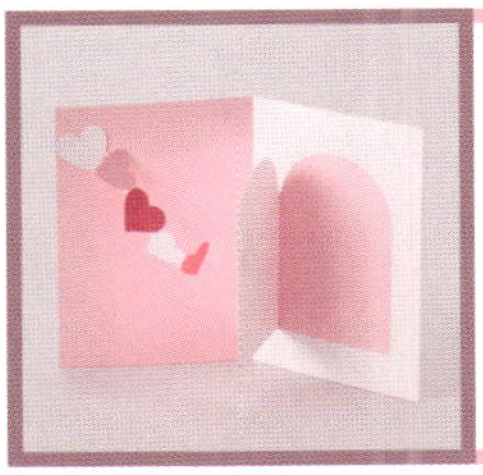

ハートのバレンタインカード

作品／p.47

カードを開くとドアが開きます。ドアの上部からメッセージカードを入れられますが、直接書いても OK。

（単位：cm）

材料／道具

〈紙〉ファンシーペーパー (p.5)
　台紙：ピンク、ドア：さくら色
　ハート：赤、ピンク、さくら色

- ししゅう糸（黄） 3本どり 25cm
- 目打ち　• スティックのり　• セロハンテープ
- ハサミ　• カッターナイフ

各パーツの紙を切る

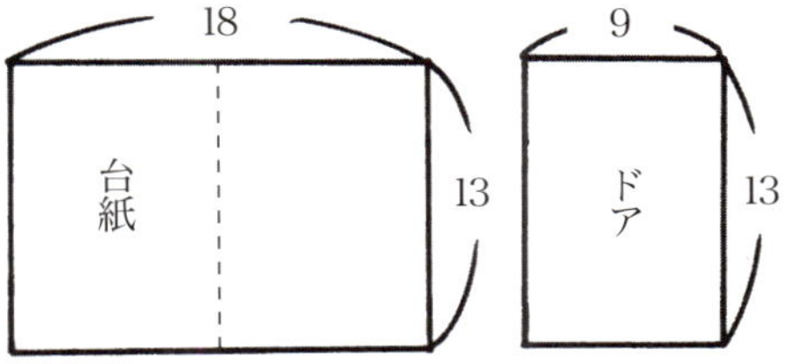

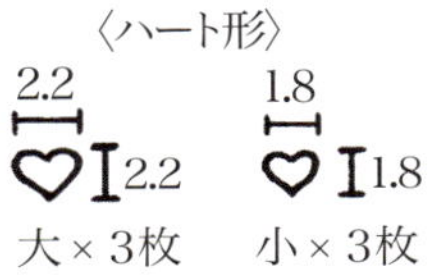

❶図のサイズで紙を切り、台紙の折り線を折る。

台紙にドアを貼る

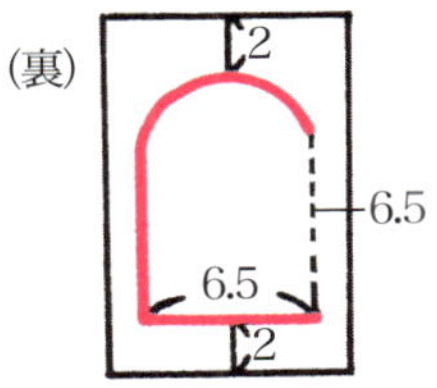

❷ドアの赤線部分を切り、開閉できるように折りすじをつける。

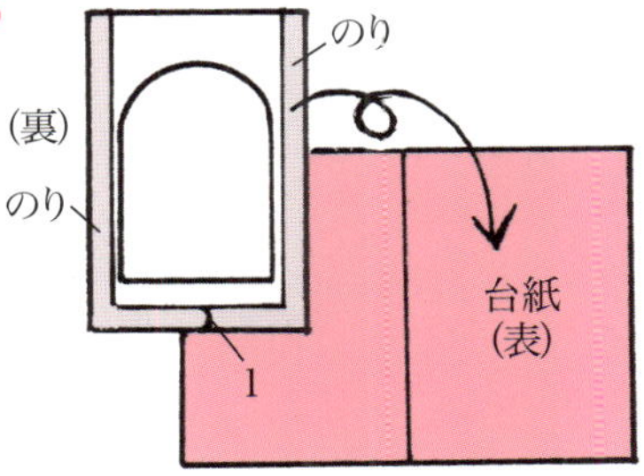

❸図の位置にのりを塗り、台紙の右側に貼る。

ドアに糸を通しハートを飾る

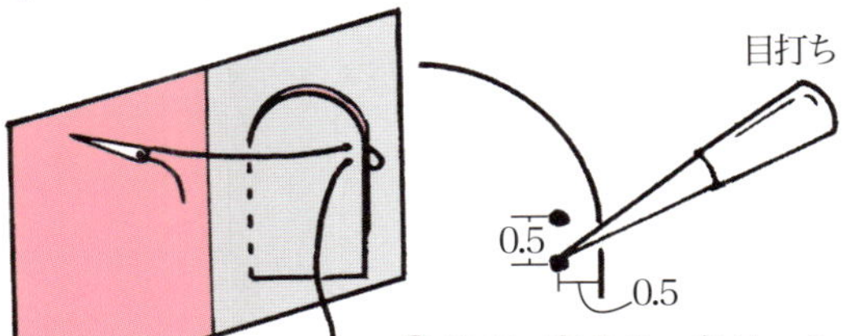

❹ドアに穴を2つあけ、ししゅう糸 (25cm) を通す。

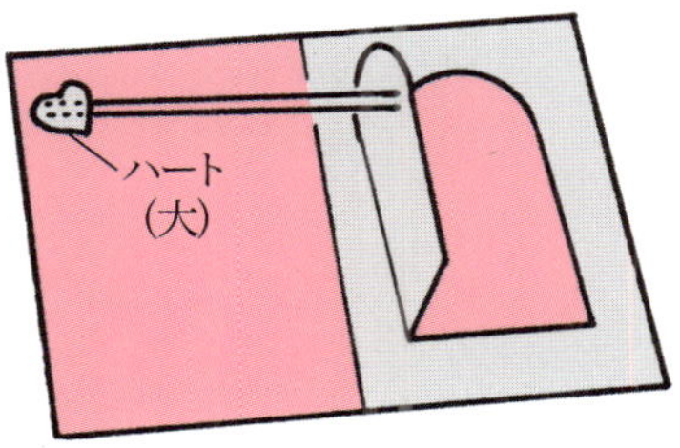

❺ドアを垂直に立て、糸を台紙の左上に引っぱり、ハート（大）の裏にのりをつけて糸を台紙に貼りつける。

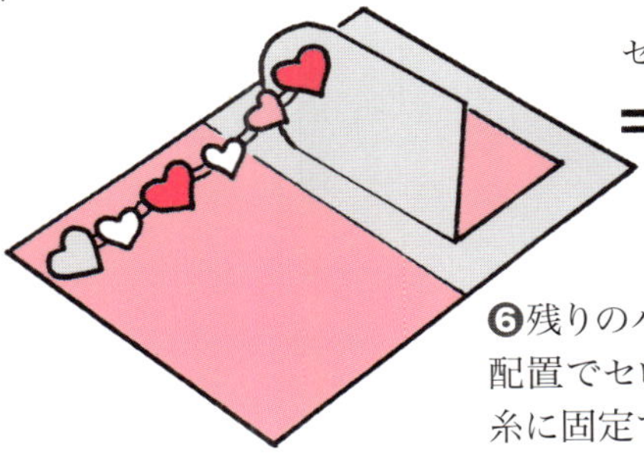

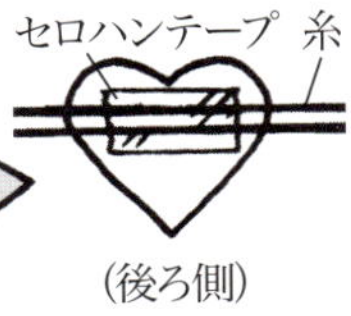

❻残りのハートを好みの配置でセロハンテープで糸に固定する。完成。

正月／角松

作品／p.42

カードを開くと金屛風が開き、門松が手前にせり出します。門松はカラーページ（p.48）の型紙をコピーして使用します。

（単位：cm）

材料／道具

〈紙〉ファンシーペーパー（p.5）
A：赤
B：画用紙（白）
　折り紙（金）
C：画用紙（白）
☀型紙 p.48：D（角松）
写真プリント用紙（厚）
• スティックのり
• ハサミ

✻ 紙を切る

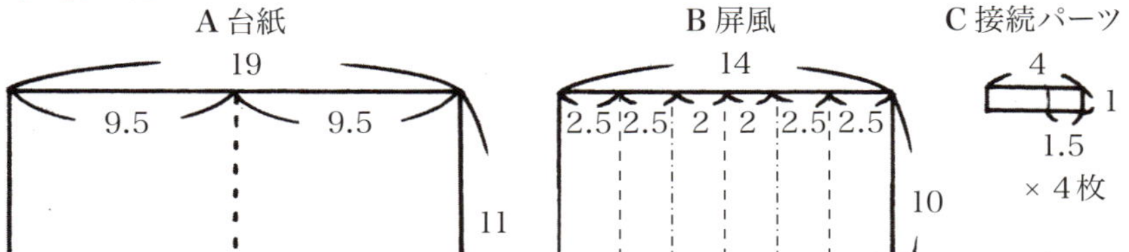

❶図のサイズで紙を切る。Bは画用紙（白）と折り紙（金）を同サイズで切る。A、B、Cは折り線どおりに折る。

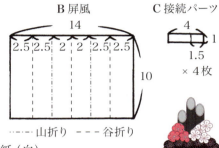

D 型紙（p.48）
（角松をカラーコピーして使用）

✻ 屛風（B）に角松（D）を貼る

B（画用紙に貼った折り紙〈金〉を上に向けた状態）

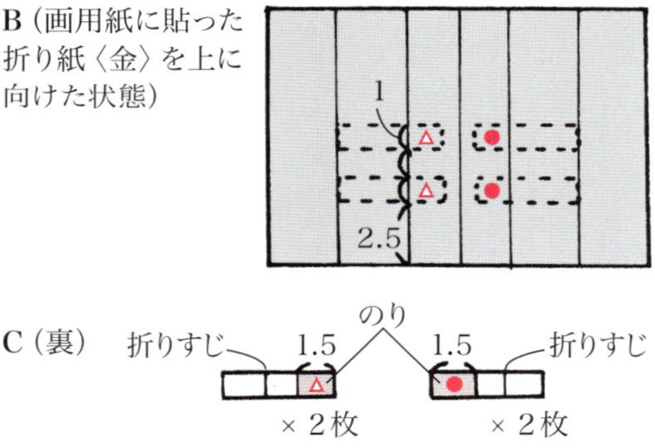

❷画用紙（白）の上に折り紙（金）を貼る。C４枚は裏を上に向け、●と△にのりをつけてBの図のそれぞれの位置に貼る。

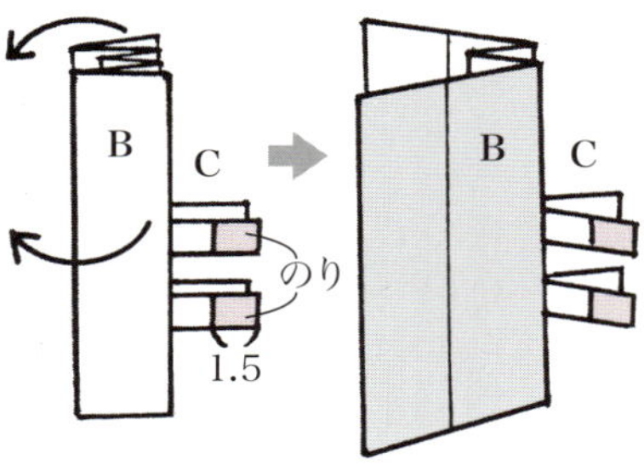

❸Cを貼りつけたBを折り線どおり折り、C４枚の図の部分にのりをつける。Bの両端を開く。

❹カラーコピーした角松（D）を半分に折り、BとCをはさんで図の位置に貼る。

✻ 屛風（B）を台紙（A）に貼る

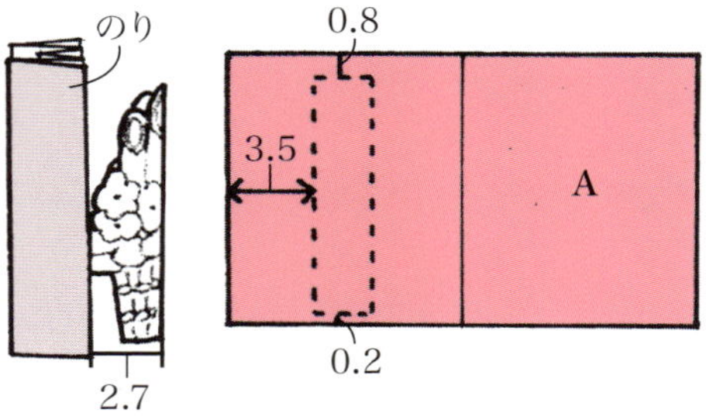

❺Bを元どおりに折り、図の部分にのりをつけてひっくり返してAの図の位置に貼る。

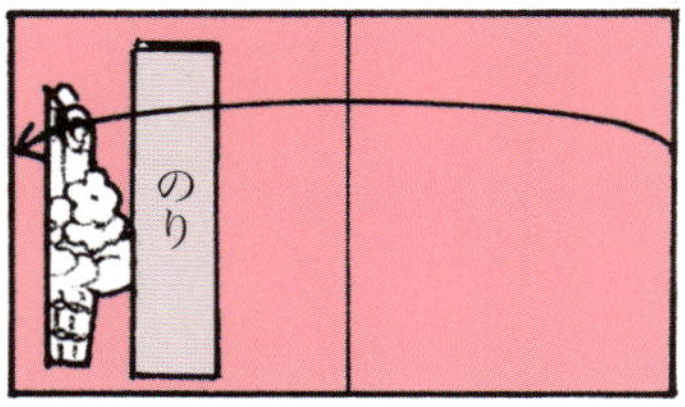

❻Bの図の位置にのりをつけ、Aを中央で折りたたんで貼りつける。

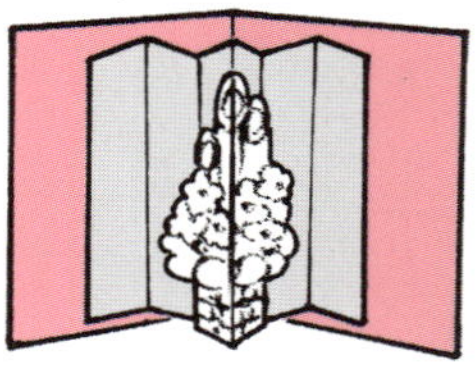

❼開いて完成。

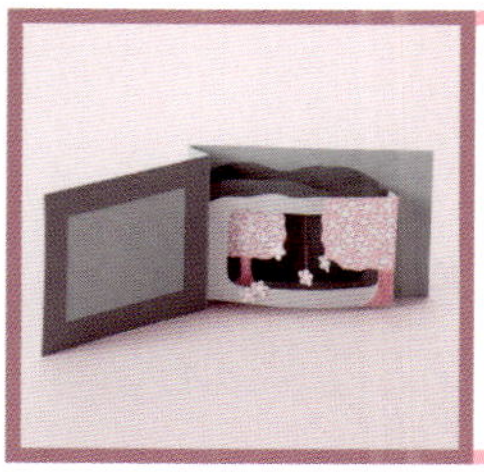

春／桜

作品／p.43

カードを開くと上部に山並みを配した枠がせり出し、奥行きのある春の景色が現れます。桜はカラーページ（p.48）の型紙をコピーして使用します。

（単位：cm）

材料／道具

〈紙〉ファンシーペーパー（p.5）　A：空色　B、C：青　D：緑　E：黄緑
☀型紙 p.48：F（桜）　写真プリント用紙（厚）
• 糸（ミシン糸ピンク）　• スティックのり　• セロハンテープ　• ハサミ　• カッターナイフ

✿ 紙を切る

❶図のサイズで紙を切る。B、D、Eは赤線で切り取り、折り線のあるものは折る。

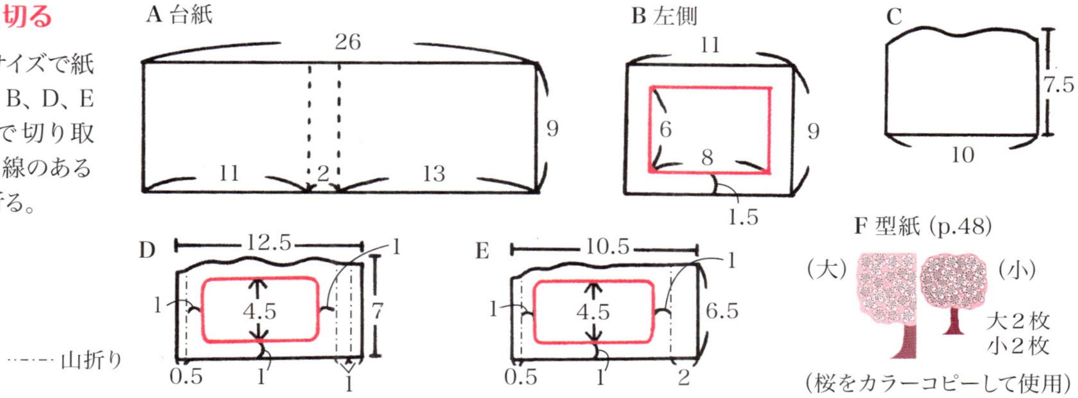

✿ 組み立てる

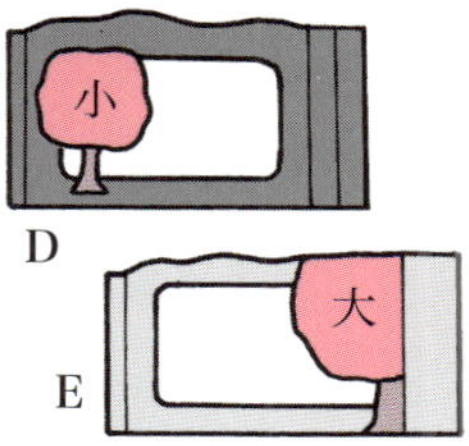

❷DとEの図の位置に桜の木（F）大小各1枚をのりで貼る。

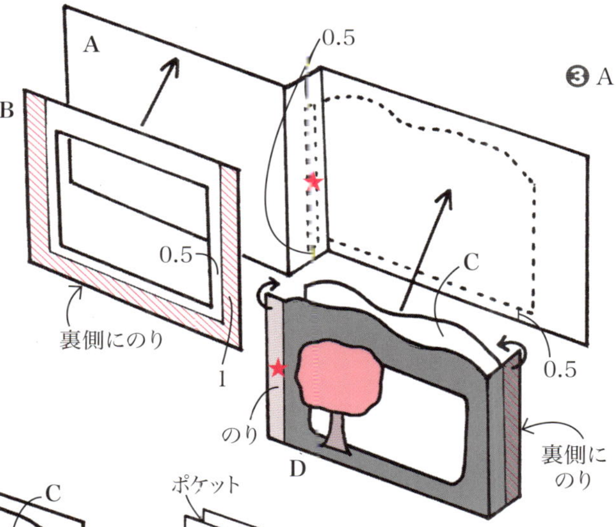

❸AとB、C、Dを組み立てる。
1. Bの斜線部分の裏側にのりを塗り、Aの左側に貼る。
2. Dの右端裏側にのりを塗り、折ってCの裏に貼る。
3. Cの裏全体にのりを塗り、Aの図の位置に貼る。
4. Dの左端表側（★）にのりを塗り、折ってAの★の位置に貼る。

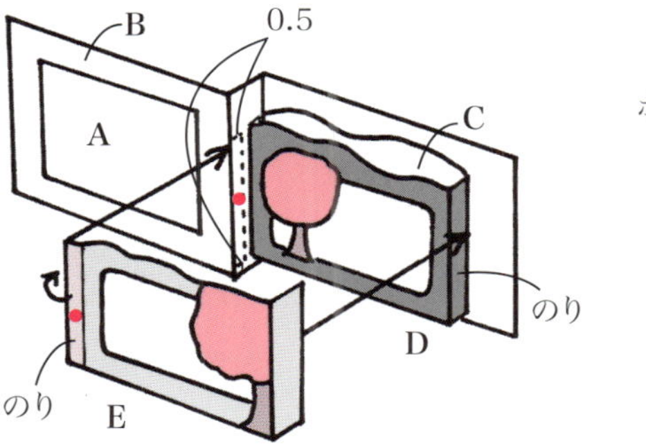

❹Eの両端をAの図の位置に合わせて貼る。右端はD側にのりを塗り、左端はEの●の表側にのりを塗り、Aの●の位置に貼る。

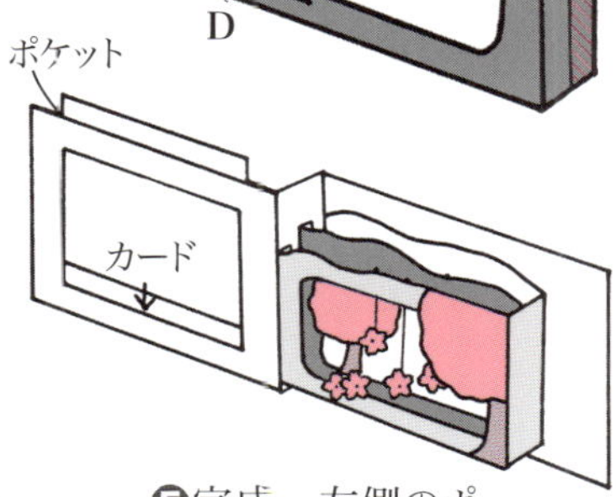

❺完成。左側のポケットにメッセージカードなどが入る。

花の飾りをつける

桜の木（F）から花を切り取り、2枚は幹の下に貼る。3枚は裏に糸を貼ってE、Dの裏にセロハンテープでとめる。

夏／ひまわり畑

作品／p.44

カードを縦に開くと高さの異なる４枚のひまわりの絵が立ち上がります。閉じたときに表側にくる、立ち上げたときに山並みの裏側へ回す部分の紙にはメッセージが書けます。

（単位：cm）

材料／道具

〈紙〉色画用紙
- A：スカイブルー
- B：深緑
- C、D、E：緑

☀型紙 p.48：
- F、G、H、I（ひまわり）
- 写真プリント用紙（厚）

- セロハンテープ
- スティックのり
- ハサミ

✿ 紙を切る

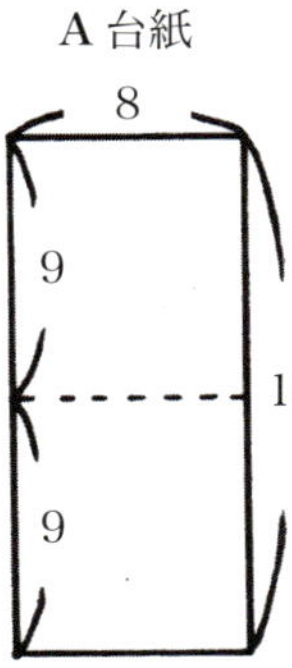

❶図のサイズで紙を切って折り線で折る。

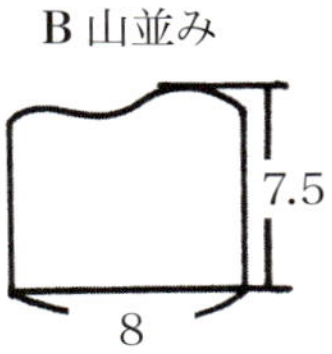

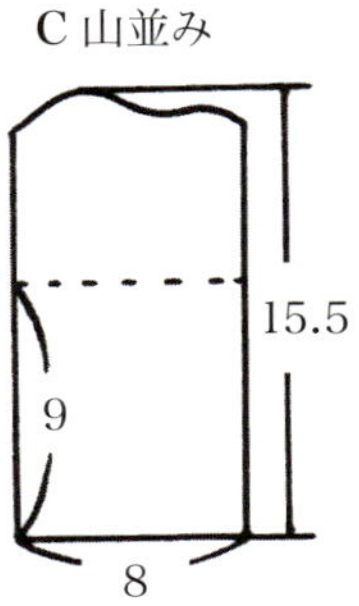

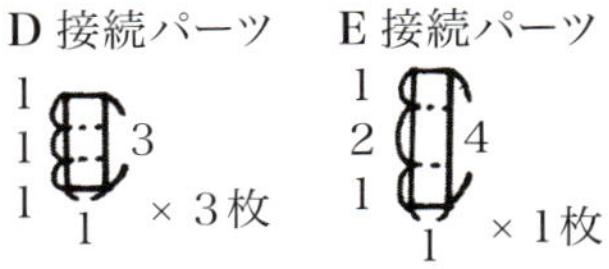

F、G、H、I 型紙（p.48）
（ひまわりをカラーコピーして使用）

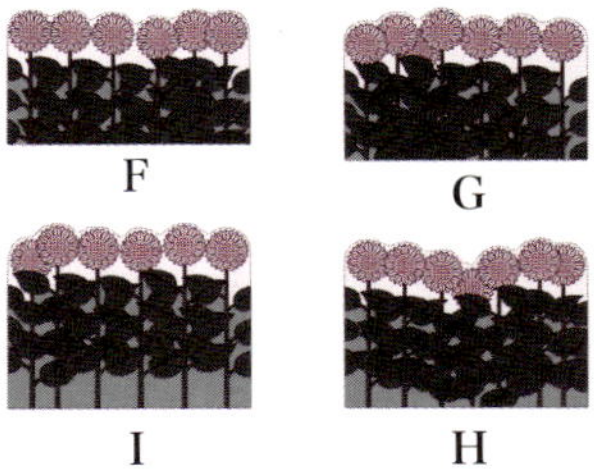

✿ 組み立てる

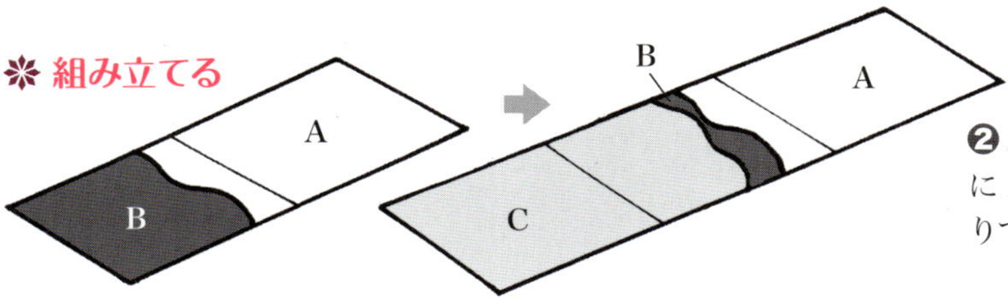

❷ A の下側にそろえて B をのりで貼る。次に A、B の下側に C の折り線を合わせてのりで貼る。

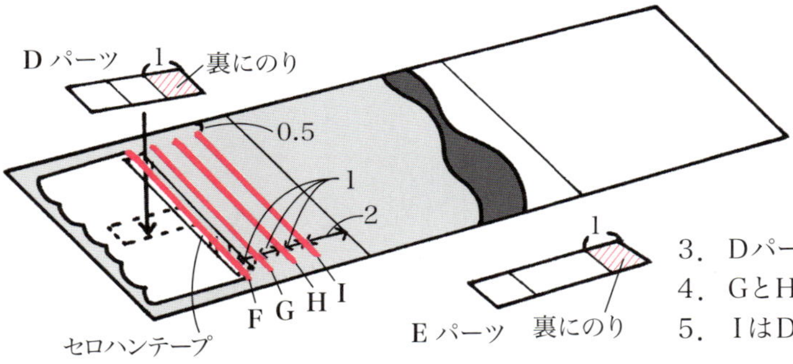

❸ ひまわり（F、G、H、I）と接続パーツ（D、E）を山並みCに貼る。
1. 図のFの線に合わせて型紙 F を裏向きに置く。
2. のりをつけたDパーツをFの下側に合わせて図の位置に貼る。
3. Dパーツの上からセロハンテープで F を固定する。
4. GとHも同様に貼る。
5. IはDパーツの代わりに E パーツを使う。

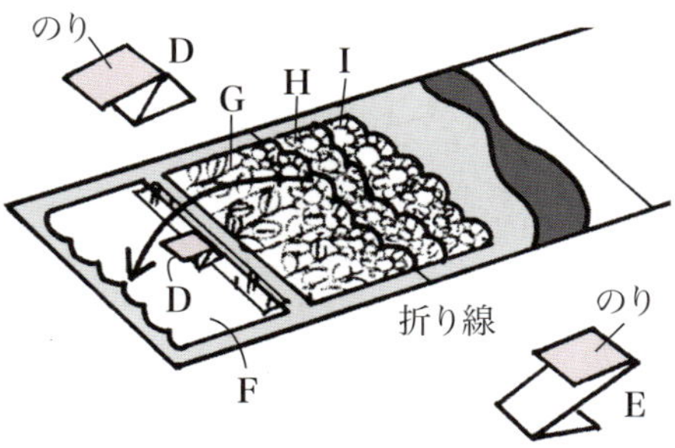

❹ Dパーツ、Eパーツを使ってひまわりを隣の紙とつなぐ。
1. G、H、I を反対側に倒す。
2. Fに貼ったDパーツを3つ折りにし、図の位置にのりをつける。
3. G を元の位置にもどし上から押さえてDパーツに貼る。
4. H も同様にDパーツに貼る。
5. I はバックの山並みの紙を倒してEパーツに貼る。

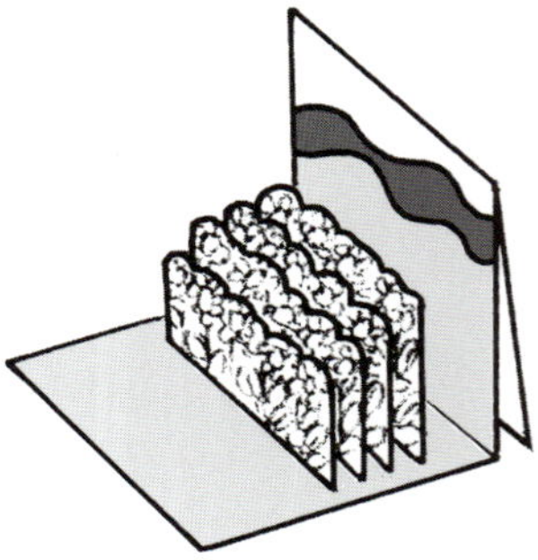

❺完成。山並みの紙を立てるとひまわりも立ち上がる。

秋／紅葉

作品／p.45

大きいビーズを持ち、そこから出ているししゅう糸を引っぱり上げると箱の蓋が開き、箱の蓋を持って大きいビーズを引っぱり上げると箱が閉じます。

(単位：cm)

材料／道具

〈紙〉ファンシーペーパー (p.5)
A、B：オレンジ　C：赤
D：写真プリント用紙 (厚)

☀型紙 p.48：E (もみじ)
写真プリント用紙 (厚)

- ししゅう糸：赤
  F 23cm、G 40cm
- ビーズ：
  大 (径1cm)　1個
  小 (径0.3cm)　2個
- スティックのり
- セロハンテープ
- 目打ち　• ハサミ

❋ 紙を切る

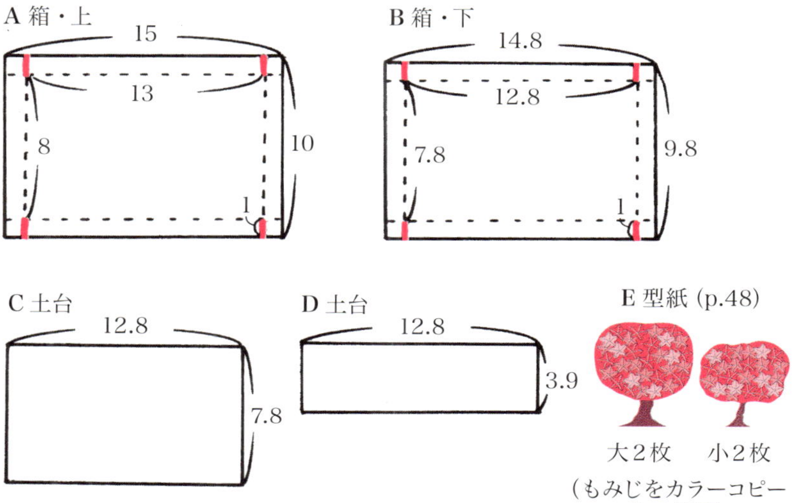

(もみじをカラーコピーして使用)

❶図のサイズで紙を切る。A、Bは点線で折り、切り込み (赤線) を入れる。

❋ 下の箱 (B) を組み立てる

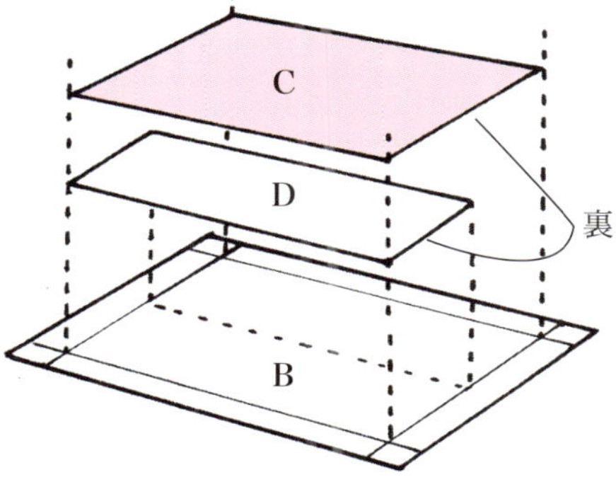

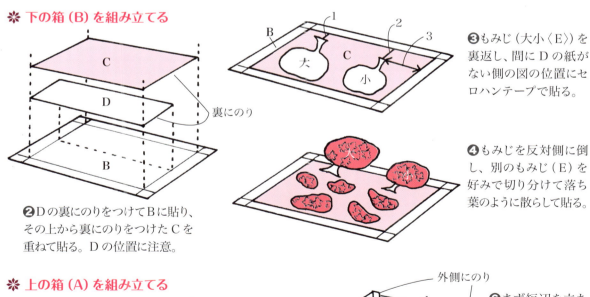

❷Dの裏にのりをつけてBに貼り、その上から裏にのりをつけたCを重ねて貼る。Dの位置に注意。

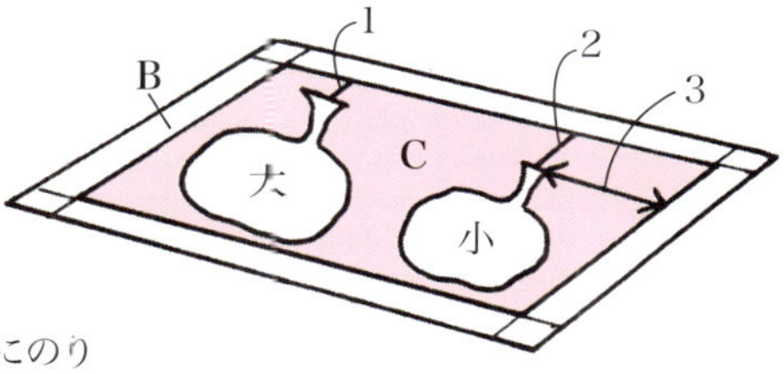

❸もみじ (大小〈E〉) を裏返し、間にDの紙がない側の図の位置にセロハンテープで貼る。

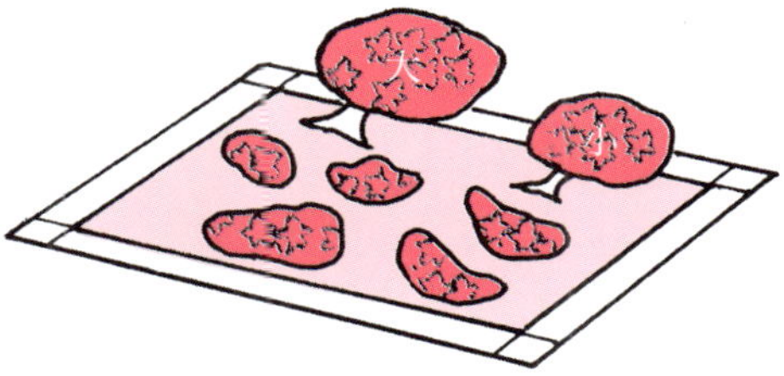

❹もみじを反対側に倒し、別のもみじ (E) を好みで切り分けて落ち葉のように散らして貼る。

❋ 上の箱 (A) を組み立てる

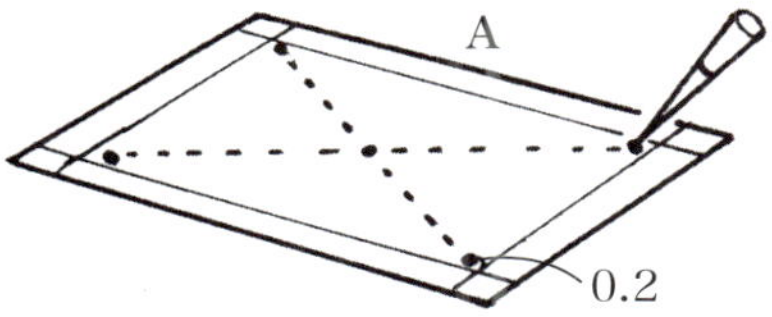

❺目打ちで5カ所穴をあける。

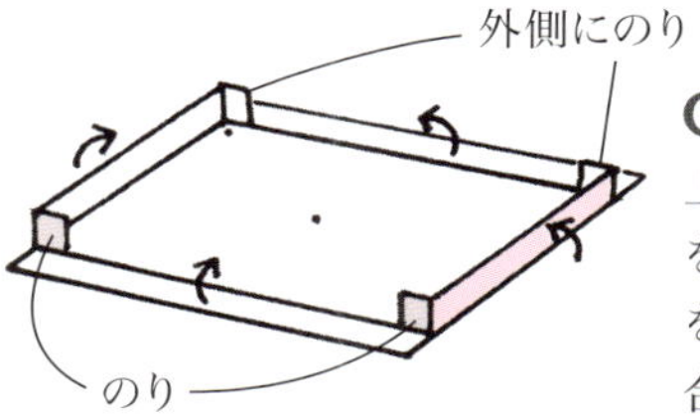

❻まず短辺を立ち上げて4カ所にのりをつけ、次に長辺を立ち上げて貼り合わせる。

ビーズに糸を通す

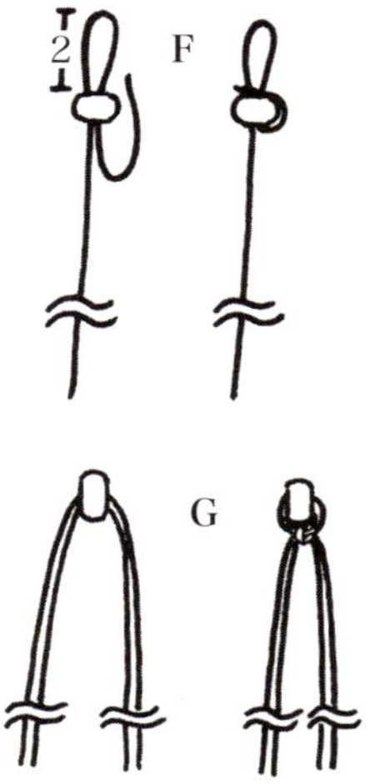

❼F：ビーズ（小）に糸を1本通し、図のように結びとめる。G:ビーズ(小)に糸を2本通し、ビーズの下で結ぶ。

上の箱と下の箱を組み立てる

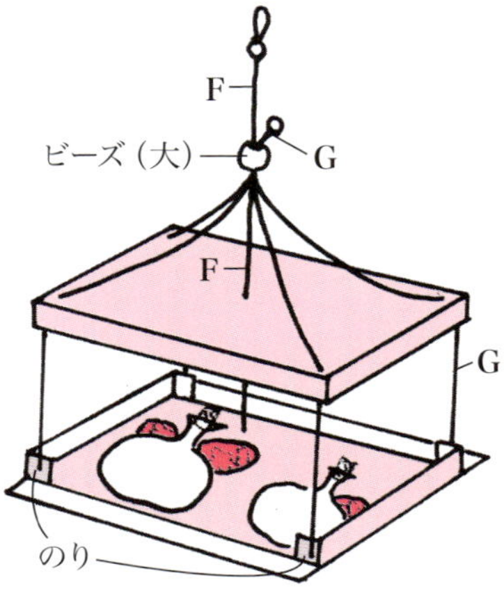

❽ビーズ（大）に作業手順⑦のFとGの糸を通し、Fの糸は上の箱の中心に通す。Gの糸は箱の四隅に通す。下の箱を作業手順⑥と同様に立ち上げ、Gの糸をのりしろにはさみ込んで貼る。

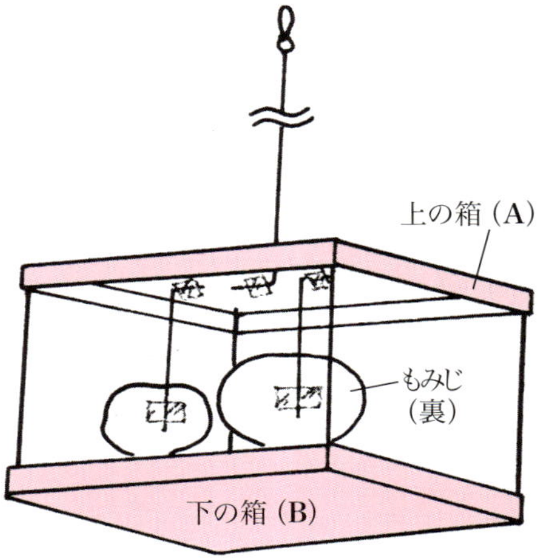

❾まず箱を縦にしっかり開いた状態で、Fの糸を上の箱の裏にセロハンテープでとめる。次に別の糸2本をもみじの裏と上の箱の裏に長さを調節してセロハンテープでとめてもみじを立ち上げる。完成。

冬／クリスマスツリー

作品／p.46

箱を開くとクリスマスツリーが現れます。白色の羊毛フェルトの地面に小さなオーナメントなどを置いても OK。

（単位：cm）

材料／道具

〈紙〉ファンシーペーパー（p.5）　A：ホワイトマーブル　B、C、D：深緑　E：茶　F：空色、黄、ピンク　☀型紙 p.48（クリスマスツリー）

- 羊毛フェルト（白）
- ストロー（径 0.5cm）2.5cm
- ししゅう糸（赤）：30cm×4本
- 星のスパンコール（金）２個
- 木工用ボンド
- スティックのり
- セロハンテープ
- クラフトパンチ
- ハサミ

紙を切る

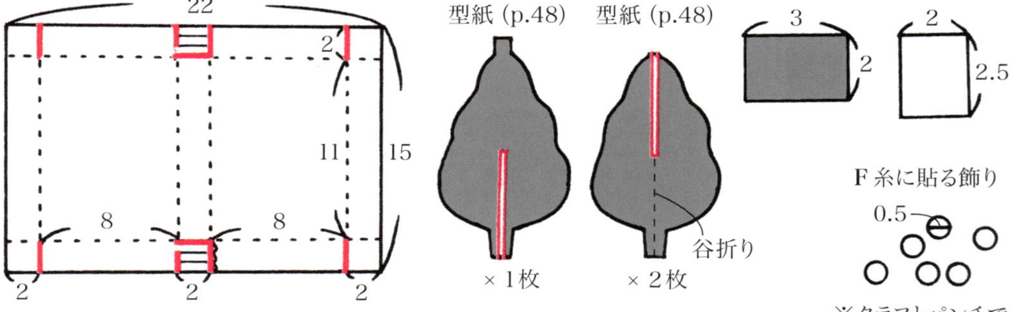

※クラフトパンチで紙を抜いてつくる。

❶図のサイズで紙を切る。Aは赤線に切り込みを入れ点線で折る。ツリー（B、C）はp.48の型紙をコピーして好みの紙に当てて切り、中央の赤線を切り取る。Cは中央の点線で折る。

✽ ツリーを組み立てる

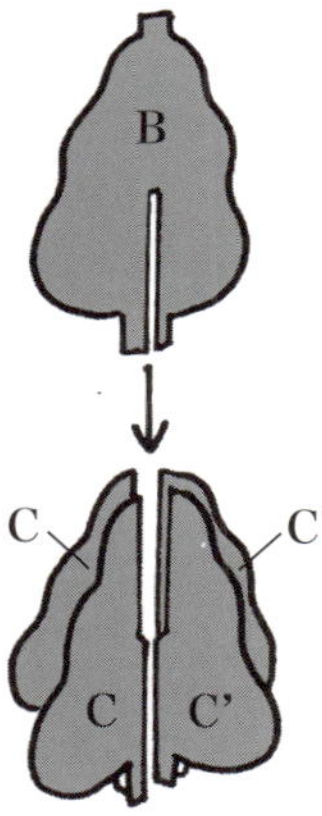

❷中央で折ったCを2枚（CとC'）背中合わせにし、上からBをCの切り込みに差し込み、CとC'をつなぐ。

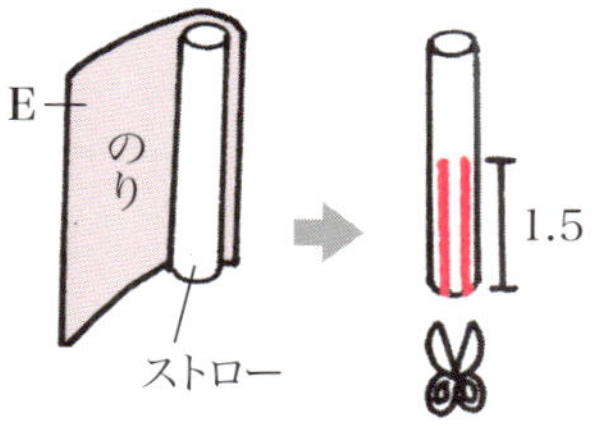

❸裏にのりをつけたEをストローに巻いて貼る。6カ所に切り込みを入れる。

❹ストローの切り込みを開いて、土台（D）の表にのせ、セロハンテープで固定する。紙からはみ出した部分は切る。

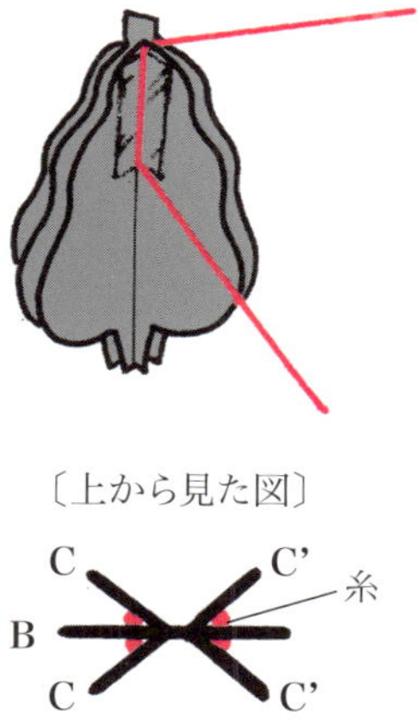

❺ししゅう糸（30cm）4本を半分に折り、中心をツリーの上部にセロハンテープでとめる。

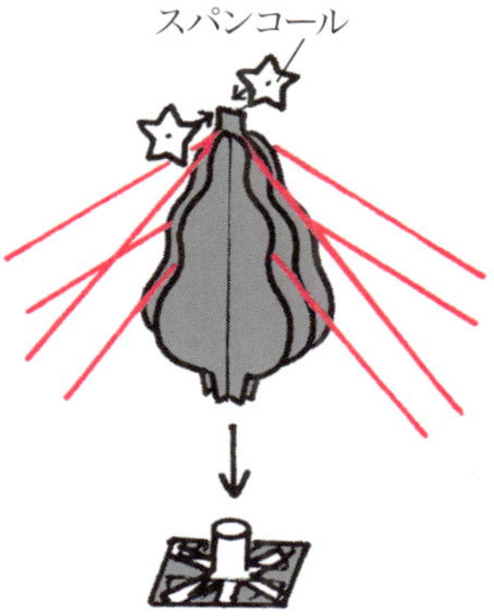

❻ツリー上部の紙（四角）に、ボンドを塗ったスパンコールを両面からはさんで貼る。作業手順④のストローにツリーを差し込む。

✽ 箱とツリーを組み立てる

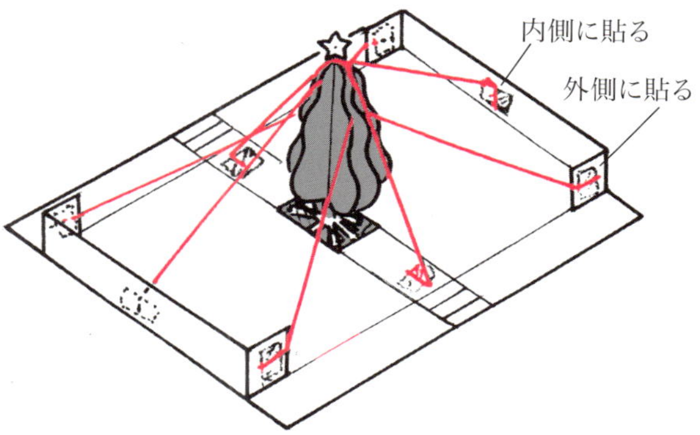

❼箱（A）の短い辺を直角に立ち上げる。中央にツリーの土台をのりで貼り、8本の糸を図のように引っぱってセロハンテープで貼る。

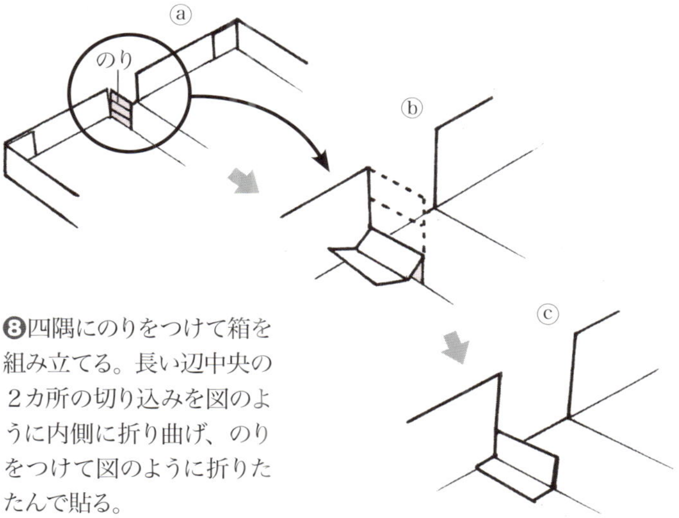

❽四隅にのりをつけて箱を組み立てる。長い辺中央の2カ所の切り込みを図のように内側に折り曲げ、のりをつけて図のように折りたたんで貼る。

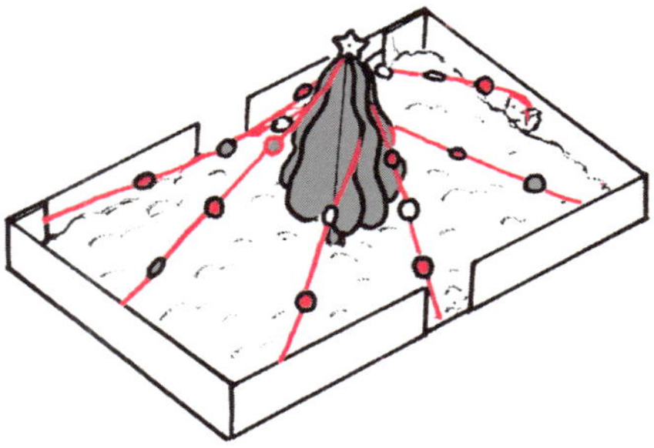

❾箱の底にボンドをうすく塗り、羊毛フェルトを敷きつめる。8本の糸に丸い紙（F）2枚を両側からはさんで貼り、飾りにする（のりは片側につける）。完成。

心をいやす　切り紙ライトカバー／スマイルハート (p.10)　×200% (A4)

じゃばら折りの切り紙／レース文様 (p.9)　×200% (A4)

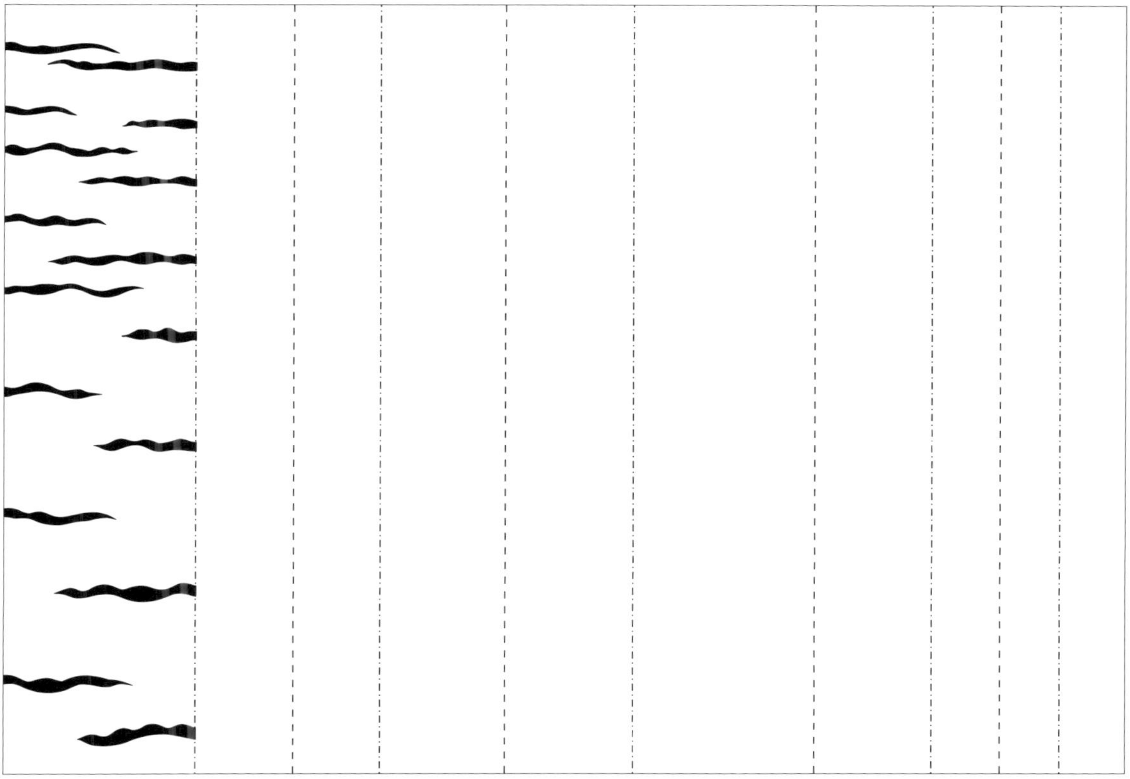

じゃばら折りの切り紙／夕波 (p.9)　×200% (A4)

心をいやす　切り紙ライトカバー／アジアンスタイル (p.11)　×200% (A4)

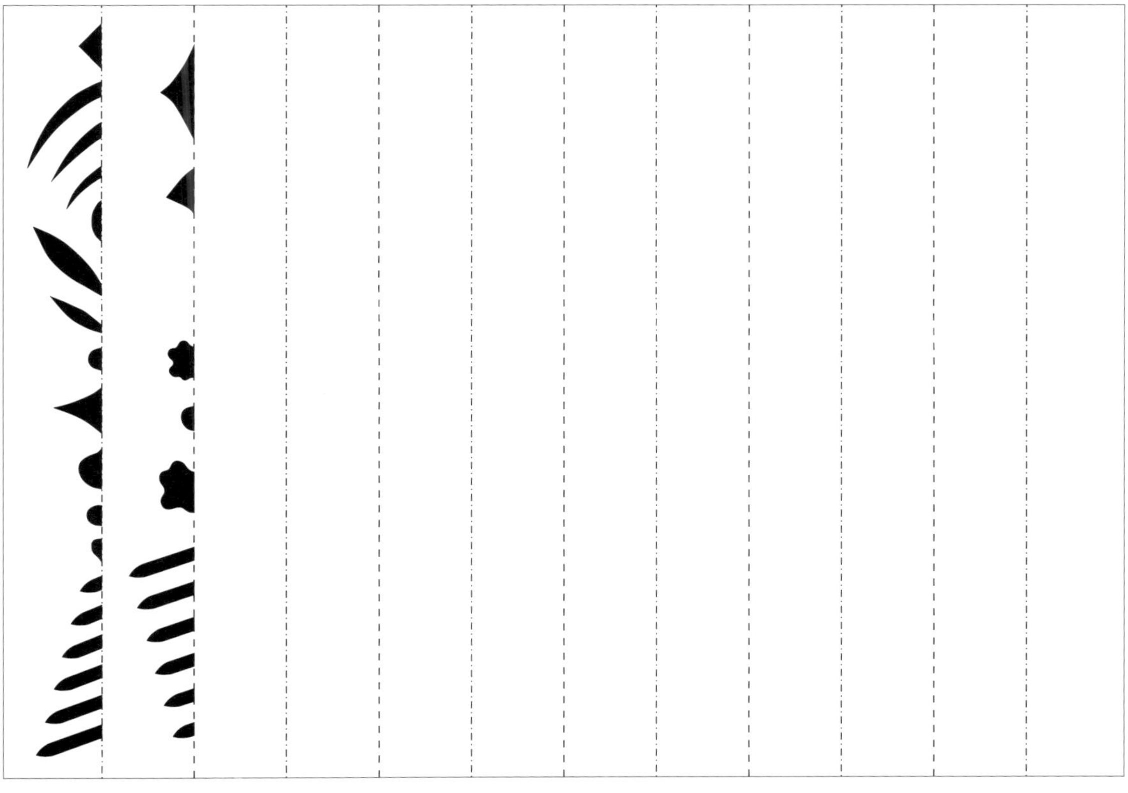

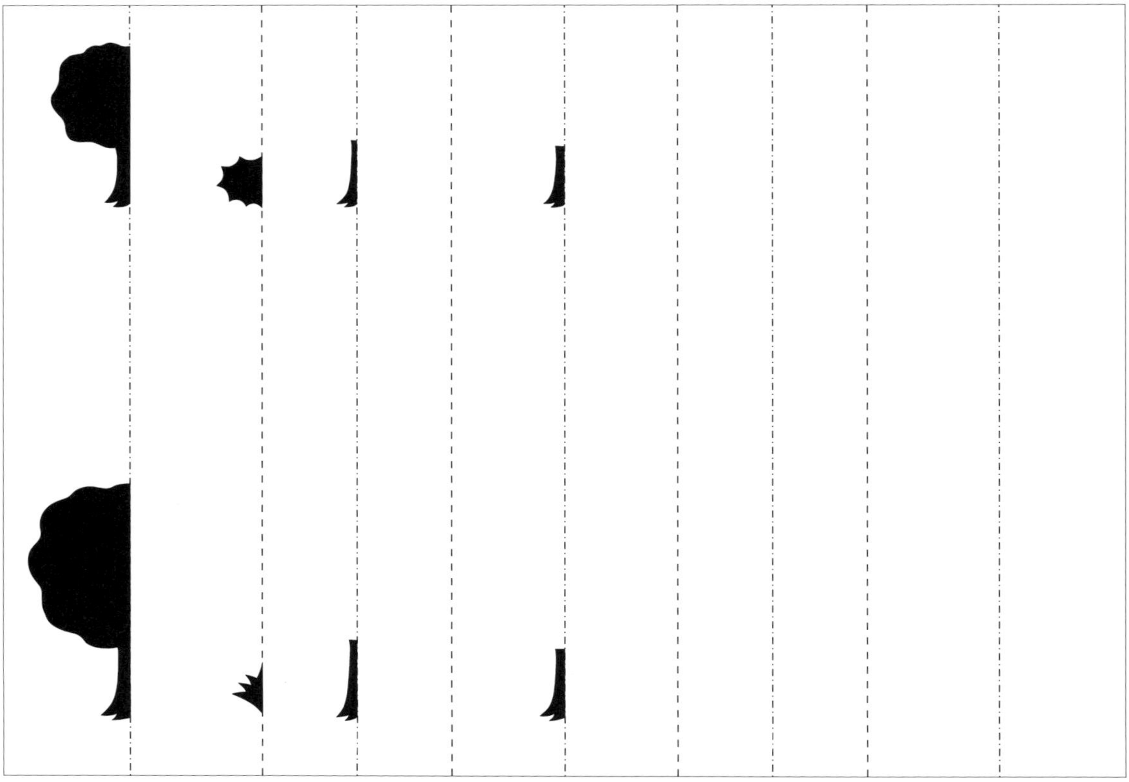

じゃばら折りの切り紙／桜の並木 (p.9)　×200% (A4)

じゃばら折りの切り紙／秋景 (p.9)　×200% (A4)

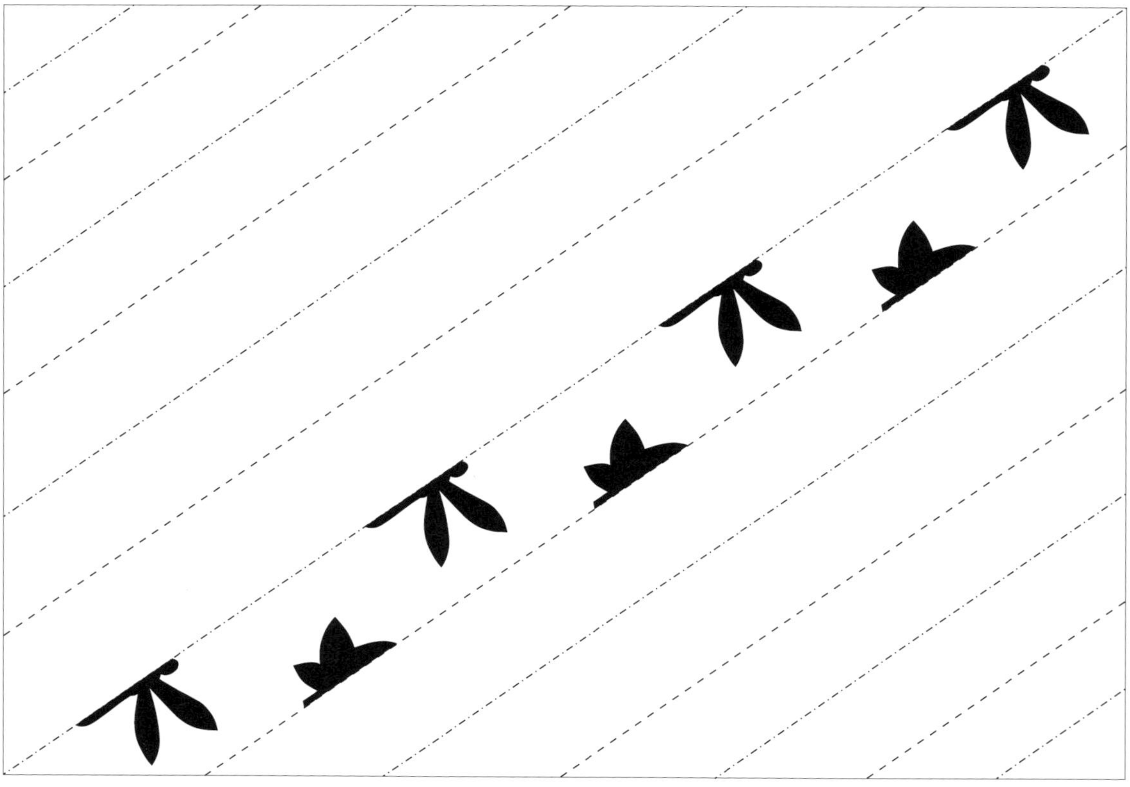

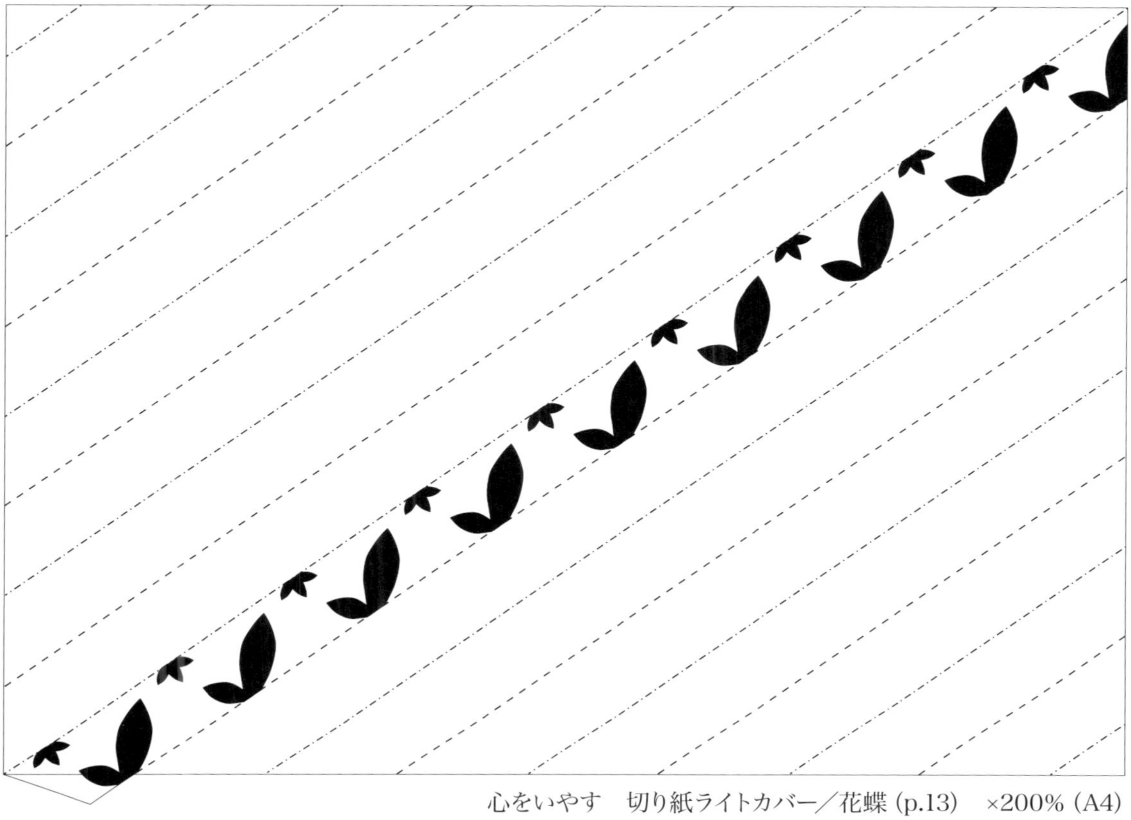

心をいやす　切り紙ライトカバー／花蝶 (p.13)　×200% (A4)

心をいやす　切り紙ライトカバー／波光〈はこう〉(p.12)　×200% (A4)

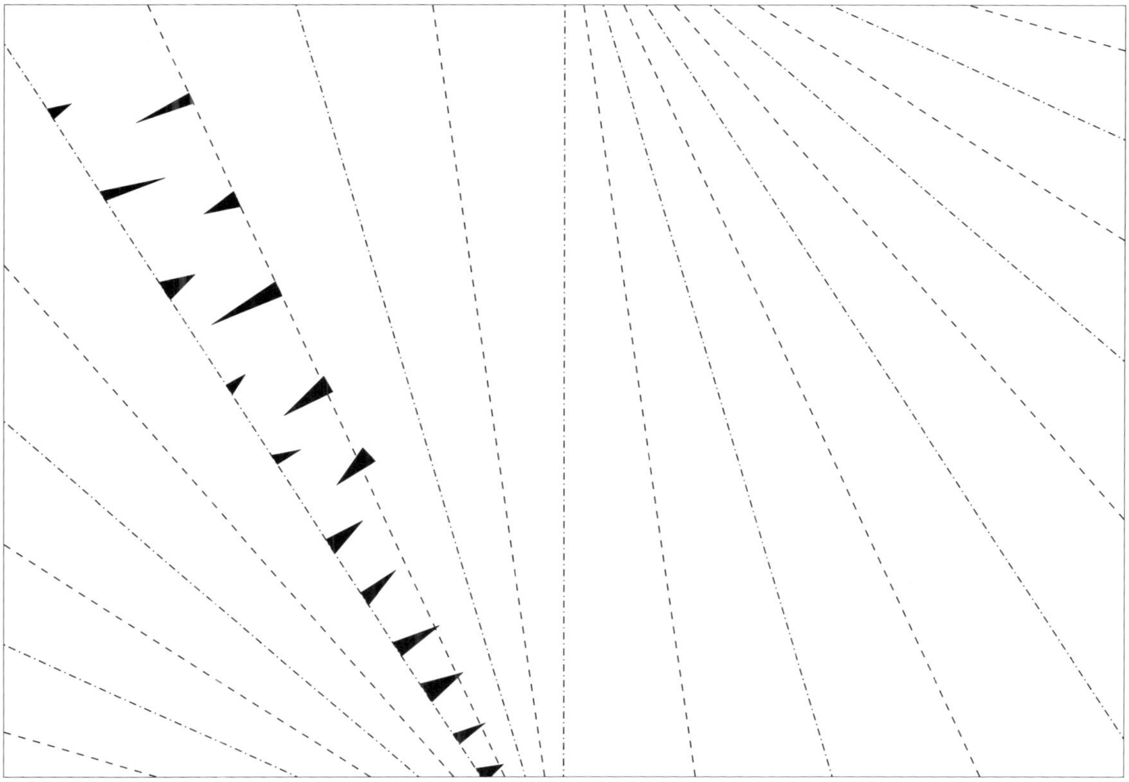

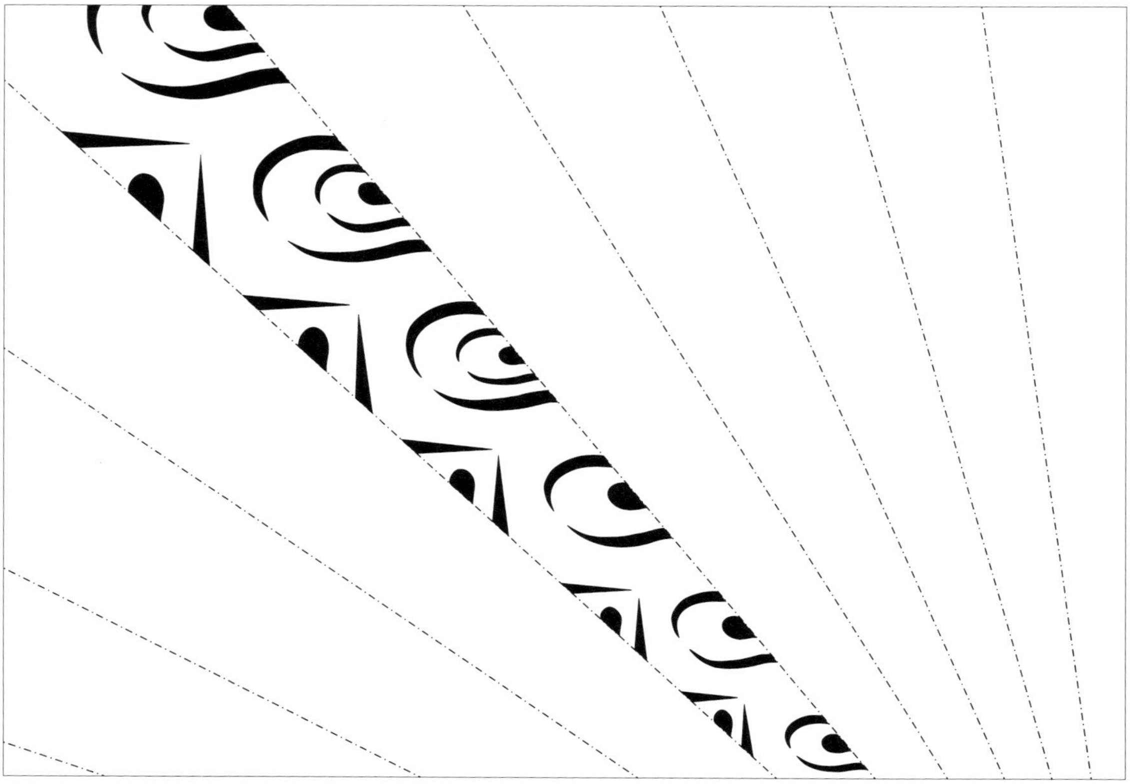

じゃばら折りの切り紙／孔雀羽模様 (p.9)　×200% (A4)

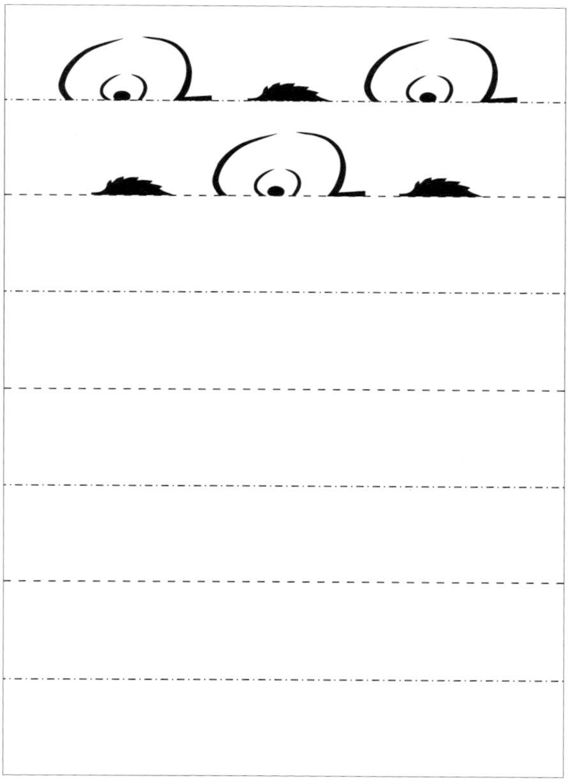

じゃばら折りの切り紙／青りんご (p.9)　×200% (A5)

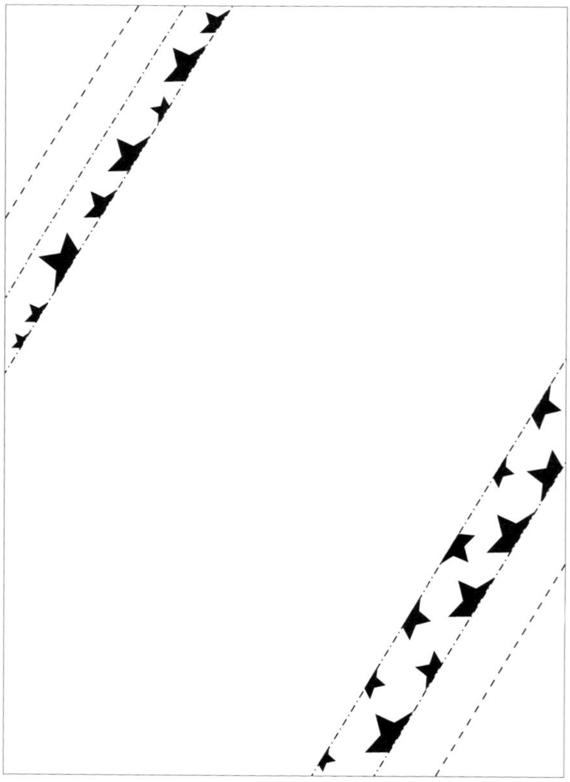

じゃばら折りの切り紙／星空 (p.9)　×200% (A5)

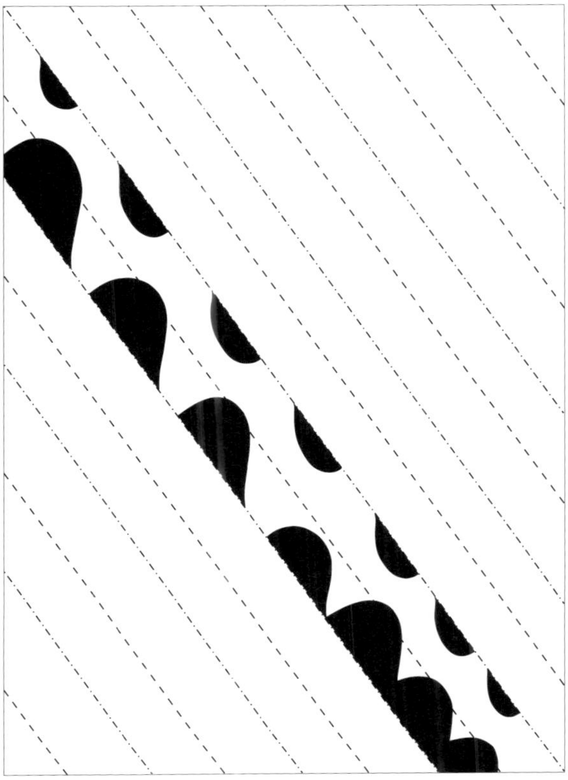

じゃばら折りの切り紙／しずく (p.8)　×200% (A5)

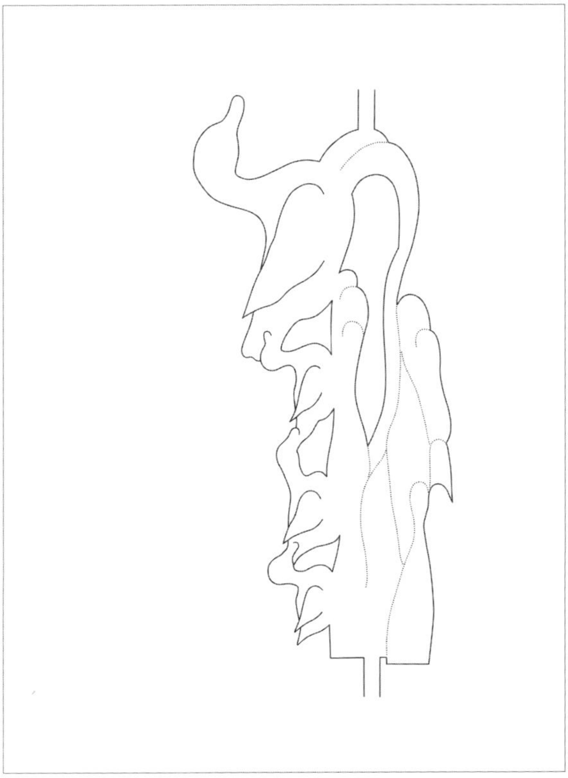

アヒルの行進① (p.16)　×200% (A5)　カッター用

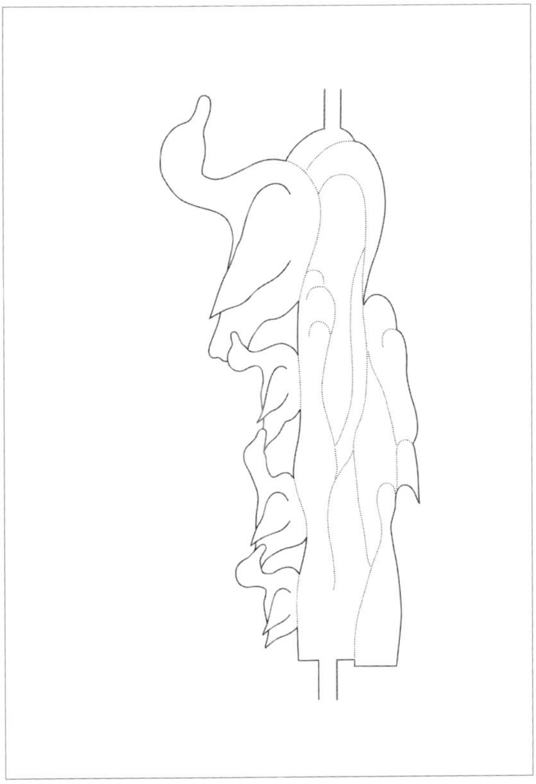

アヒルの行進② (p.16)　×200% (A5)　ハサミ用

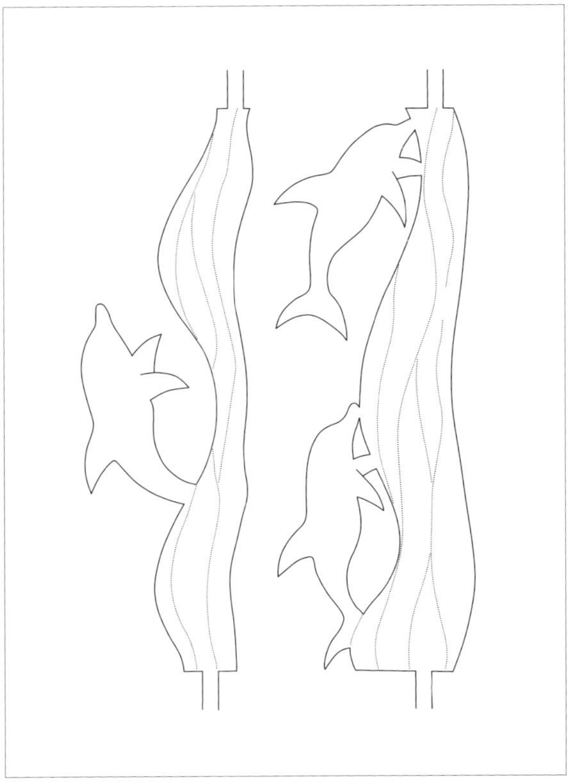

イルカのジャンプ① (p.16)　×200% (A5)　カッター用

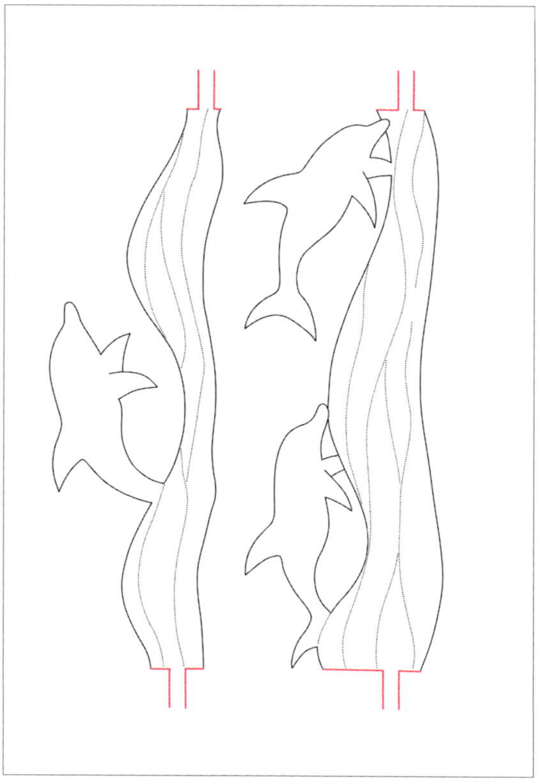

イルカのジャンプ② (p.16)　×200% (A5)　ハサミ用

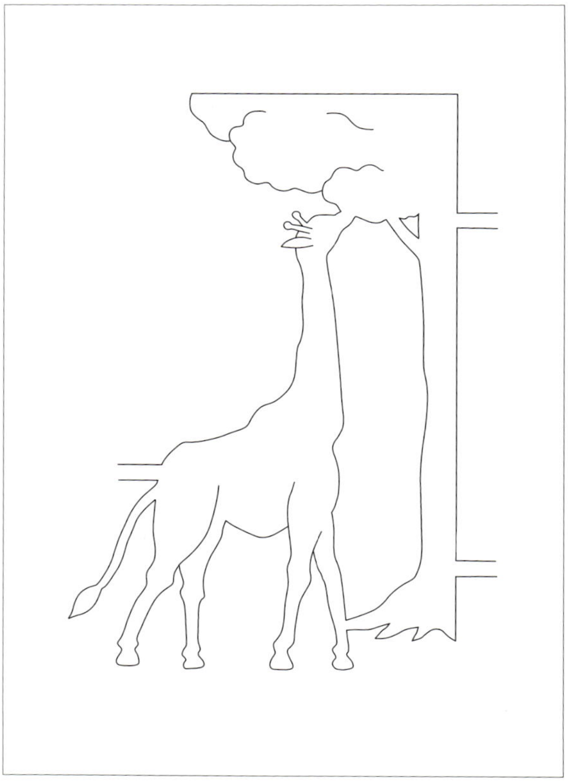

キリンの背伸び① (p.14)　×200% (A5)　カッター用

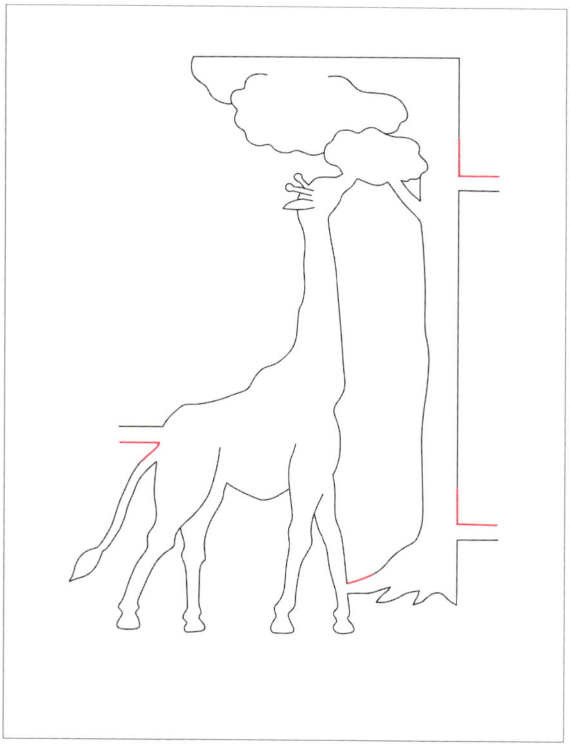

キリンの背伸び② (p.14)　×200% (A5)　ハサミ用

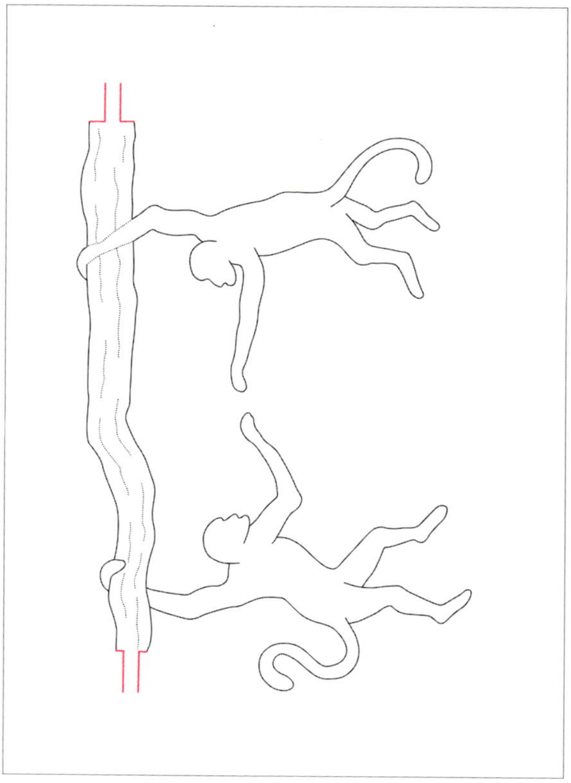

ゆらゆらおさる (p.15)　×200% (A5)　共用

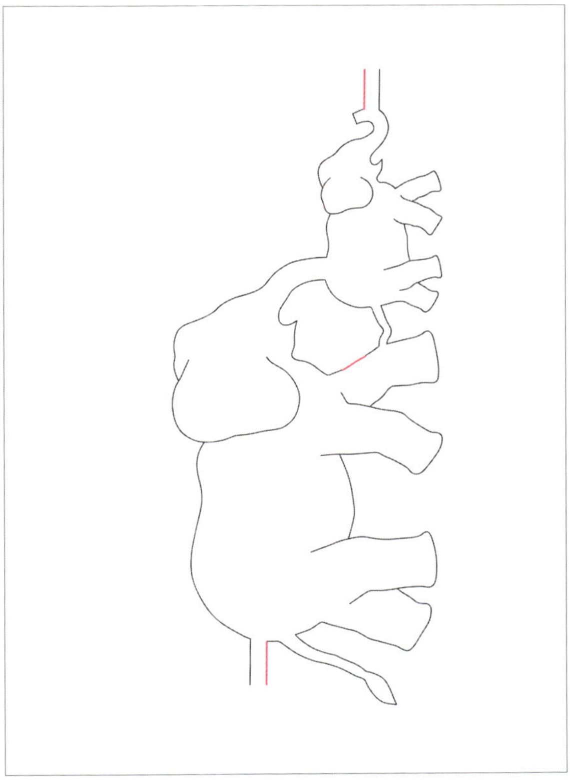

ゾウの散歩 (p.14)　×200% (A5)　共用

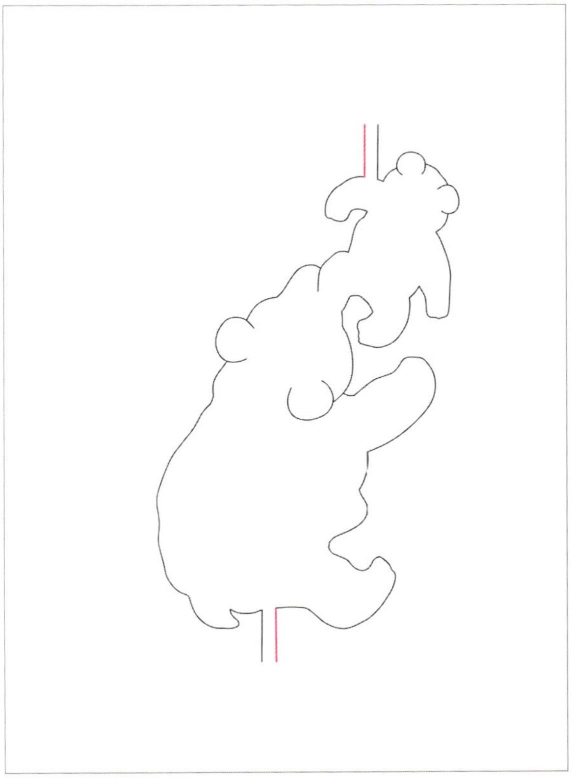

子守りパンダ① (p.15)　×200% (A5)　共用

子守りパンダ②
(p.15)
×200% (A5)

ポケットつきの箱② (p.35)：
カーブ用手づくり定
規の型紙 (厚紙など
でつくってください)。

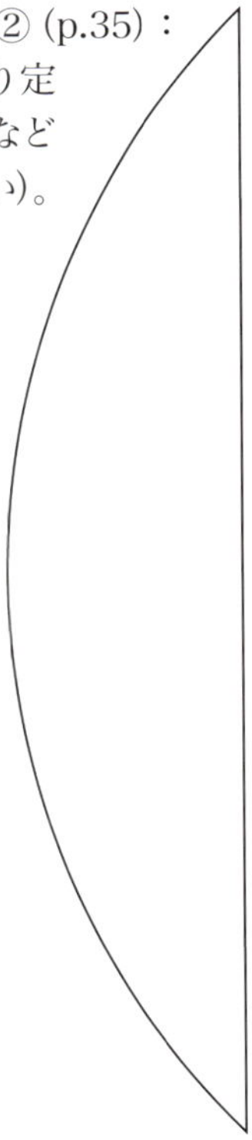

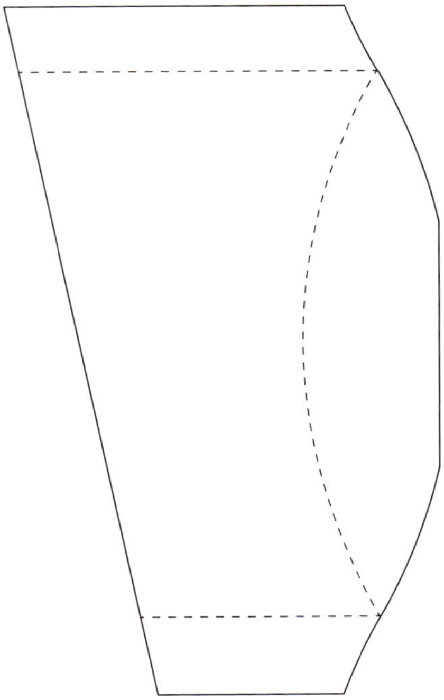

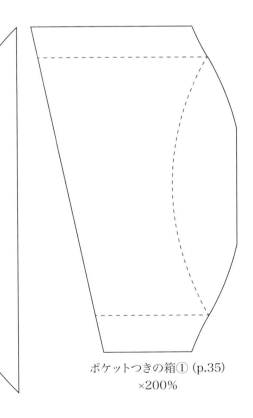

ポケットつきの箱① (p.35)
×200%

型紙内の赤線について

p.73〜75「とび出す動物切り絵」の型紙の中の赤線はハサミで切る場合にあらかじめカッターナイフで切り込みを入れる部分です。p.31「p.73〜75の型紙をハサミで切るとき」の〈最初にハサミを入れる位置〉をご覧ください。

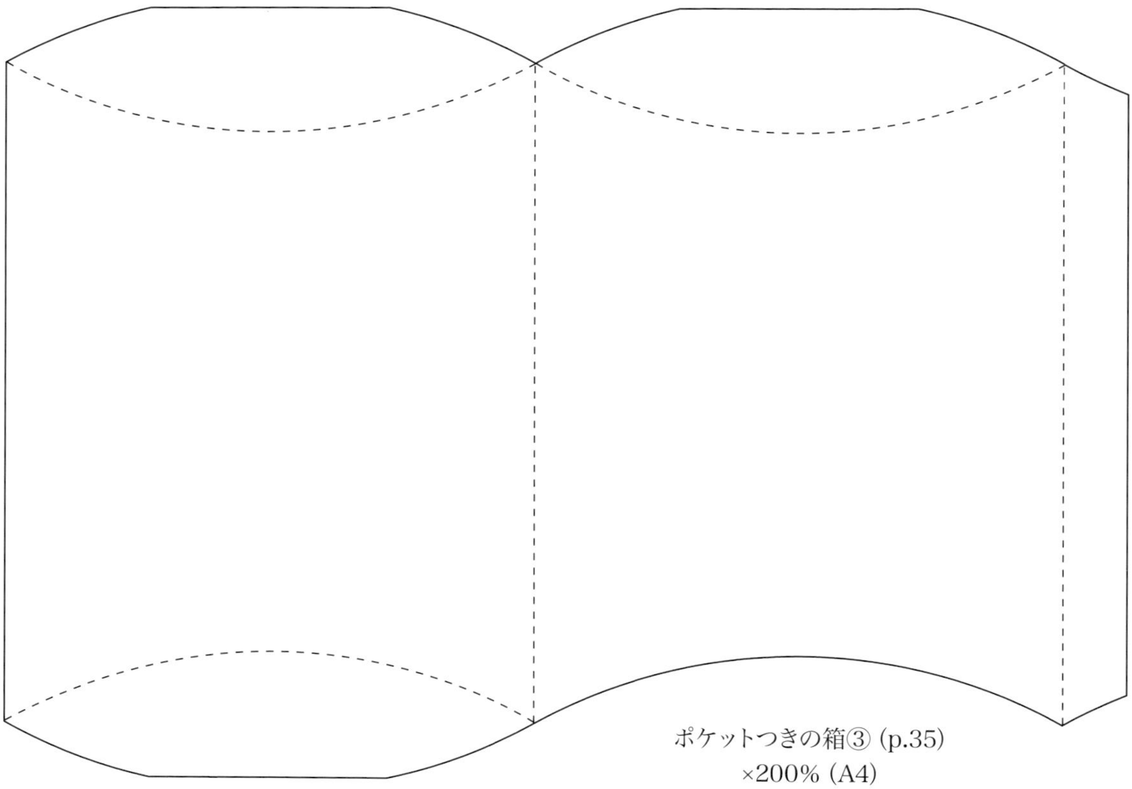

ポケットつきの箱③ (p.35)
×200% (A4)

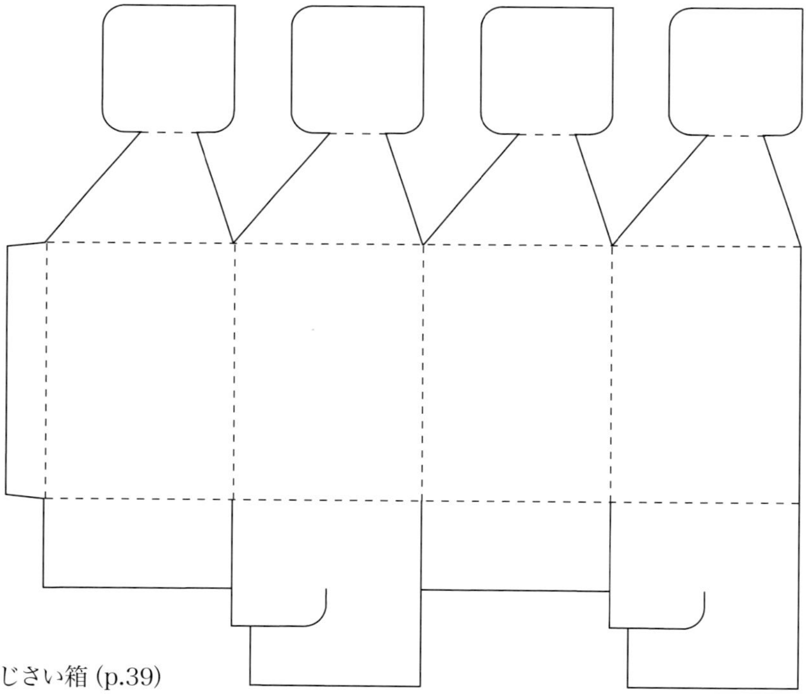

四角のあじさい箱 (p.39)
×200% (A4)

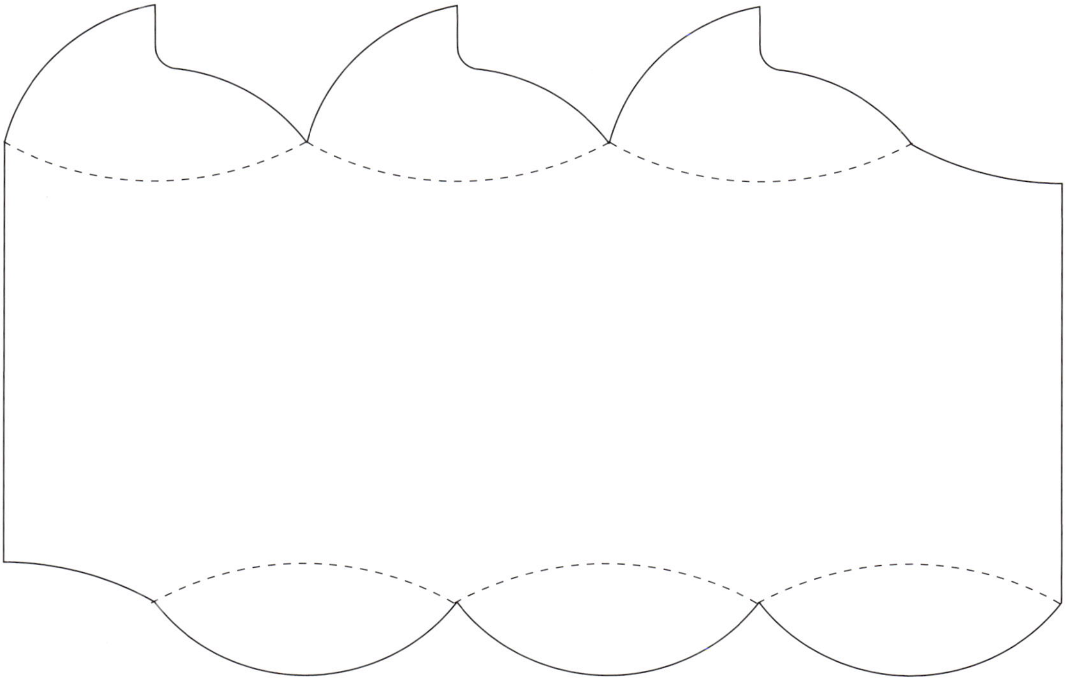

三脚の筒形箱 (p.37)
×200% (A4)

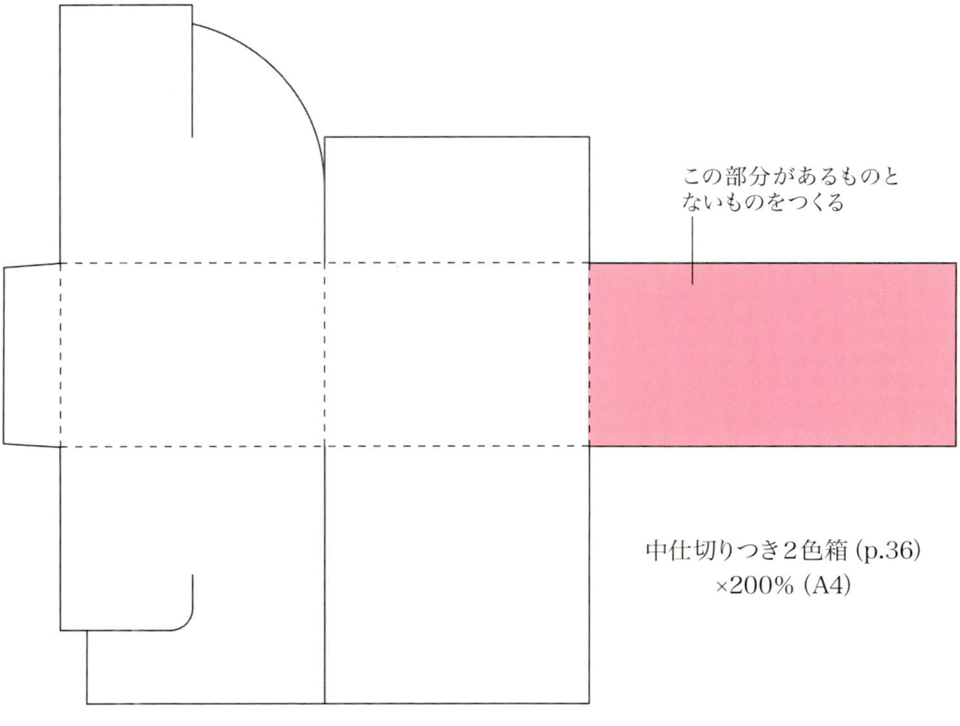

中仕切りつき2色箱 (p.36)
×200% (A4)

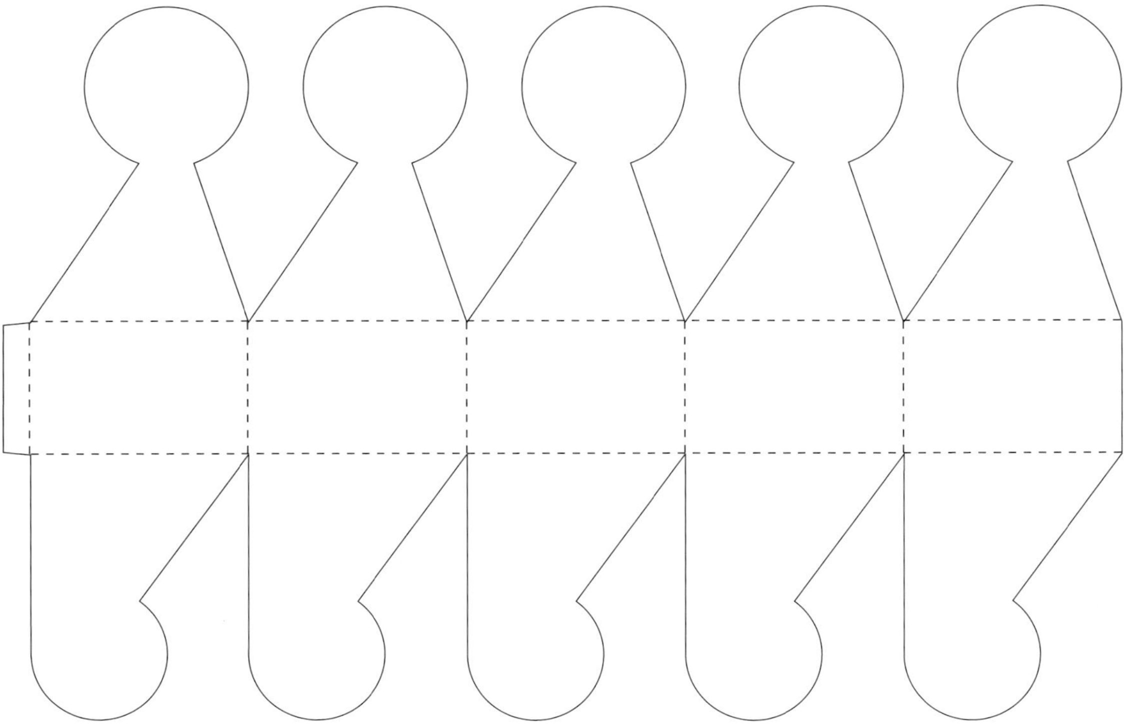

五角形の梅箱 (p.38)
×200% (A4)

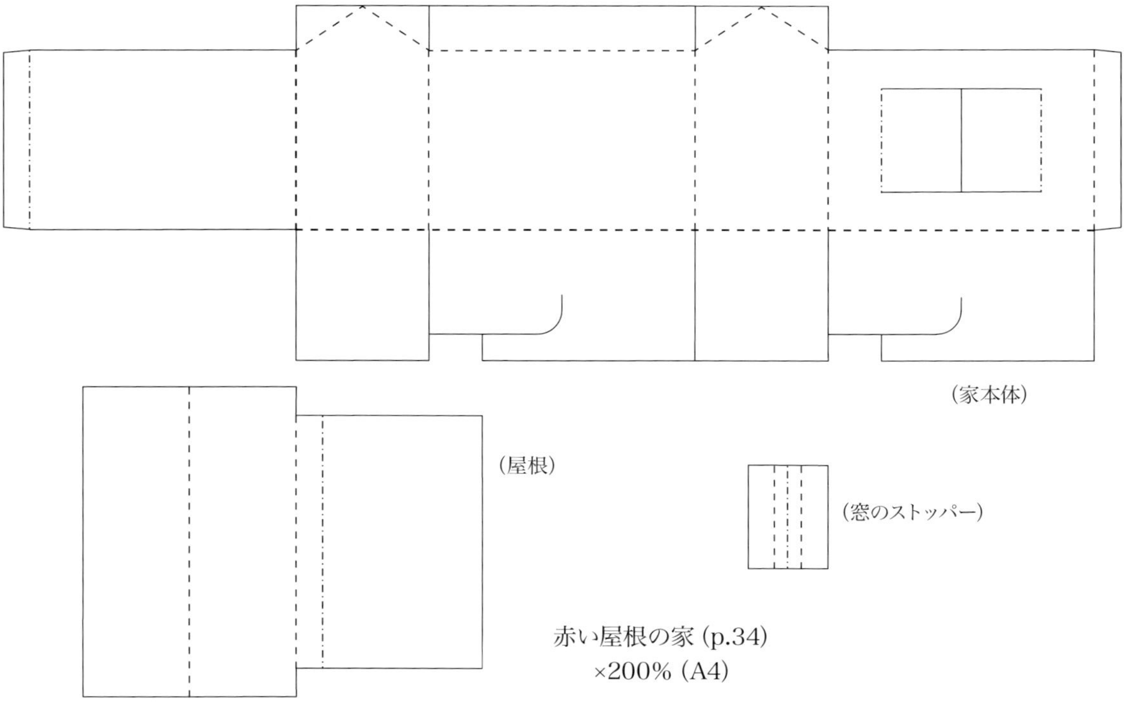

赤い屋根の家 (p.34)
×200% (A4)

しずく形のペン立て①
(p.40)
×200%

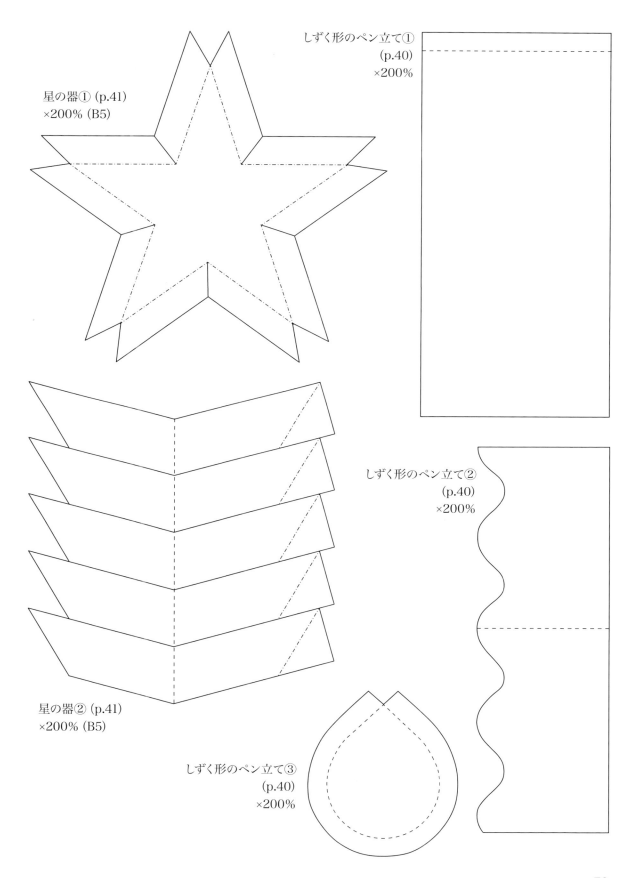

星の器① (p.41)
×200% (B5)

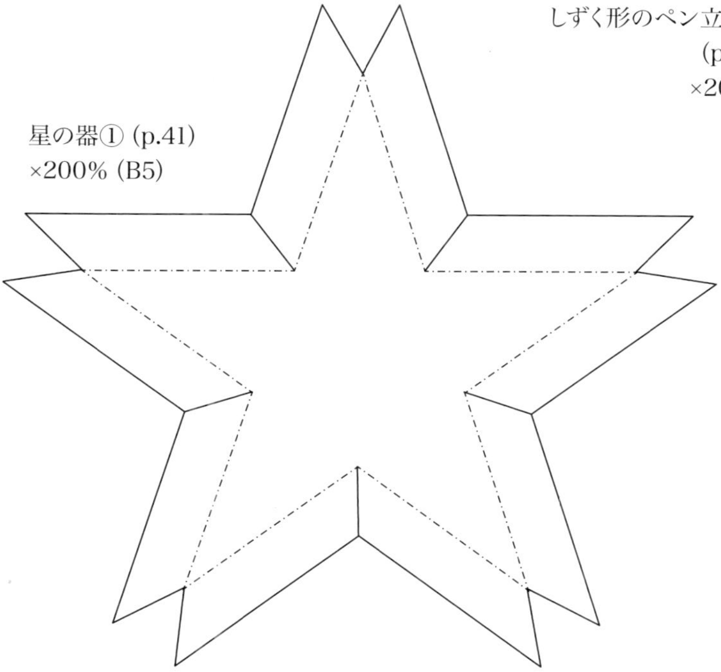

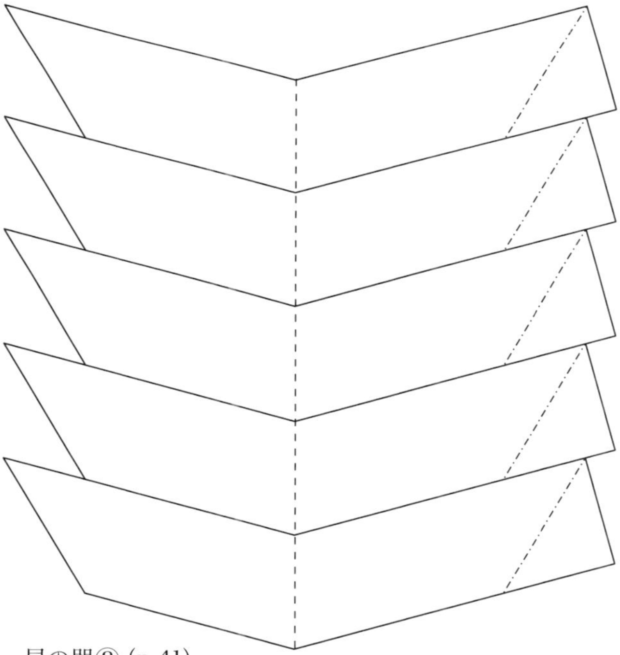

星の器② (p.41)
×200% (B5)

しずく形のペン立て②
(p.40)
×200%

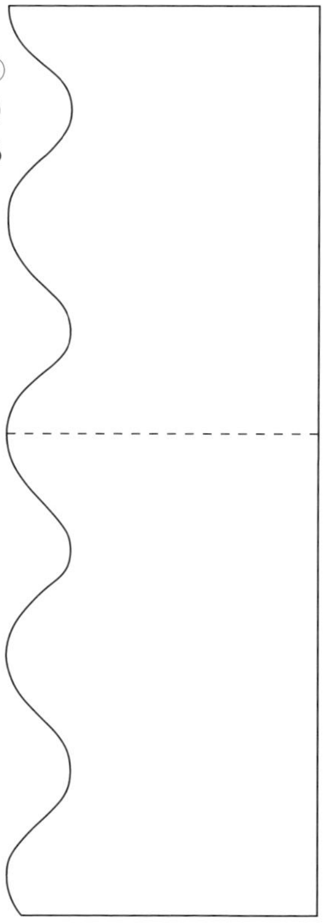

しずく形のペン立て③
(p.40)
×200%

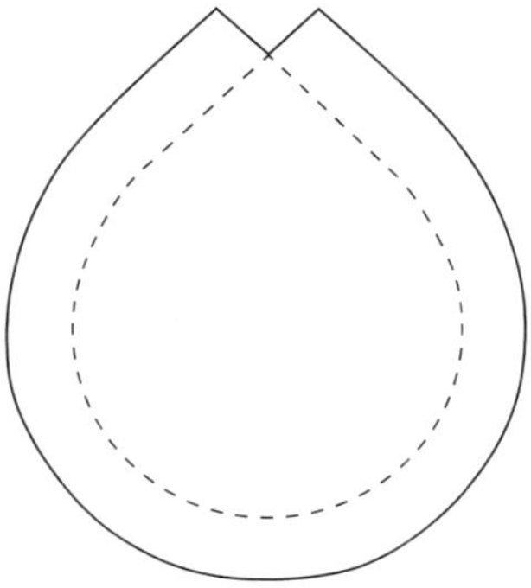

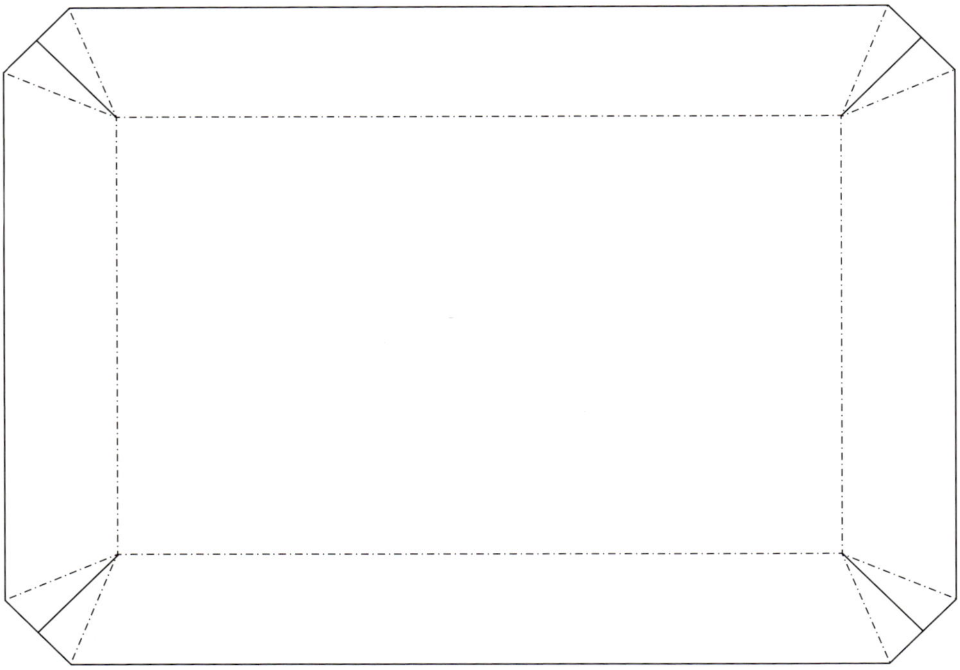

市松模様の長皿① (p.41)
×200% (B5)

市松模様の長皿② (p.41)
×200% (B5)

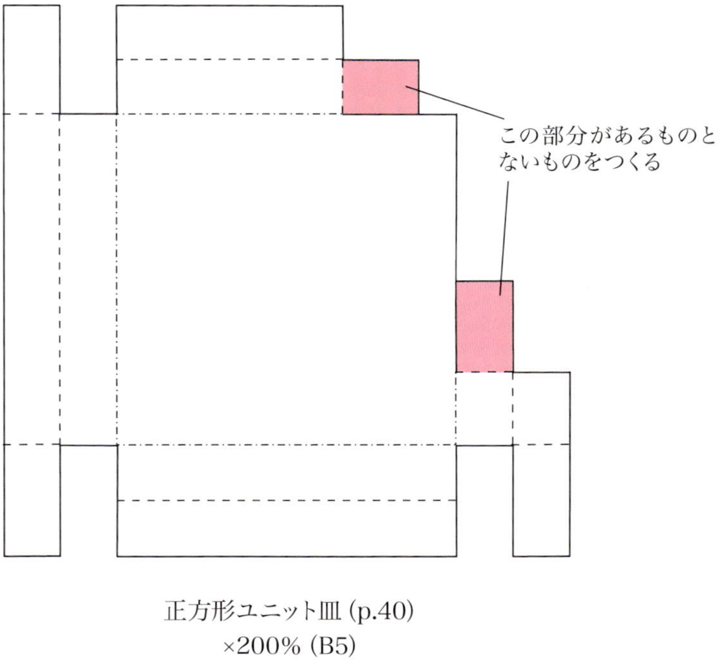

正方形ユニット皿 (p.40)
×200% (B5)

III

絵と模様入りの紙すき

紙すきでつくる　カードとコースター

金魚の絵手紙
（つくり方 91 ページ）

夏空の絵手紙
（つくり方 93 ページ）

ハートのメッセージカード
（つくり方 93 ページ）

マーブル模様の絵手紙
(つくり方 89 ページ)

山景のグラデーション絵手紙
(つくり方 96 ページ)

格子模様のコースター
（つくり方 91 ページ）

羊毛フェルト入り
ふんわりコースター
（つくり方 95 ページ）

富士山のカード
（つくり方 90 ページ）

紅葉の絵手紙
(つくり方 92 ページ)

ボタン雪模様のコースター
(つくり方 89 ページ)

ハートの押し型コースター
(つくり方 94 ページ)

菜の花畑のコースター
(つくり方 90 ページ)

紙すきに使う主な素材・道具など

紙すき素材の材料／紙、羊毛フェルト

①

②

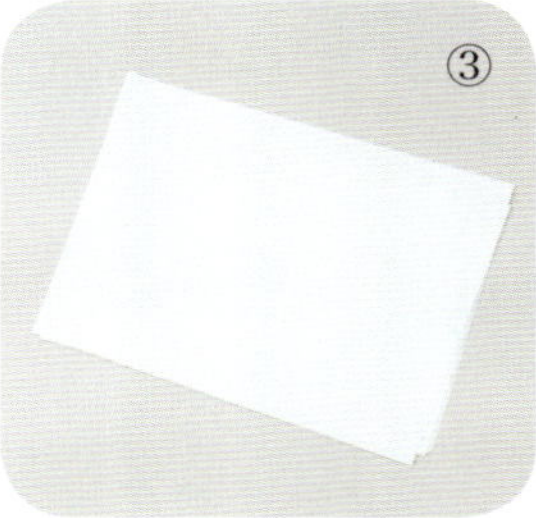
③

④

①色画用紙　②教育折り紙　③コピー用紙　④羊毛フェルト
※羊毛フェルトは p.84「羊毛フェルト入りふんわりコースター」で使用。

ミキサーで紙すき素材（ペースト状の紙）をつくる

作業は「紙すきの基本」p.88 の作業手順③参照。

本書で紙すき作業に使うもの

①ミキサー　②ガーゼ
③鉢底ネット
④吸水タオル（厚さ 1mm）（マイクロファイバーなど吸水性の高いもの）
⑤プラスチックの器（型）
⑥ビニールシート（厚さ1mm）
ほかに薄いプラスチックのシート（クリアファイルなど）、ハサミ、ピンキングバサミ、スプーン、おたま、計量カップ、ボウル、はしなど。

①

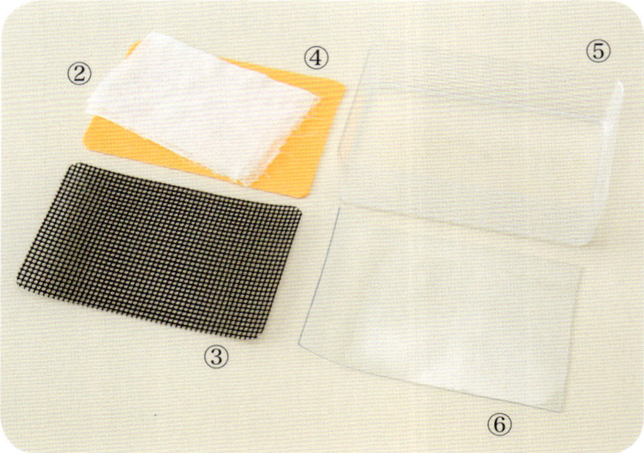
②　③　④　⑤　⑥

紙すき素材（ペースト状の紙）

のりを入れずに水だけで紙のペースト（パルプ）をつくったものです。このまま紙すき作品づくりに使えます。
保存期間は密閉容器で冷蔵庫に入れて数日～1週間程度です。
右の写真で使用した紙は、①教育折り紙＋コピー用紙、②③色画用紙＋コピー用紙。

①　②　③

耐水性を高める方法

（基本的には、絵手紙やメッセージカードでは必要ありません）

作品にニスを塗る

写真左はそのままで、右は完成後乾かしてからニスを塗ったものです。ニスでコーティングすると色が鮮やかになり水にも強くなります。コースターなどに適しています。なお、ニスを塗るときはペースト状の紙にのり混入は不要です。

のりを少し混ぜる方法

上記のニスを塗る方法では紙の質感が失われたと感じる方には、紙ペーストに水で薄めたのり（木工用ボンドや洗濯のり）を混ぜる方法もあります。ただし、この方法では完全には耐水性が確保されないので、作品の使い方には注意してください。

※分量の目安は「A4 用紙＋水 400cc」の紙ペーストに「水で 5 倍に薄めた木工用ボンド小さじ 3 杯」です。のりが多いと紙ペーストがボソボソになり、乾かすときに貼りついてしまうこともありますので気をつけましょう。なお、のりは紙ペーストをミキサーからボウルなどに取り出してから入れ、よく撹拌してから使いましょう。

ペースト状にした紙を長期間保存するには

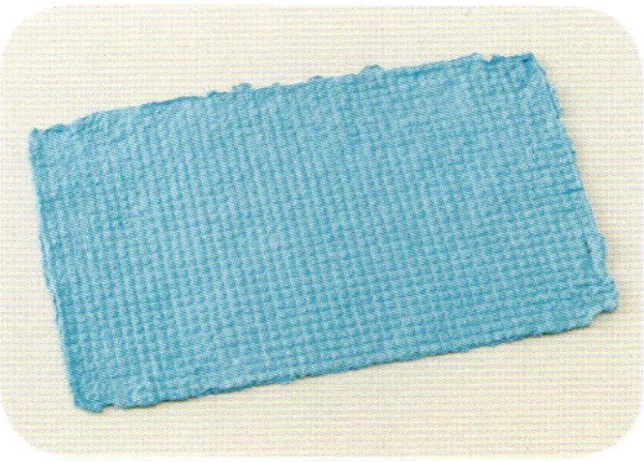

色つきのペースト状にしたものを長期間保存するときは、紙すき作業と同様の工程で写真のように紙状にして乾かしておきます。使うときは指でちぎって水に溶かしペースト状に戻します。

※本書に掲載されている「金魚の絵手紙」の水色や、「菜の花畑のコースター」の黄色などのように、紙ペーストをたらして使う場合、少量が中途半端に残ってしまうことがあります。その場合は、鉢底ネットで漉して乾かしておくだけでよいでしょう。ただし、のりを入れた紙ペーストをシート状にしたものは水に浸すだけではペースト状に戻りにくいので、この保存方法には不向きです。のりを混ぜたものは使い切る方が無難でしょう。

紙すきの基本

材料／道具

〈紙〉各作品参照
- 計量カップ　• ミキサー
- プラスチック型（19×12cm、深さ 5.5cm）
- 吸水タオル（厚さ 1mm）：19×12cm　3 枚
- ガーゼ（19×34cm）
- 鉢底ネット（19×12cm）

※サイズは本書で使用したものです。また、鉢底ネットで曲がっているものは、できるだけ真っすぐに直しておきましょう。

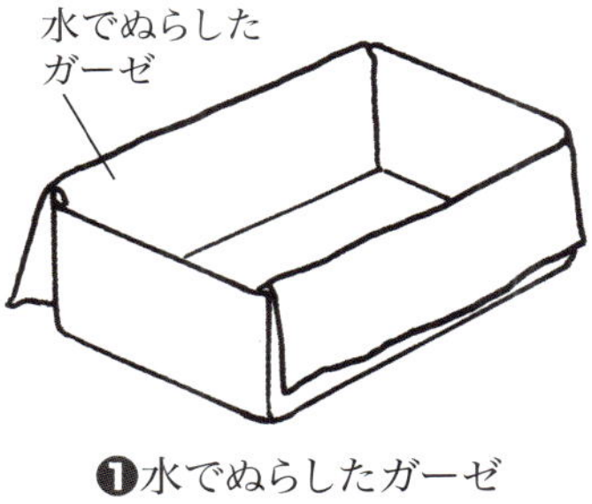

❶水でぬらしたガーゼをプラスチック型の底の長辺の側面にそわせるように敷く。

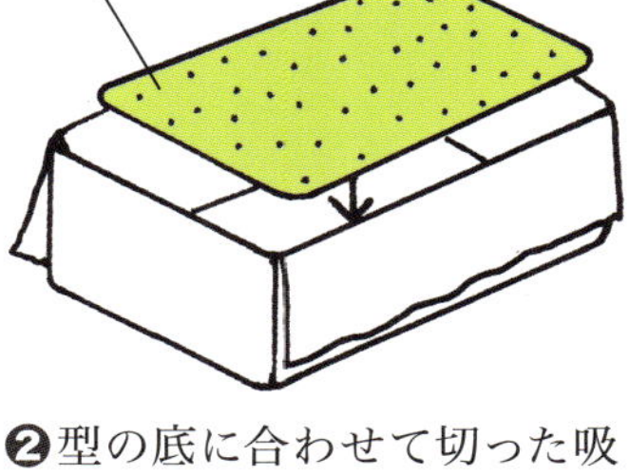

❷型の底に合わせて切った吸水タオル①をガーゼの上に敷く。この後の作業で、ガーゼと吸水タオル①は敷いたままにする。

❸紙を5cm角に手でちぎり、水と一緒にミキサーに入れる。スイッチを1秒程度で10回押した後、20〜30秒間続けてミキサーにかける。

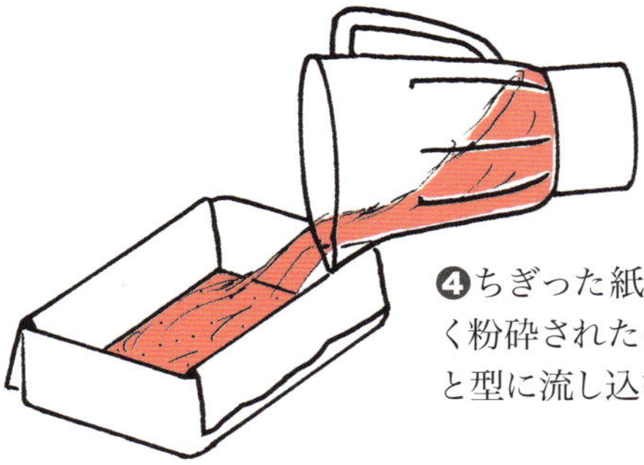

❹ちぎった紙が細かく粉砕されたら、そっと型に流し込む。

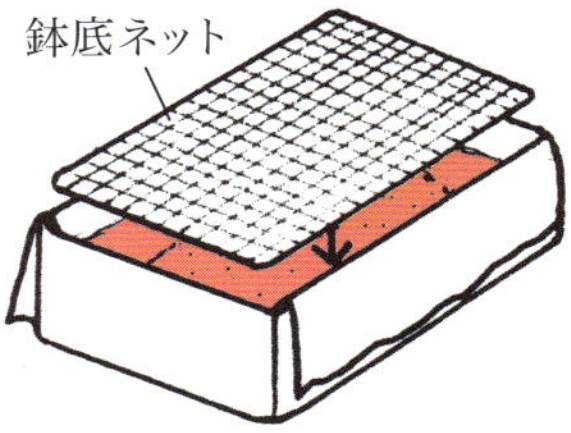

❺鉢底ネット（以下、ネット）を上にのせ、全体の高さが同じになるように両手でネットをゆっくり沈める。

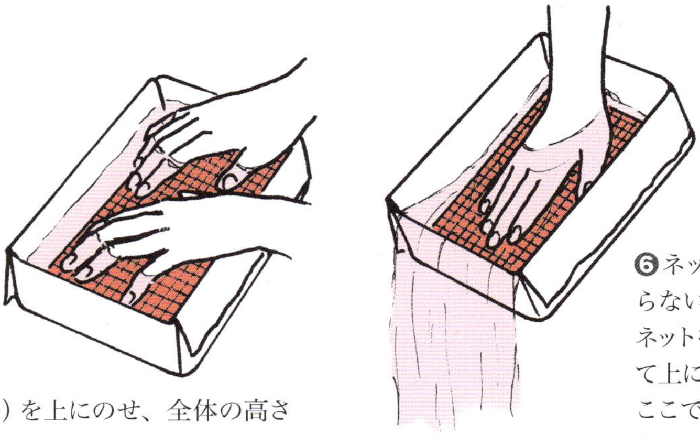

❻ネットの跡が表面に残らない程度に軽く片手でネットを押さえ、型を傾けて上に浮いた水を捨てる。ここでは完全に水を切らなくてもよい。

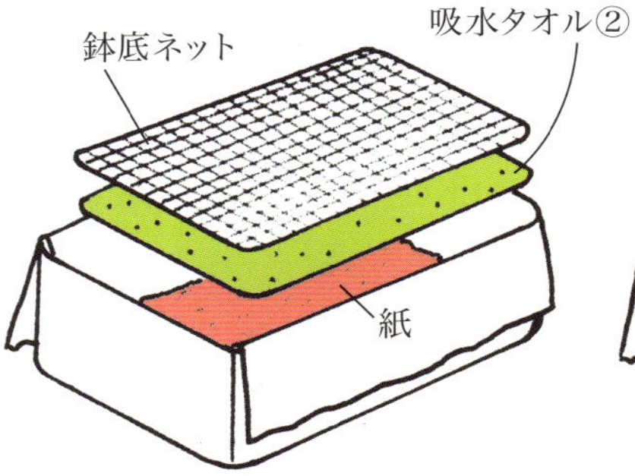

ネットの下に吸水タオル②を置いて押さえる

❼一旦ネットを取り、紙の上に吸水タオル②をのせて再度ネットをのせる。今度はある程度力を入れてしっかり押さえてから浮いた水を捨てる。

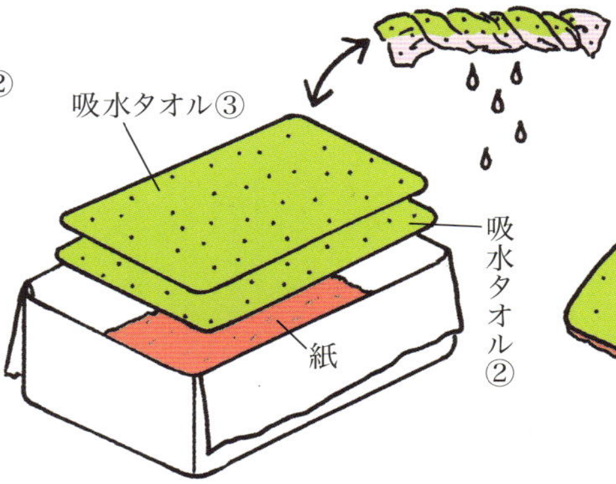

ネットを取り吸水タオル②③だけで押さえる

❽ネットを取る。吸水タオル②の上に吸水タオル③をのせる。全体をまんべんなく手で押さえ、吸水タオル③の水分をしぼって捨てる。この作業を繰り返し水気をしっかり取る。

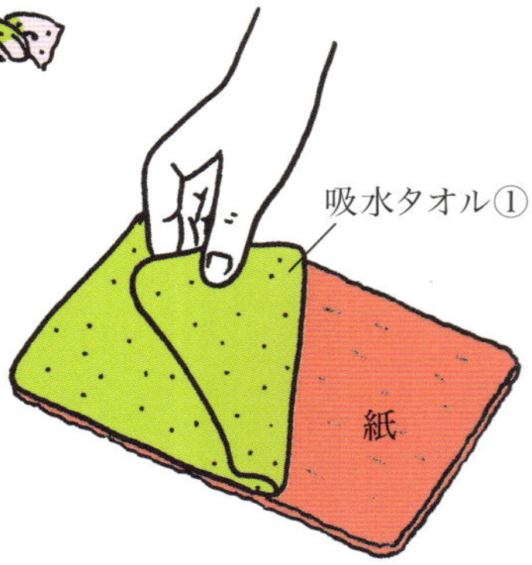

❾型から出ているガーゼの両端を持ち上げて型から紙を抜く。平らな板などにひっくり返し、ガーゼと吸水タオル①をはずしてしっかり乾燥させる。

ポイント

吸水タオル①をはずすときは、紙が破れないようにそっとめくるようにしましょう。

マーブル模様の絵手紙

作品／p.83

薄赤色の紙ペーストのベースにオレンジ色の紙ペーストを流し入れ、はしで軽くかき混ぜてマーブル模様をつくります。

材料／道具

〈紙〉A（ベース）：コピー用紙（白）A4 1枚＋教育折り紙（赤）15×15cm 2枚＋水 400cc
B：色画用紙（オレンジ）B5 1枚＋水 400cc
ほかにおたま、はし、ピンキングバサミ。

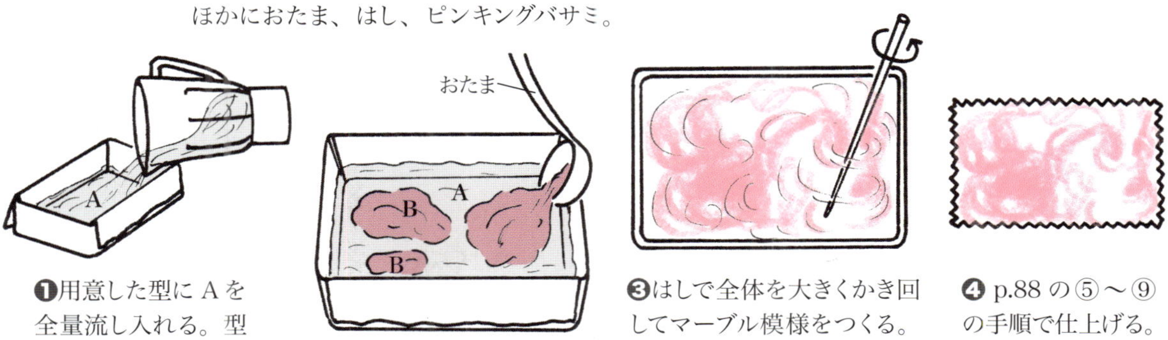

❶用意した型にAを全量流し入れる。型の準備とペースト状の紙をつくる作業は、基本（p.87、88）の①〜③を参照。

❷ベースのAの上から、ポイントを決めておたまで2、3カ所に分けてBを全量入れる。

❸はしで全体を大きくかき回してマーブル模様をつくる。

ポイント 混ぜすぎないこと。

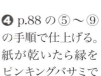

❹ p.88の⑤〜⑨の手順で仕上げる。紙が乾いたら縁をピンキングバサミで切り完成。

ボタン雪模様のコースター

作品／p.85

青色の紙ペーストのベースに、白色の紙ペーストをスプーンで丸くのせて模様にします。最後に半分に切って2枚にします。

材料／道具

〈紙〉A（ベース）：色画用紙（青） A4 2枚＋水 800cc
B（雪）：コピー用紙（白）適量＋水適量
ほかにスプーン、ハサミ。

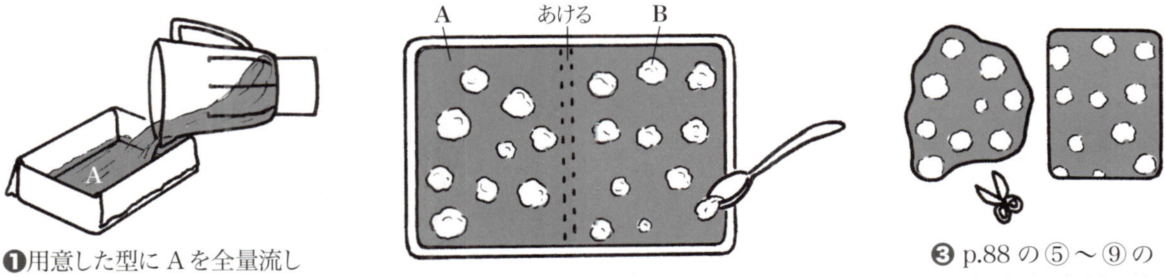

❶用意した型にAを全量流し入れる。型の準備とペースト状の紙をつくる作業は、基本（p.87、88）の①〜③を参照。

❷ベースのAの上に、B（白）を好みの位置と大きさでスプーンでのせていく。最後に半分に切って2枚のコースターにするので、中央部分は少しあけておく。

❸ p.88の⑤〜⑨の手順で仕上げ、紙が乾いたら中央で切って好みの形にし、完成。

菜の花畑のコースター

作品／p.85

青色の紙ペーストのベースに、黄色の紙ペーストを多少不揃いなストライプになるようにスプーンでたらします。最後に半分に切って2枚にします。

材料／道具

〈紙〉A（ベース）：色画用紙（空色）A4　1枚半＋水 600cc
　　B（模様）：色画用紙（黄）A4　2分の1枚＋水 200cc
ほかにスプーン、ハサミ。

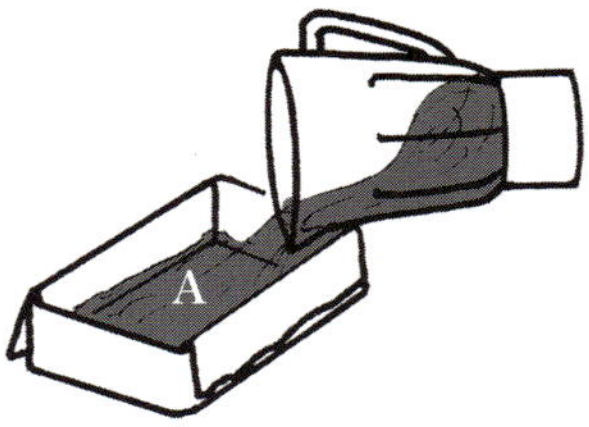

❶用意した型にAを全量流し入れる。型の準備とペースト状の紙をつくる作業は、基本（p.87、88）の①～③を参照。

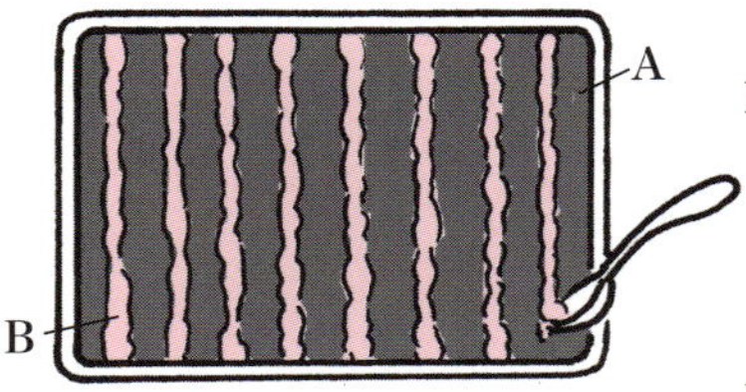

❷縦のしま模様になるようにAの上にBをスプーンでおいていく。

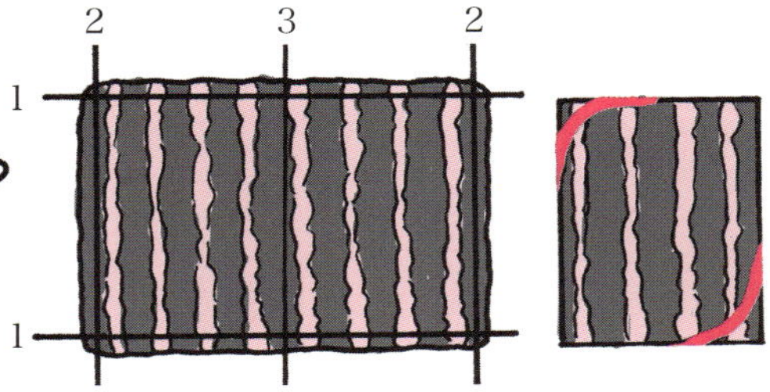

❸ p.88 ⑤～⑨の手順で仕上げ、乾いたら1～3の順に切ってコースターを2枚つくる。完成。形は角を切ったり好みで。

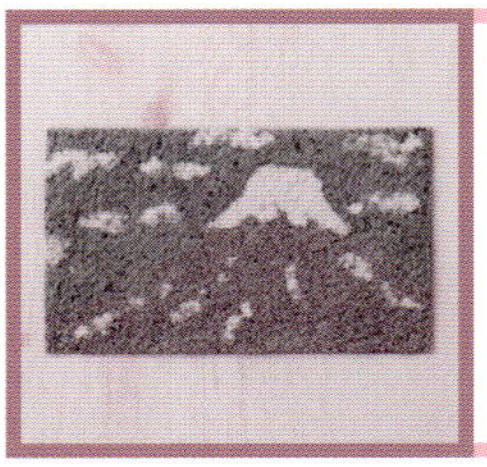

富士山のカード

作品／p.84

緑色の紙ペーストのベースに、青色の紙ペーストで空を、白色の紙ペーストで山頂や雲を描きます。

材料／道具

〈紙〉A（ベース／山）：コピー用紙（白）A4　2枚＋教育折り紙（緑）15×15cm　5枚＋水 800cc
　　B（空）：コピー用紙（白）A4　4分の1枚＋教育折り紙（空色）15×15cm　1枚＋水 200cc
　　C（雪、雲）：コピー用紙（白）適量＋水適量
ほかにスプーン、ピンキングバサミ。

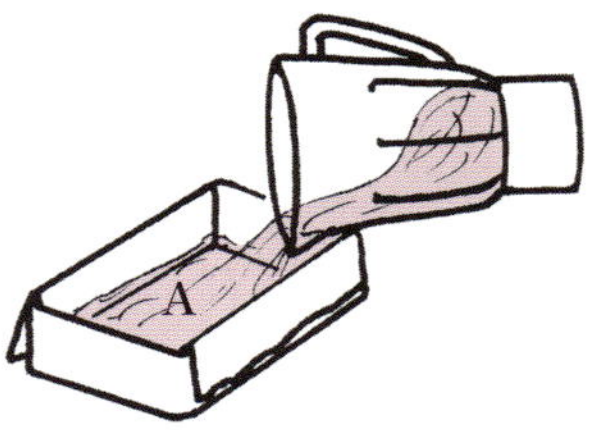

❶用意した型にAを全量流し入れる。型の準備とペースト状の紙をつくる作業は、基本（p.87、88）の①～③を参照。

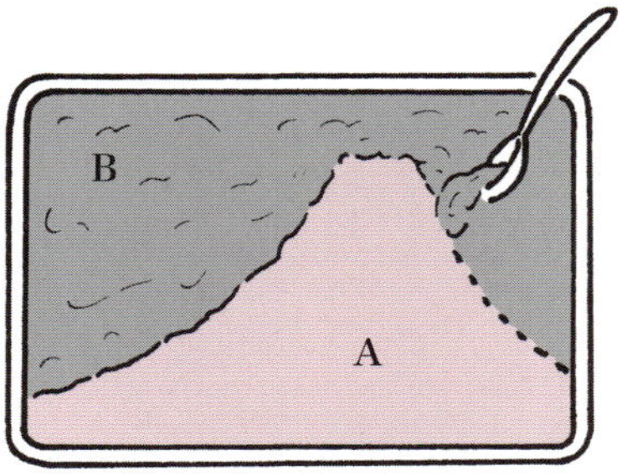

❷ A（うす緑）の上に、山の形を残して空の部分にB（空色）をスプーンでのせていく。

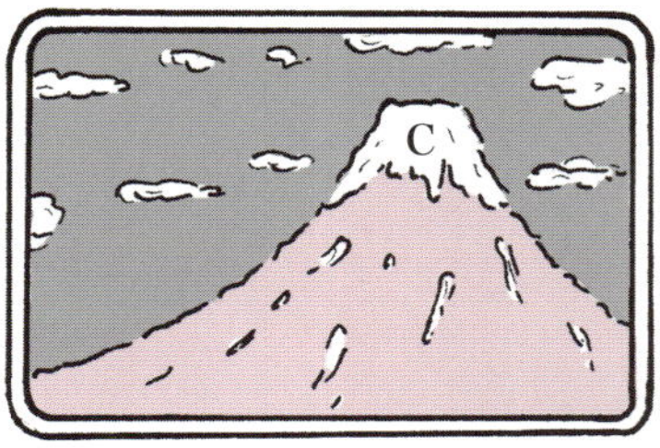

❸ C（白）を山頂の雪と空の雲のイメージでスプーンでのせていく。この後、p.88の⑤～⑨の手順で仕上げ、乾いたらピンキングバサミで縁を切り完成。表裏全体にニスを塗って仕上げてもよい。

金魚の絵手紙

作品／p.82

白色の紙ペーストのベースに折り紙を切り抜いた金魚をのせ、その上から水色の紙ペーストをスプーンでたらして渦巻き模様の波紋を描きます。

材料／道具

〈紙〉A（ベース）：コピー用紙（白）A4　2枚＋水 800cc
B（渦巻き）：色画用紙（水色）適量＋水適量
折り紙：金魚の形に切る。大は赤の模様入り、小はピンク
ほかにスプーン。

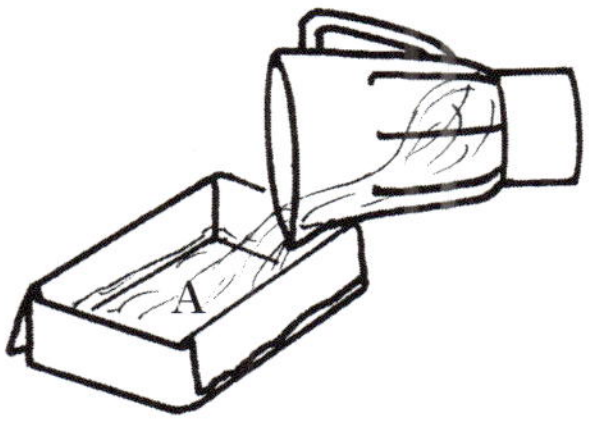

❶用意した型に A を全量流し入れる。型の準備とペースト状の紙をつくる作業は、基本（p.87、88）の①～③を参照。

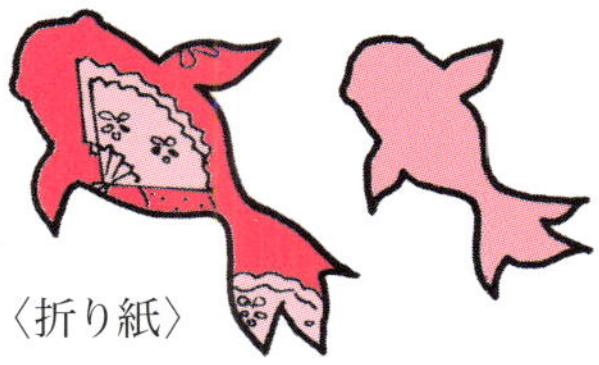

❷折り紙を金魚の形に2枚切り抜く。

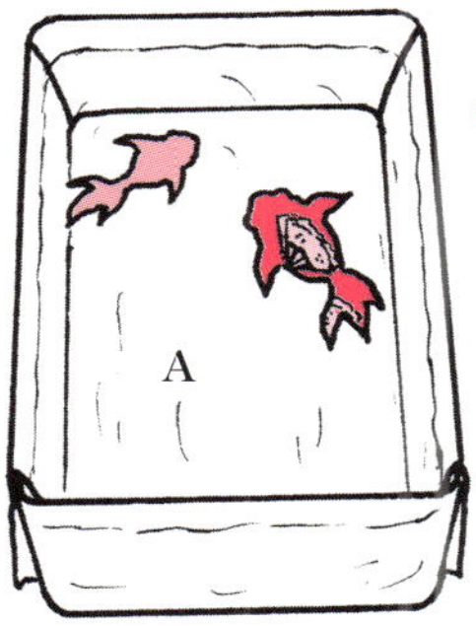

❸好みの場所に金魚を置く。

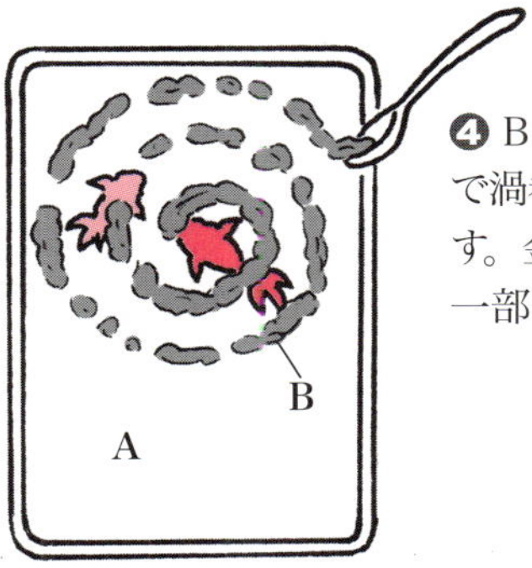

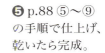

❹ B をスプーンで渦巻き状にたらす。金魚の上にも一部のせる。

❺ p.88 ⑤～⑨の手順で仕上げ、乾いたら完成。

格子模様のコースター

作品／p.84

紫色の紙ペーストのベースに、細長く切った折り紙を格子模様にのせてつくります。最後に半分に切って2枚にします。

材料／道具

〈紙〉A（ベース）：色画用紙（紫）B4 1枚＋水 800cc
折り紙：本書では赤と、黒に赤の水玉模様の 2 種類
ほかにハサミ、ピンキングバサミ。

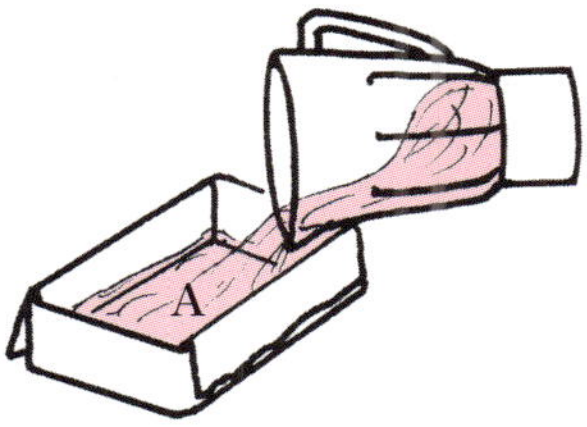

❶用意した型に A を全量流し入れる。型の準備とペースト状の紙をつくる作業は、基本（p.87、88）の①～③を参照。

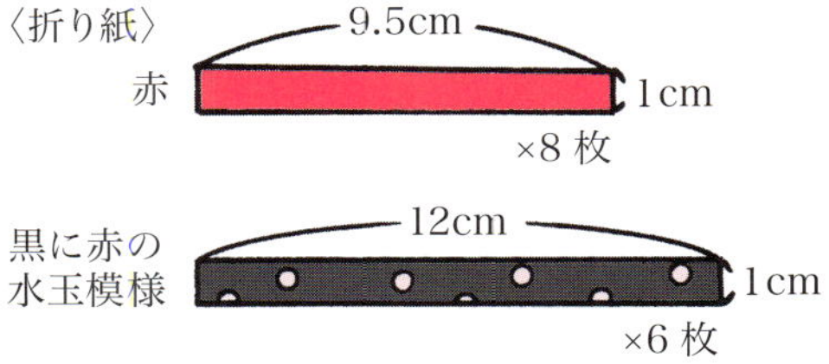

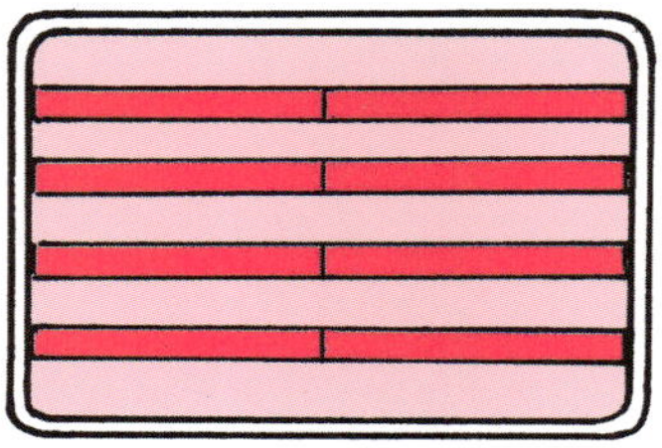

❷ベースのAの上に折り紙の赤を2本くっつけて図のように等間隔で並べる。

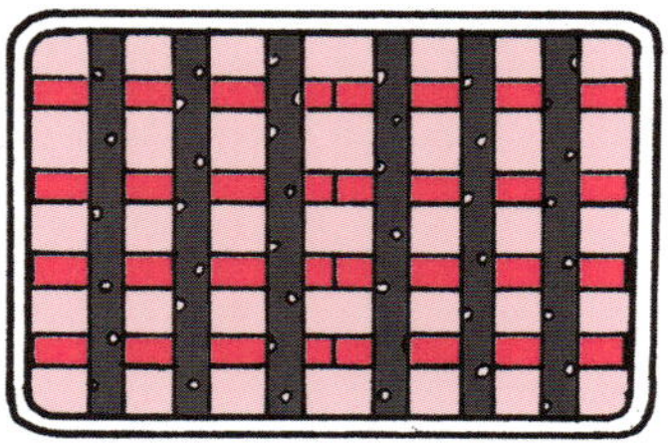

❸赤の折り紙の上に、黒に赤の水玉模様の折り紙を中央は少し幅を広めにとって直角に並べ、格子模様をつくる。

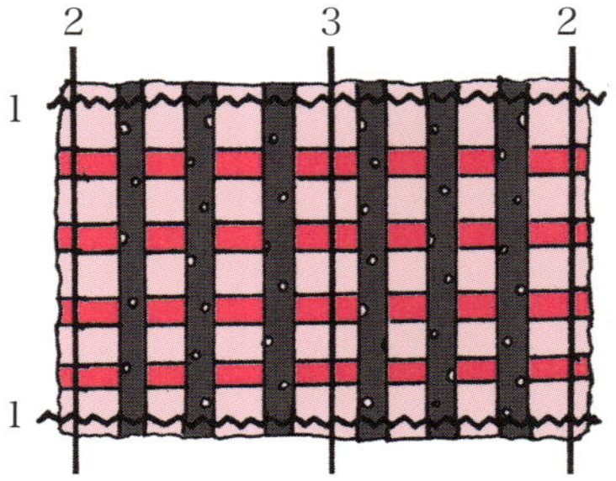

❹ p.88⑤〜⑨の手順で仕上げる。乾いたら1〜3の順に、長辺はピンキングバサミ、短辺は普通のハサミで切って2枚にし、完成。

紅葉の絵手紙

作品／p.85

薄いプラスチックのシート（クリアファイル）で型を2つに仕切り、黄色と赤2色のベースをつくります。上に浮かべるもみじは折り紙でつくります。

材料／道具

〈紙〉A：色画用紙（赤）A4 2分の1枚＋コピー用紙（白）A4 2分の1枚＋水400cc
B：色画用紙（黄）A4 2分の1枚＋コピー用紙（白）A4 2分の1枚＋水400cc
折り紙：好みの色でもみじの形に3枚切る
ほかに薄いプラスチックのシート（クリアファイル）、ピンキングバサミ、おたま。

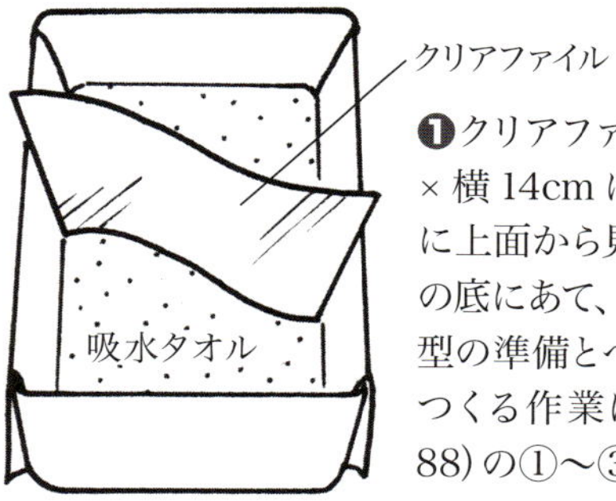

❶クリアファイルを縦7.5cm×横14cmに切る。図のように上面から見て斜めにして型の底にあて、仕切りをつくる。型の準備とペースト状の紙をつくる作業は、基本（p.87、88）の①〜③を参照。

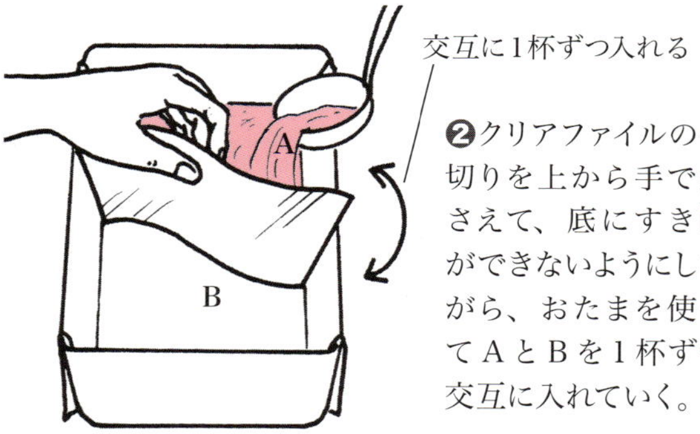

❷クリアファイルの仕切りを上から手で押さえて、底にすき間ができないようにしながら、おたまを使ってAとBを1杯ずつ交互に入れていく。

〈折り紙〉

❸AとBがどちらも全量入ったら、仕切りをゆっくり持ち上げて抜く。折り紙のもみじを好みの位置に浮かべる。

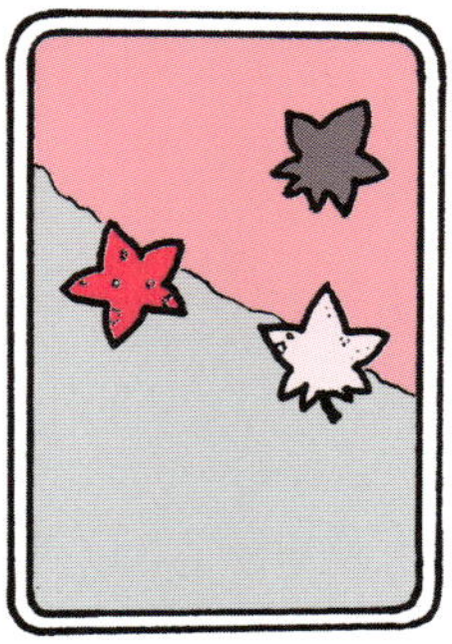

❹ p.88の⑤〜⑨の手順で仕上げ、乾いたらピンキングバサミで縁を切り完成。

ポイント

クリアファイルで型に仕切りをつくることで、ベースを2色にすることができます。

ハートのメッセージカード

作品／p.82

赤色の紙ペーストのベースの上にティッシュペーパーを敷き、その上に白色の紙ペーストを流し入れたら、ハート形に切った折り紙をのせます。

材料／道具

〈紙〉
A（ベース裏・赤）：コピー用紙（白）
　A4 2分の1枚＋色画用紙（赤）
　A4 2分の1枚＋水 400cc
B（ベース表・白）：コピー用紙（白）
　A4 1枚＋水 400cc
折り紙：好みの色でサイズの違う
　ハート形を5枚切る
ティッシュペーパー：1枚にして使用、
ほかにハサミ。

ポイント

最初に流し込んだ紙ペーストの上にティッシュペーパーを置き、その上に違う色の紙ペーストを流し込むことで、表と裏で色が異なる紙ができます（ここでは裏は赤、表が白）。

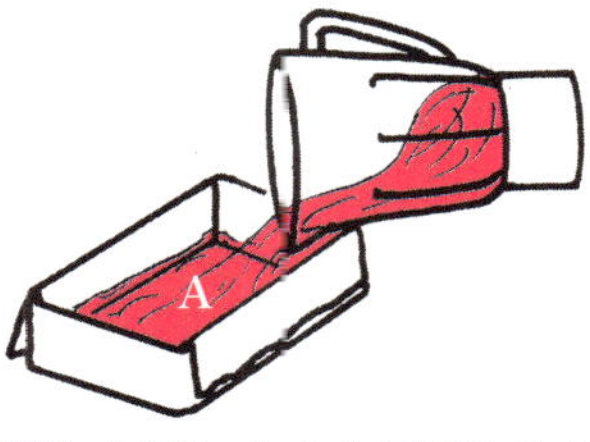

❶用意した型にAを全量流し入れる。型の準備とペースト状の紙をつくる作業は基本（p.87、88）①～③を参照。

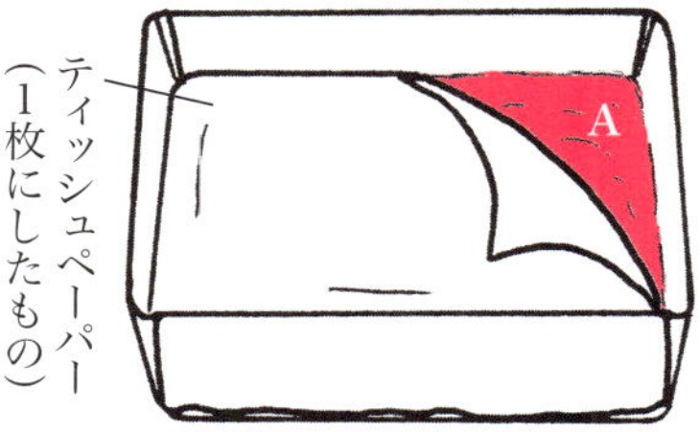

❷型に合わせて切ったティッシュペーパー1枚でAの表面を覆う。

❸ティッシュペーパーの上からBを静かに流し入れ、折り紙のハートを浮かべる。

最後にハート形に切るので、折り紙は型の中心に配置する。

❹ p.88の⑤～⑨の手順で仕上げ、乾いたらハート形に切り、完成。

夏空の絵手紙

作品／p.82

型の底に雲形を切り抜いたビニールシートを敷き、雲形の凹みとシートの上に白色の紙ペーストをたらし、その上から青色の紙ペーストを流し入れます。

材料／道具

〈紙〉A（ベース・青）：コピー用紙（白）A4 1枚＋
　　　教育折り紙（青）15×15cm 4枚＋水 800cc
　　B（雲・白）：コピー用紙（白）適量＋水適量
ビニールシート（透明）：厚さ1mm
ほかにハサミ、スプーン、おたま。

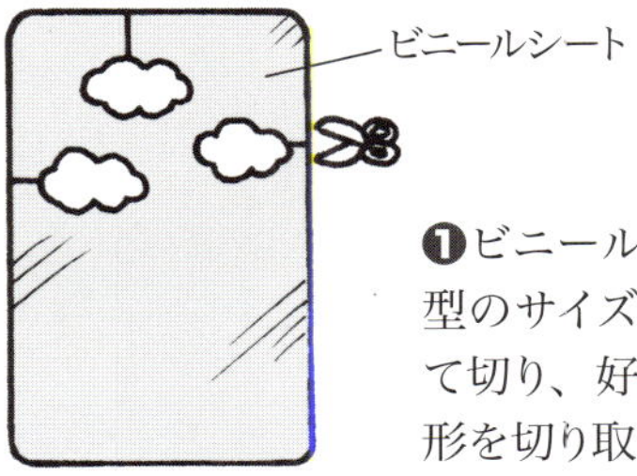

❶ビニールシートを型のサイズに合わせて切り、好みの雲の形を切り取る。

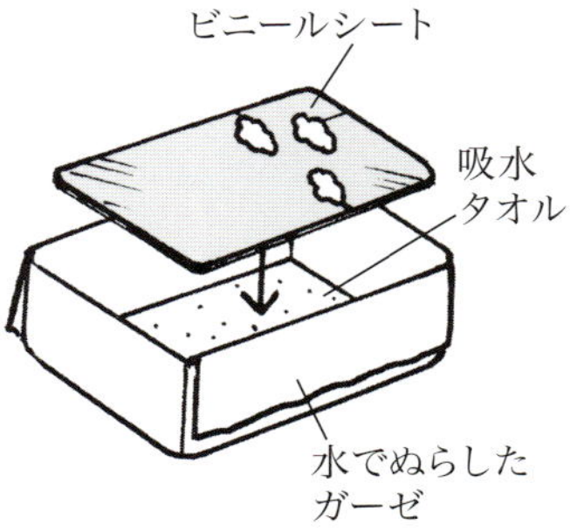

❷ p.87の①②の手順で型を用意し、上から作業手順①のビニールシートをのせる。

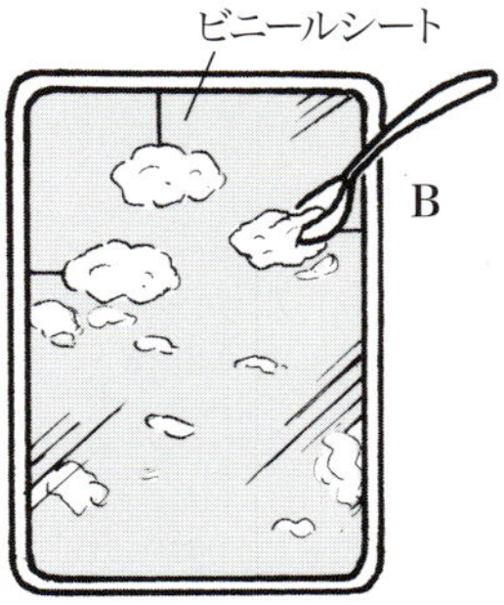

❸ビニールシートの雲の凹みにB（白）をスプーンで盛り上げ気味に置き、ビニールシートの上にも少したらしておく。

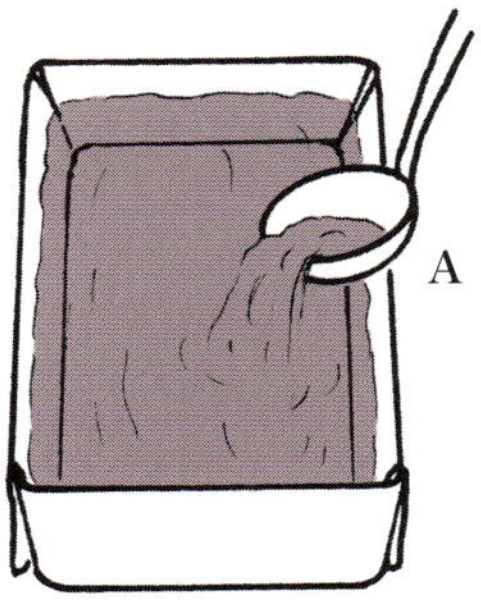

❹雲の形を崩さないように、Bの上からおたまで静かにA（青）を全量入れる。

❺ p.88の⑤～⑨の手順で仕上げ、乾いたらハサミで縁を切りそろえて完成。

ハートの押し型コースター

作品／p.85

型の底にハート形に切ったビニールシートを配置し、薄赤色の紙ペーストを流し入れて、ハートの押し型模様をつくります。

材料／道具

〈紙〉A：コピー用紙（白）A4 2枚+教育折り紙（ピンク）15×15cm 2枚+（赤）15×15cm 2枚+水800cc
ビニールシート（透明）：厚さ1mm
ほかにピンキングバサミ、おたま、ニス、鉢底ネット。

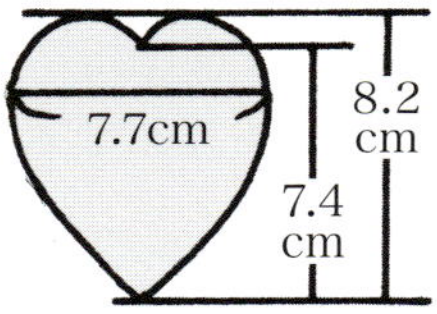

❶ビニールシートを図のサイズに2枚切る。

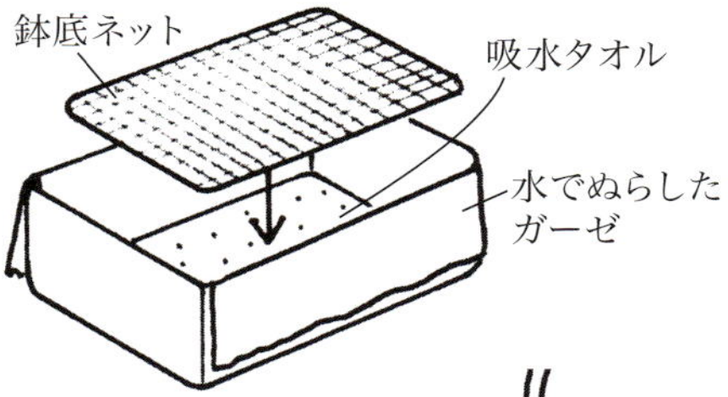

❷ p.87 ①②の手順で型を用意し、紙にネット模様をつけるため、上に型のサイズに切った鉢底ネット（以下、ネット）をのせる。

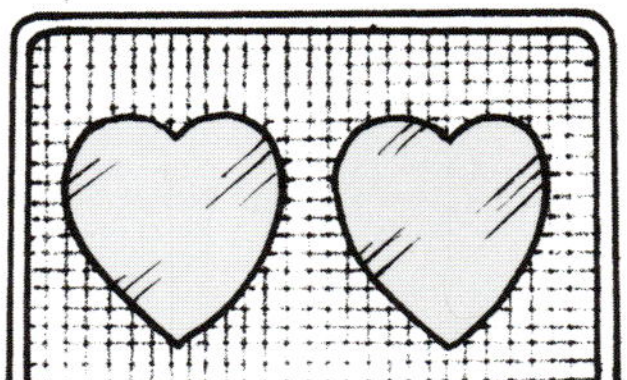

❸ネットの上に作業手順①のハート形を2枚並べる。

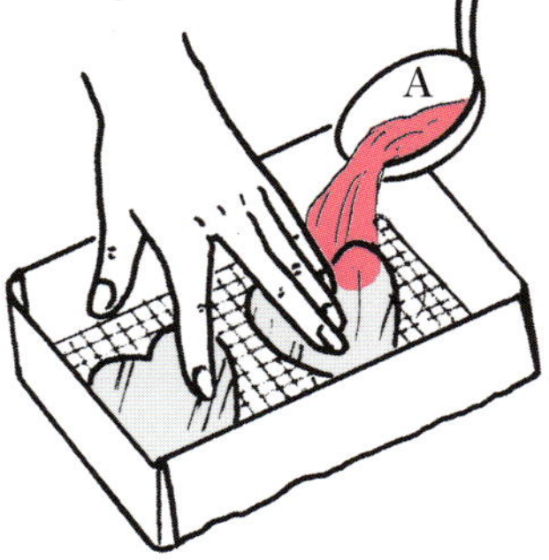

❹ハート形が浮いたりずれたりしないように、手で押さえながらおたまでペースト状の紙Aを全量流し込む。

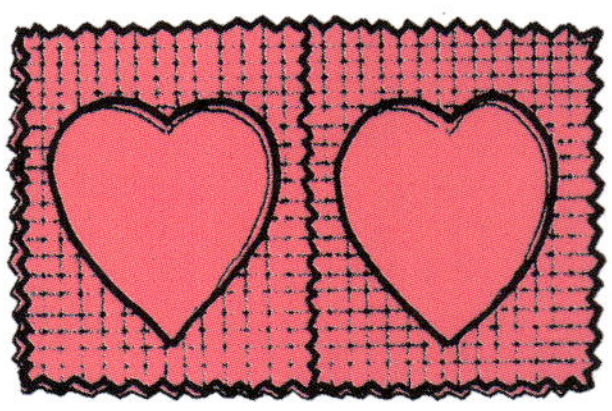

❺ p.88の⑤～⑨の手順で仕上げる。吸水タオルをはずした後にネットとビニールシートもはずす。乾いたら縁をピンキングバサミで切り、中央も切って2枚にする。ニスを塗って完成。

ポイント

中央の凹んだなめらかなハート形と、まわりのネット模様の対比が楽しいコースターです。

羊毛フェルト入り　ふんわりコースター

作品／p.84

白色の紙ペーストに緑色の羊毛フェルトを細かく切ったものを混ぜてつくります。最後に半分に切って2枚にします。

材料／道具

〈紙〉A：コピー用紙（白）A4　2枚＋水 800cc
羊毛フェルト（濃い緑）：5g
ほかにボウル、ピンキングバサミ、ハサミ、鉢底ネット。

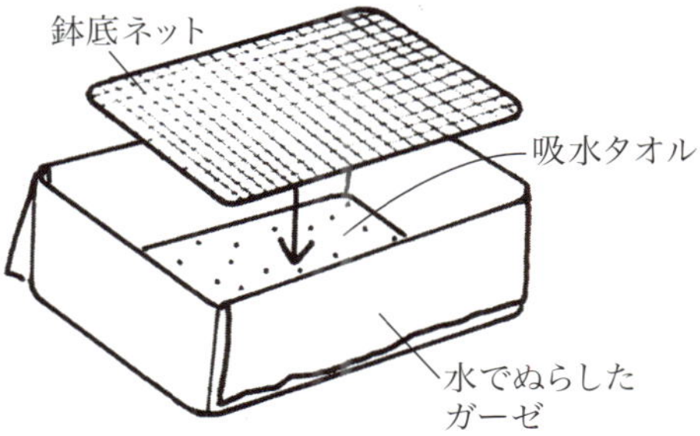

❶ p.87 の①②の手順で型を用意し、紙にネットの模様をつけるため、型と同サイズにカットした鉢底ネットを上にのせる。

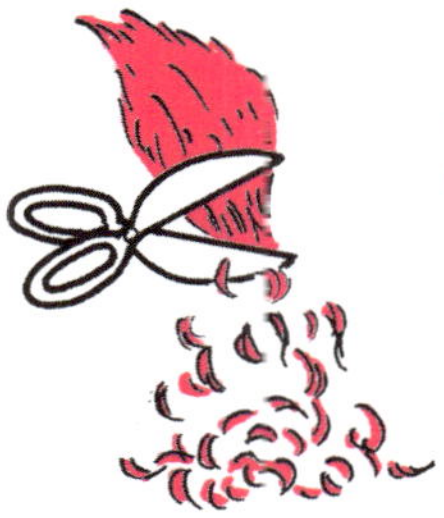

❷羊毛フェルトを約5mm 幅にカットする。

❸ボウルに p.88 の作業手順③の方法でペースト状にしたAを全量流し入れ、カットした羊毛フェルトも入れる。

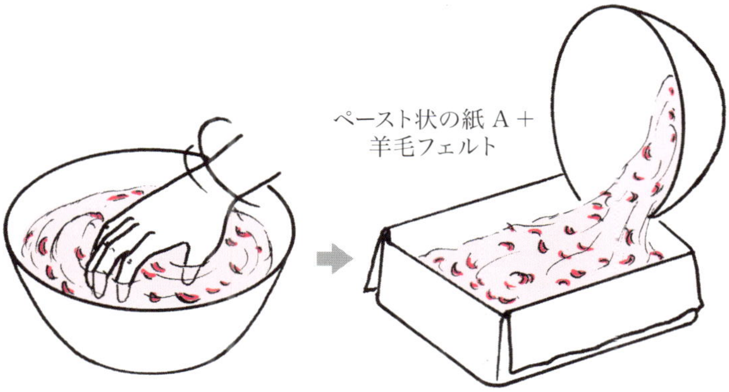

❹羊毛フェルトがほぐれるように手でしっかり混ぜ、全量を型に流し込む。

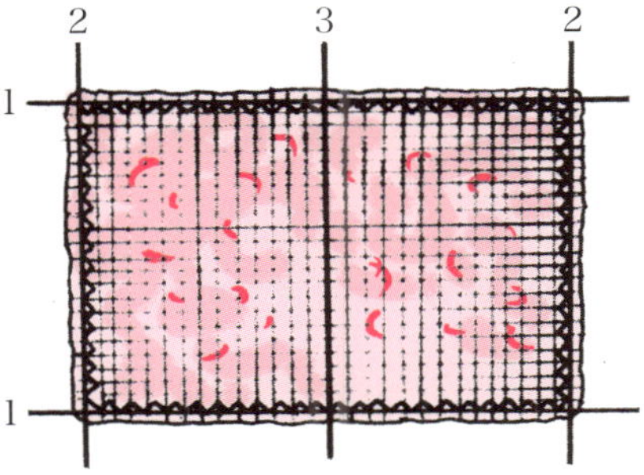

❺ p.88 の⑤～⑨の手順で仕上げる。乾いたらピンキングバサミで図の順に縁を切り、最後に半分に切る。

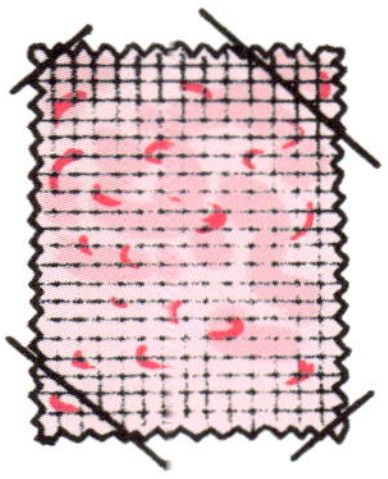

❻角を斜めにカットして完成。

ポイント

紙は白だけを使用しますが、羊毛フェルトの色が出て薄いマーブル模様のようになります。完全にとけ込まずに残っている細かい羊毛の濃い色も模様のアクセントになります。

山景のグラデーション絵手紙

作品／p.83

白色の紙ペーストのベースに、4段階の色調でつくった紫色の紙ペーストをのせてつくります。

材料／道具

〈紙〉A（白）：コピー用紙（白）A4　1枚＋水 400cc
　　B（白）：コピー用紙（白）A4　2分の1枚＋水 200cc
　　C（紫）：色画用紙（紫）A4　2分の1枚＋水 200cc
ほかにスプーン、容器。

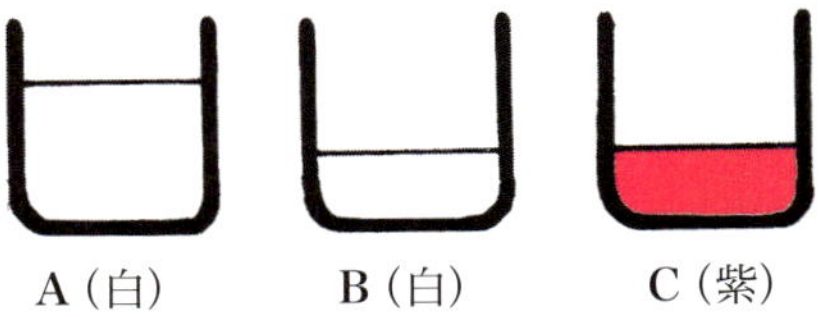

❶ p.88 の③の手順で、紙 A、B、C をそれぞれペースト状にする。

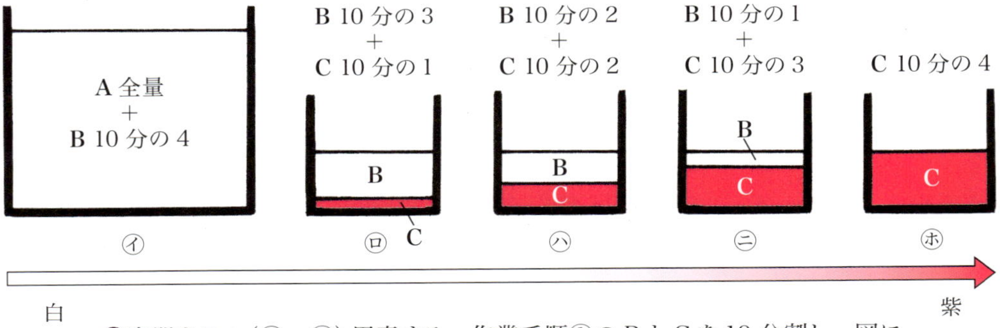

❷容器を5つ（㋑～㋭）用意する。作業手順①の B と C を 10 分割し、図に指示した分量に合わせて5つの容器に入れる。A は㋑の容器に全量入れる。

❸ p.87 の①②の手順で用意した型に、まず㋑を全量流し込む。

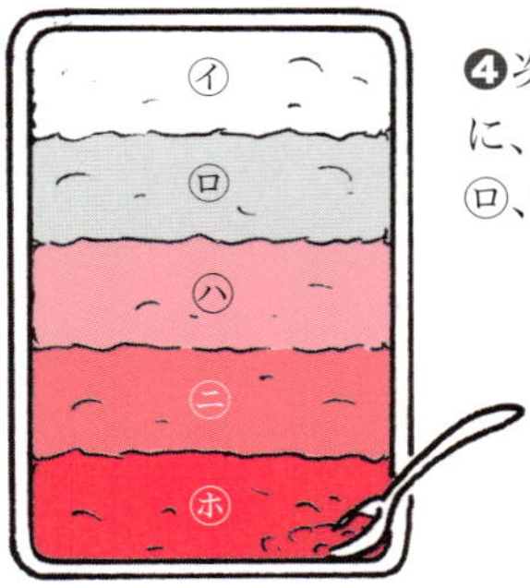

❹次に図のように5等分したスペースに、5分の1（図の上の部分）を残して㋺、㋩、㋥、㋭をスプーンで置いていく。

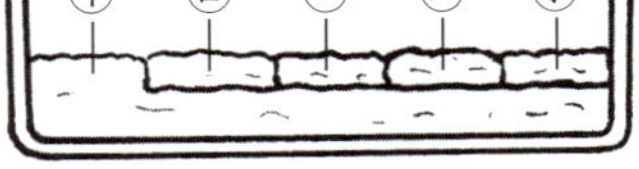

❺断面図のように㋺～㋭は沈んでいき、隣の紙と少し混じり合いながら上面は平らになって白 100%から色 100%までのグラデーションのある紙ができる。

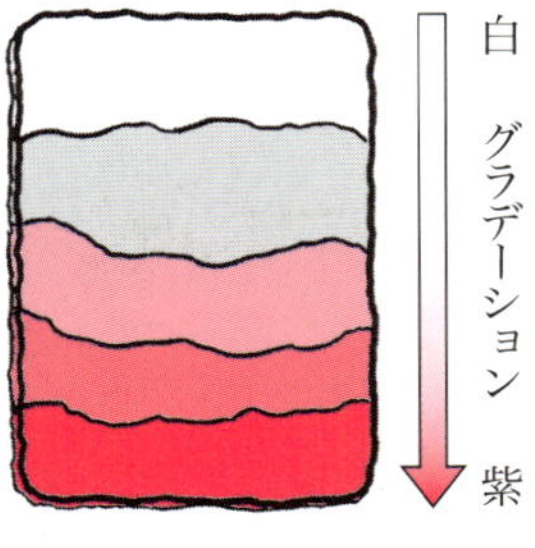

❻ p.88 の⑤～⑨の手順で仕上げる。完成。

簡単なグラデーションのつくり方

p.87の方法でシート状にした色紙（紫 100%）に十分な量がある場合は、水で戻した色紙ペーストとミキサーにかけたコピー用紙だけのペーストをスプーンなどですくって「㋺紫1：白3、㋩紫2：白2、㋥紫3：白1、㋭紫4：白0」に混ぜ合わせるだけで4階調のグラデーションをつくることができます。この場合、2種類の紙ペーストの水分量がそろっている方がきれいなグラデーションになるので、できるだけ濃度をそろえましょう。

IV

紙の花とアクセサリー

香るポンポンをつけた　花飾りスタンド

ボタン
（つくり方 108 ページ）

キク
（つくり方 110 ページ）

バラ
（つくり方 106 ページ）

トルコキキョウ
（つくり方 109 ページ）

じゃばら折りでつくる　花のブローチ

ナデシコ：A、B、C
（つくり方 115 ページ）

八重桜：D、E、F
（つくり方 112 ページ）

G

F

H

I

ラン：G、H、I
（つくり方 114 ページ）

じゃばら折りの花のアレンジ

自在写真立て
（つくり方 116 ページ）

カードスタンド
（つくり方 117 ページ）

石粉粘土と紙でつくる　アクセサリー

ダブルひし形
ペンダント
（つくり方 119 ページ）

波形プレート
三連ペンダント
（つくり方 121 ページ）

しずく形ペンダント
（つくり方 124 ページ）

花びら形
ブローチ
（つくり方 122 ページ）

石粉粘土と紙のクラフト

自在カードスタンド
（つくり方 125 ページ）

香るポンポンをつけた　花飾りスタンド

紙について

紙を重ねてじゃばら折りをし中心をテープでとめて立ち上げてつくる、昔からある技法の紙の花をアレンジしました。本書ではシワ加工や草が漉き込まれている和紙などを使用していますが、洋紙や包装紙などさまざまな紙が使用可能です。

同じつくり方でも、厚手の柔らかい紙と薄く硬い紙では仕上がりに変化が出ますので、好みの紙を使ってさまざまなバリエーションを楽しみましょう。

香るポンポンについて

本書では球状のフェルトを使用していますが、毛糸を束ねたものや木片、紙の短冊など、アロマオイルが染み込むものであれば代用が可能です。ただし、いずれにしても紙でできた花飾りは軽いので、風などに吹き飛ばされないように最下部にはマグネットの重りを忘れずにつけましょう。

飾り台となっている器について

本書ではポンポンを目視できるガラスを使用していますが、陶器や漆、缶などの金属に飾るとガラスとは異なった雰囲気が味わえます。花飾りも一輪でなければいけないわけではありませんし、さまざまに楽しんで飾りつけてみてください。

6分割、12分割のじゃばら折りの方法

本書でじゃばら折りをする際に、3の倍数のときは先に下の図のように折ると6分割、12分割のじゃばら折りのガイドになります。

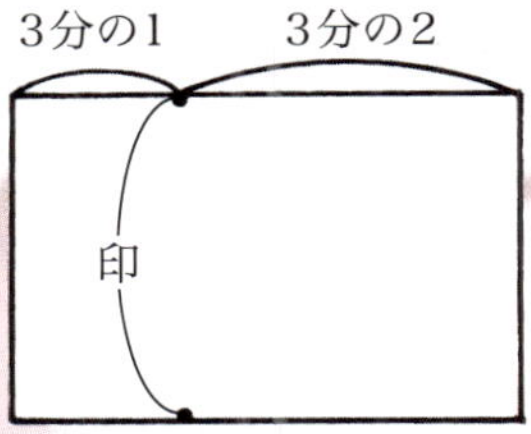

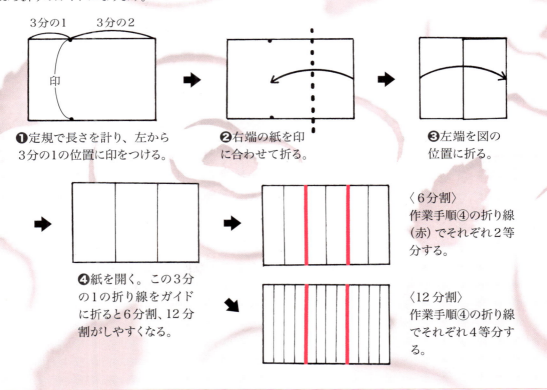

❶定規で長さを計り、左から3分の1の位置に印をつける。

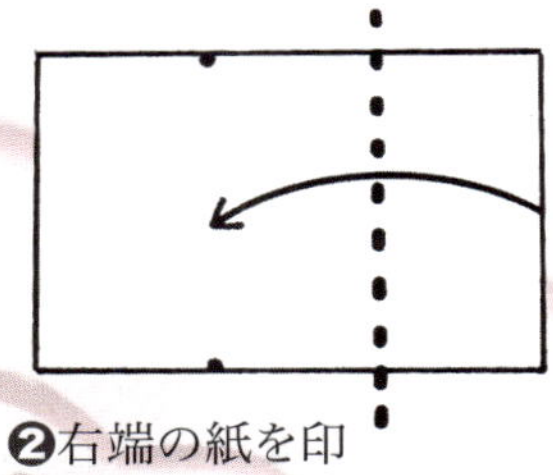

❷右端の紙を印に合わせて折る。

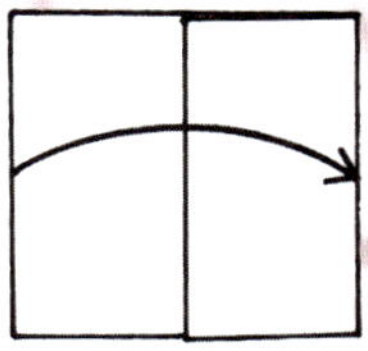

❸左端を図の位置に折る。

❹紙を開く。この3分の1の折り線をガイドに折ると6分割、12分割がしやすくなる。

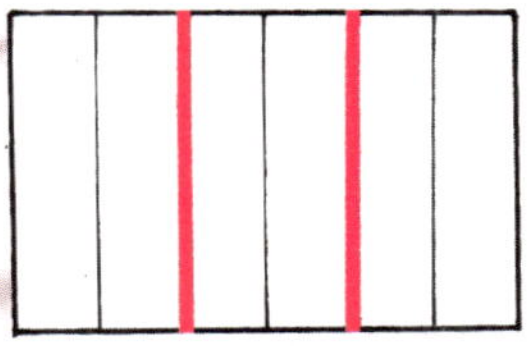

〈6分割〉
作業手順④の折り線（赤）でそれぞれ2等分する。

〈12分割〉
作業手順④の折り線でそれぞれ4等分する。

バラ

作品／p.99

じゃばら折りして中心をとめ、立ち上げるだけで可愛らしい花になる、昔懐かしい技法をアレンジしてつくる紙の花です。

材料／道具

〈紙〉和紙：ピンク（表：同系色の水玉模様入り、裏：ピンク）
- マスキングテープ（無地：幅1cm）
- マスキングテープ（模様入り：幅1.8cm）
- ポンポン（大2.5cm、中1.5cm、小0.8cm）
- マグネット（直径1.9cm×2個）
- ししゅう糸と針　•定規と鉛筆
- ハサミ　•アロマオイル

ポイント

バラはすべての花びらを立ち上げるので、でき上がったときに紙の表面が見えるように、折る際は紙の裏を上にして折ります。

✿ 紙を折って切り分ける

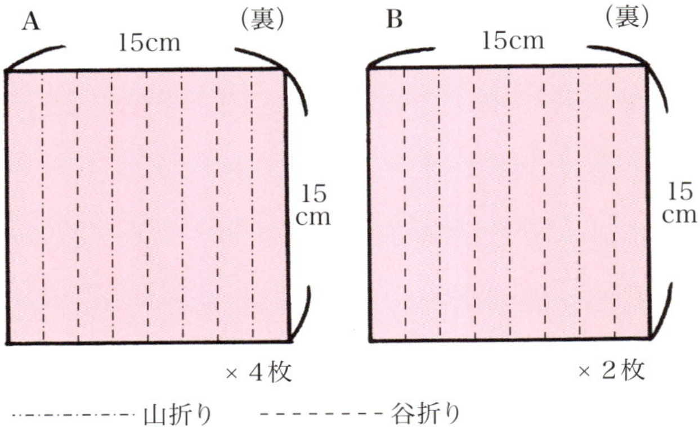

❶紙を15×15cmで6枚切る。図のように山折りと谷折りの位置を変えて、裏を上に向けて8分割にしたじゃばら折りをA、B2種類つくる（A4枚、B2枚）。

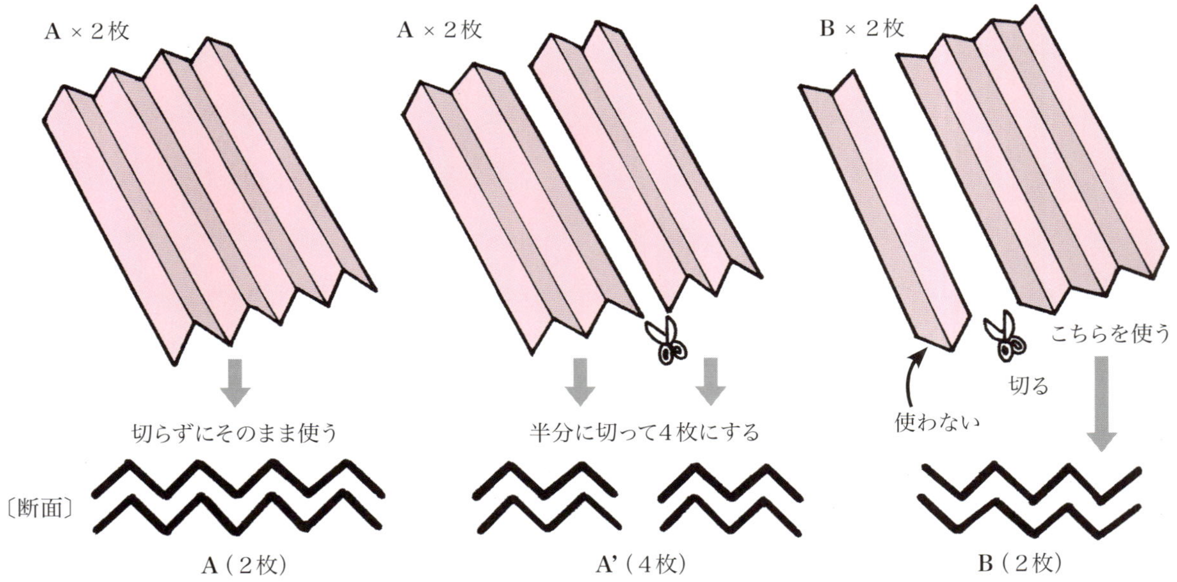

❷作業手順①の折り線に合わせて折ったA4枚とB2枚を軽く広げてAは2枚をそのまま、残る2枚を半分に切る。Bは図の位置で切り、幅の広い方だけ使う。3種類の幅のじゃばら折りの紙ができる。

✿ 紙を重ねて立ち上げる

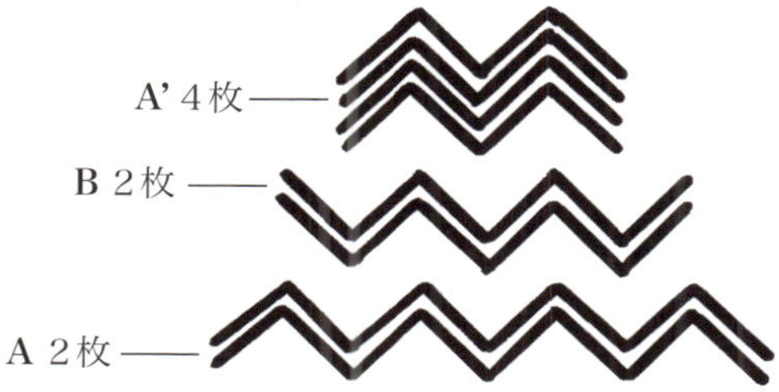

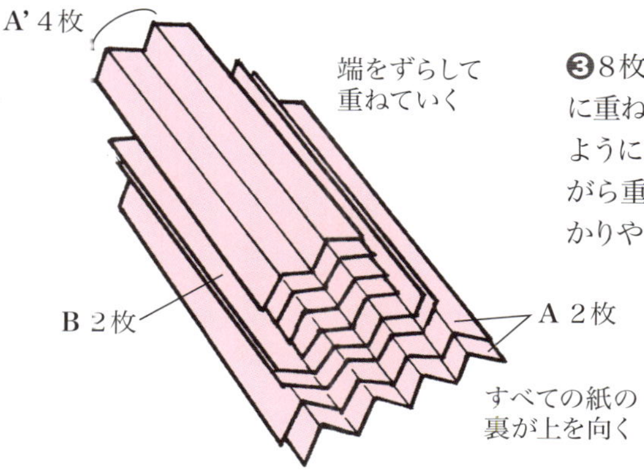

❸8枚の紙を図の順に重ねる。右の図のように端をずらしながら重ねていくとわかりやすい。

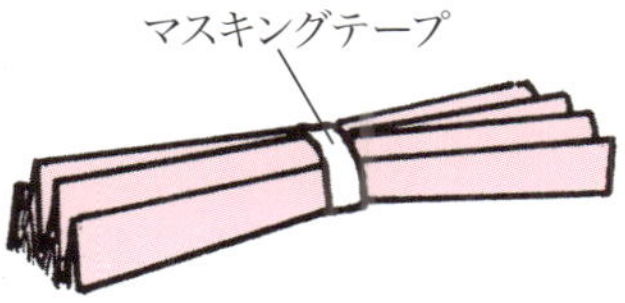

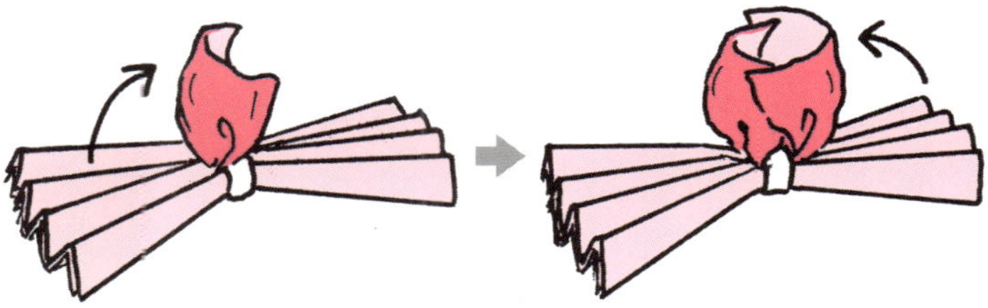

❹両端をそろえてたたみ、中央を無地のマスキングテープで2、3周巻いてとめる。

❺内側の紙から左右交互に立ち上げていく。すべて立ち上げたら形を整えて花完成。

✿ マグネット2個に模様入りのマスキングテープを貼る

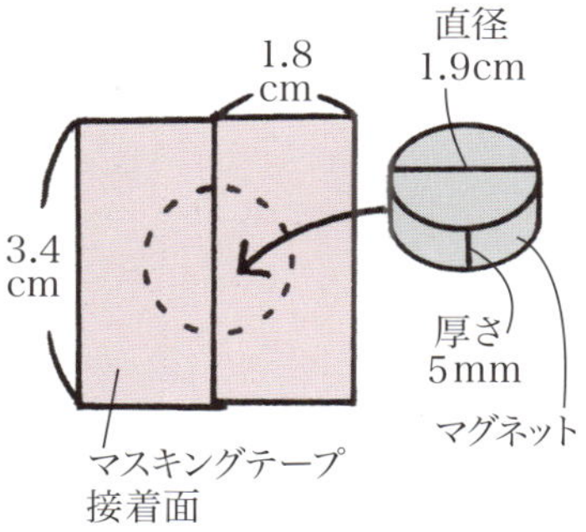

❻マスキングテープ（模様入り）2枚を接着面を上にして少し重ねて置き、中央にマグネットをのせる。

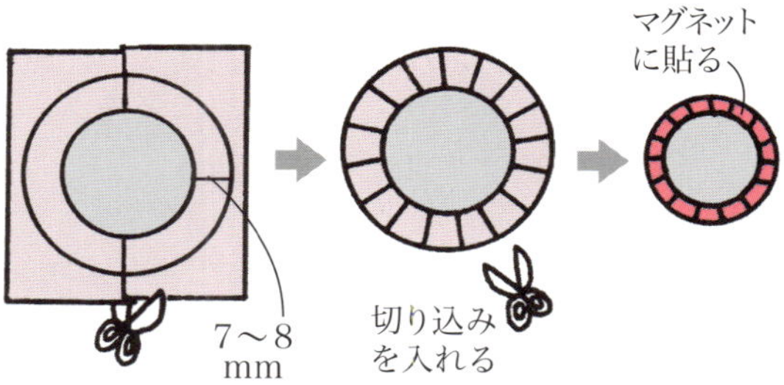

❼マスキングテープを7～8mm（マグネットの厚み＋2～3mm）残して切り、切り込みを入れてマグネットに貼る。同じものを2個つくる。マグネット2個は重ねてみて、くっつく側を上に向けること。

✿ 花にポンポンとマグネットをつける

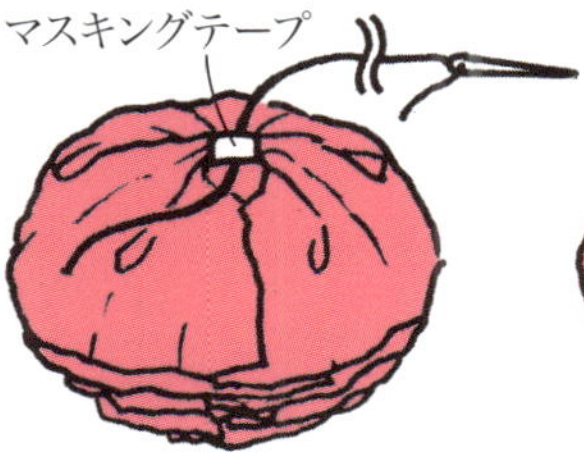

❽花をひっくり返してマスキングテープ（無地）の所に針でししゅう糸を通す。

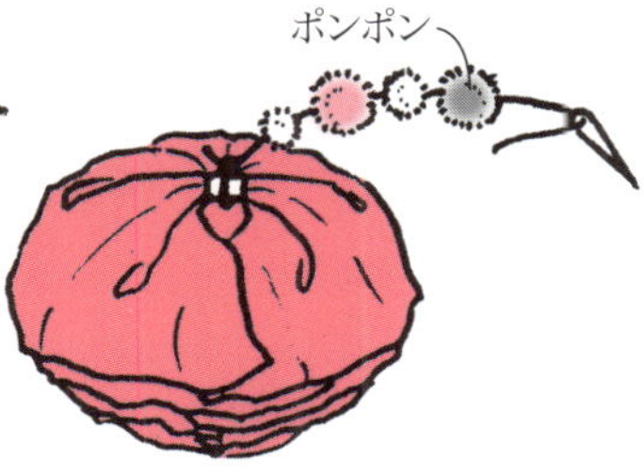

❾糸を結び、ポンポンを通したら最後にマグネットではさめるように少し余裕を持たせて糸を切る。

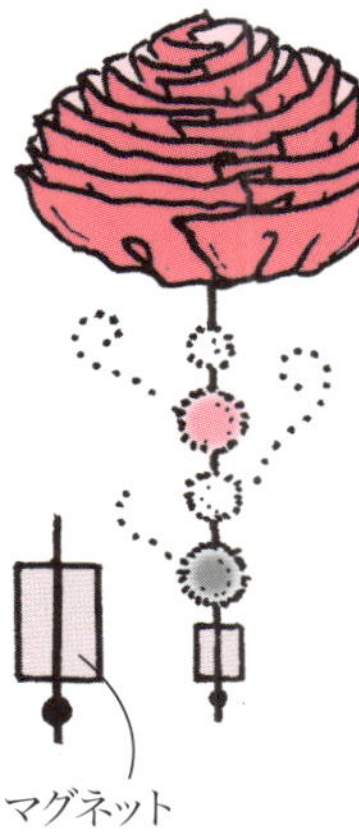

❿マグネット2個で糸をはさみ、重りにする。小さな玉結びをした後、少し残して糸を切る。

糸の長さとポンポンは花を置く器のサイズに合わせて決めます。ポンポンに好みの香りをつけ、ガラスの器などに飾って香りと一緒に楽しみます。

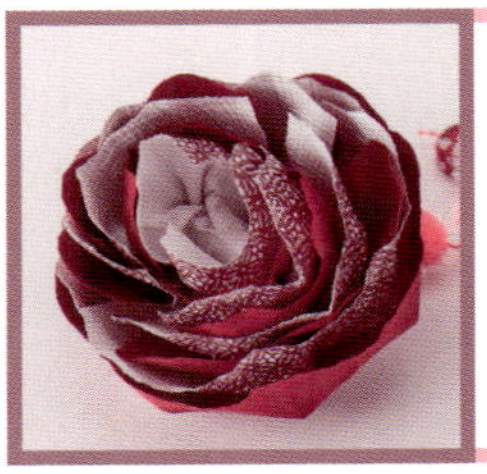

ボタン

作品／p.98

紙は色違いを2種類使用しますが、作業手順③でたたんだ紙の両端を切る作業以外は、作業手順は p.106、107 のバラと同じです。

材料／道具

〈紙〉和紙:えんじ(裏:えんじ)、紫の小紋(裏:テクスチャーつきの白)
マスキングテープ以下、p.106「バラ」と同じ。

✻ 紙を折って切り分け、たたんで両端の形を変えて切る

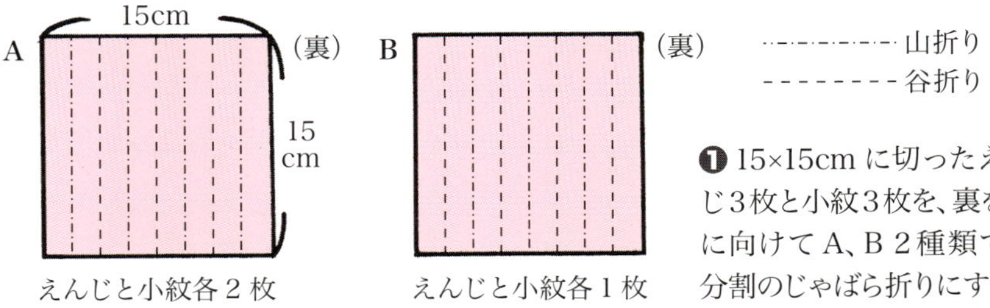

❶ 15×15cm に切ったえんじ3枚と小紋3枚を、裏を上に向けて A、B 2種類で8分割のじゃばら折りにする。

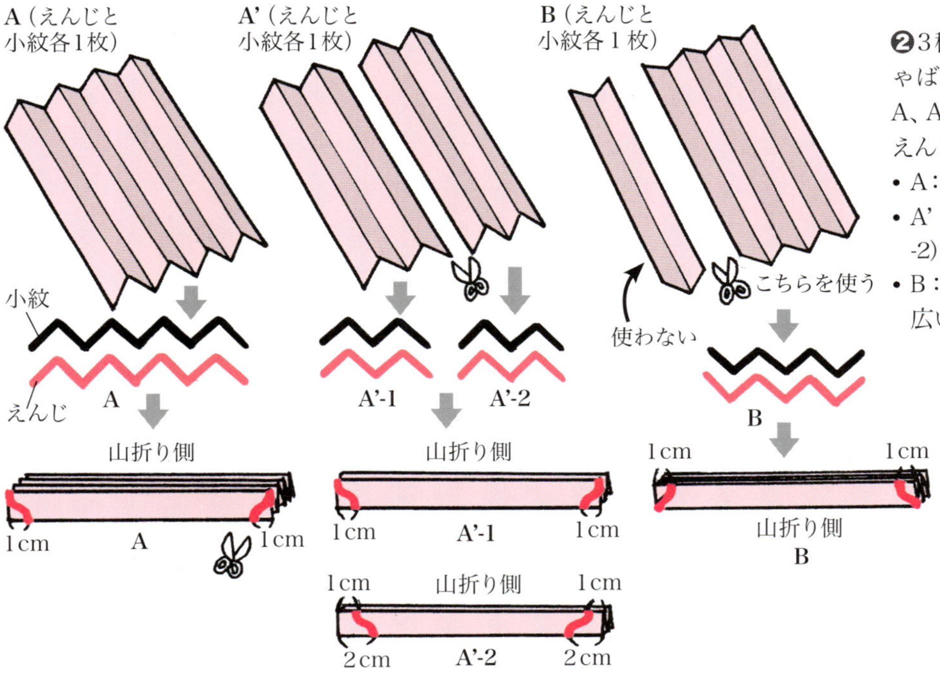

❷3種類の幅で計8枚のじゃばら折りの紙をつくる。A、A'-1、A'-2、B はすべてえんじ1枚と小紋1枚。
- A:切らずにそのまま使う。
- A':半分に切る(A'-1、A'-2)。
- B:図のように切って幅の広い方だけ使う。

❸ A、A'-1、A'-2、Bをたたんで図のように両端を切る。Bは山折り側を下に向ける。

✻ 紙を重ねて立ち上げる

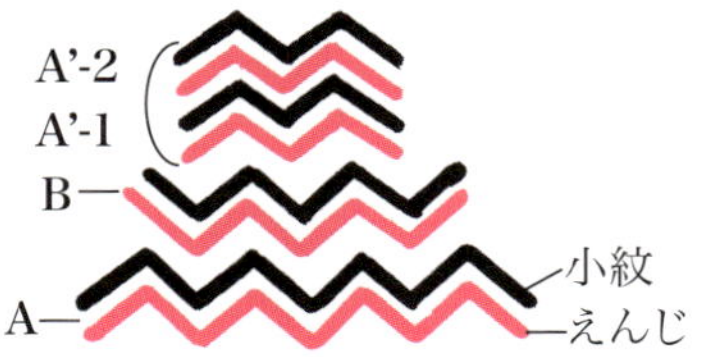

❹図の順番でえんじと小紋を交互に重ねて置く(重ね方は p.107 の作業手順③の右図も参照)。紙の裏はすべて上を向く。

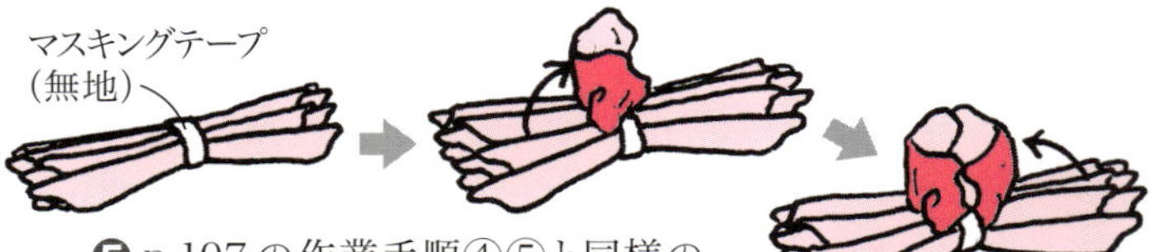

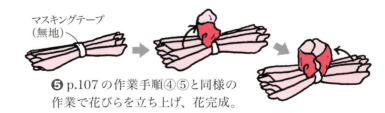

❺ p.107 の作業手順④⑤と同様の作業で花びらを立ち上げ、花完成。

花が完成したら、ポンポンとマグネットを取りつけます。長さは器の深さに合わせて決めます(p.107 参照)。

トルコキキョウ

作品／p.99

中心の黄は花びらの立ち上がりを強くして、外側の黄緑は花びらを自然に開かせます。

材料／道具

〈紙〉和紙：黄（表：同系色の水玉模様入り、裏：黄）、黄緑（表：ラメ加工、裏：黄緑）
• ピンキングバサミ
マスキングテープ以下、p.106「バラ」と同じ。

✽ 紙を折って切り分ける

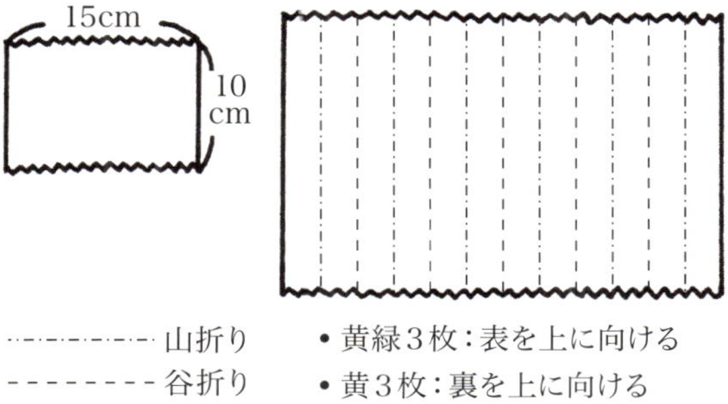

❶黄緑３枚、黄３枚を10×15cmに切ってから15cm側をピンキングバサミで切る。花が仕上がったときにどちらも表の面が見えるように、黄緑３枚は表を上に、黄３枚は裏を上に向けて、12分割にじゃばら折り（p.105参照）する。

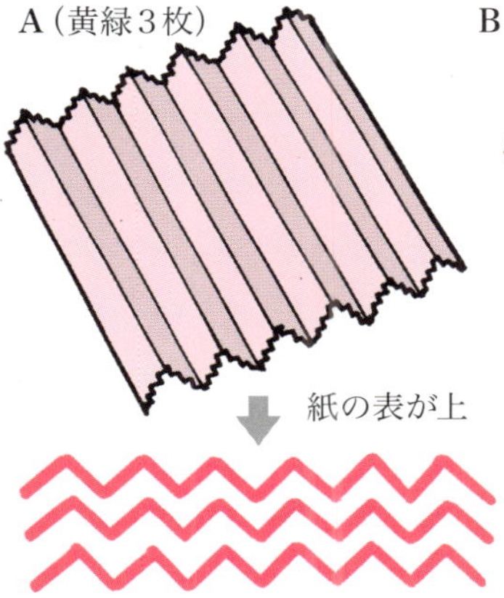

❷黄緑３枚はそのまま使用（A）。

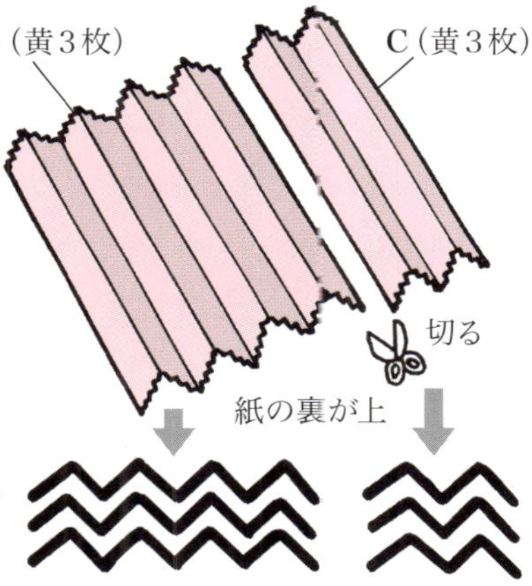

❸黄３枚は図の位置で切り離す（E、C）。

✽ 紙を重ねて立ち上げる

❹A（黄緑）、B（黄）、C（黄）を図の順で重ねる（重ね方はp.107の作業手順③の右図も参照）。

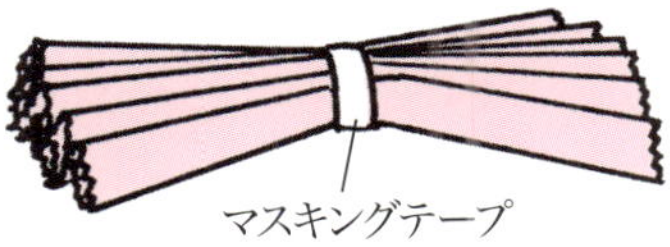

❺両端をそろえてたたみ、中央を無地のマスキングテープで２、３周巻いてとめる。

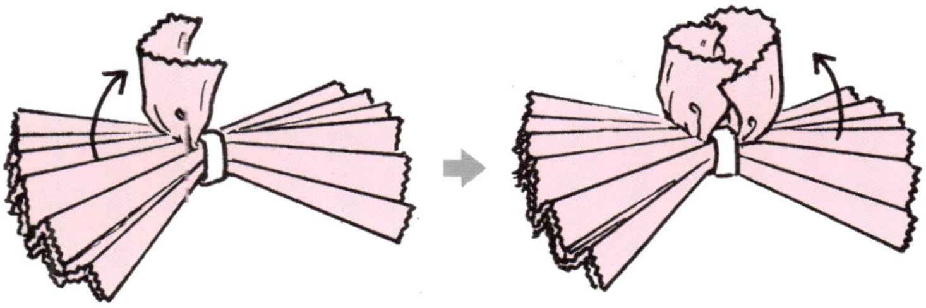

❻内側の紙から左右交互に立ち上げていく。中心の黄は上に向けて立ち上げ、外側の黄緑は外側にいくほど開かせる。すべて立ち上げたら形を整え、花完成。

花が完成したら、花の裏側にししゅう糸を通してポンポンとマグネットを取りつけます（p.107参照）。

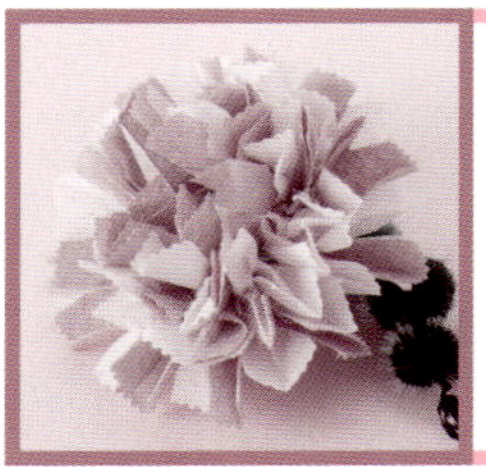

キク

作品／p.98

紙をじゃばら折りした後で、折り線にそって1本おきに切り込みを入れることで、細かいキクの花びらの雰囲気を表現します。

材料／道具

〈紙〉和紙：銀（裏：白）、白（裏：テクスチャーつきの白）
• ピンキングバサミ　　マスキングテープ以下、p.106「バラ」と同じ。

✻ 紙を折って切り分ける

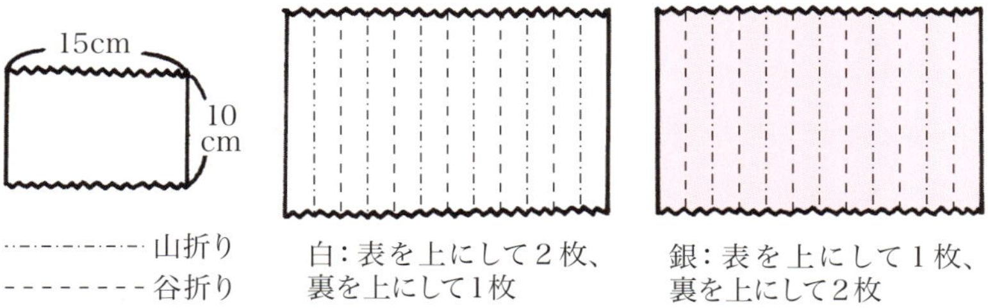

❶銀と白各3枚を10×15cmに切ってから、15cm側をピンキングバサミで切る。山折りと谷折りの位置を変えて白と銀を12分割（p.105参照）のじゃばら折りにする。上に向ける面は図のとおり。

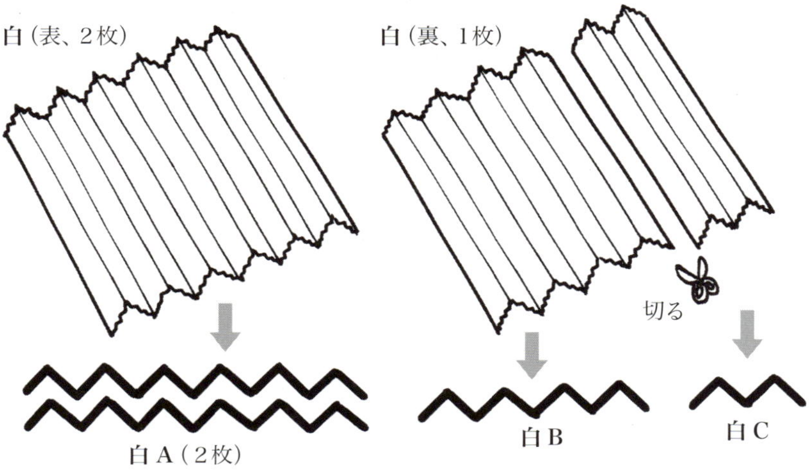

❷白は表を上にして折った2枚はそのまま使用（白A）。裏を上にして折った1枚は図の位置で切って使う（白B、白C）。

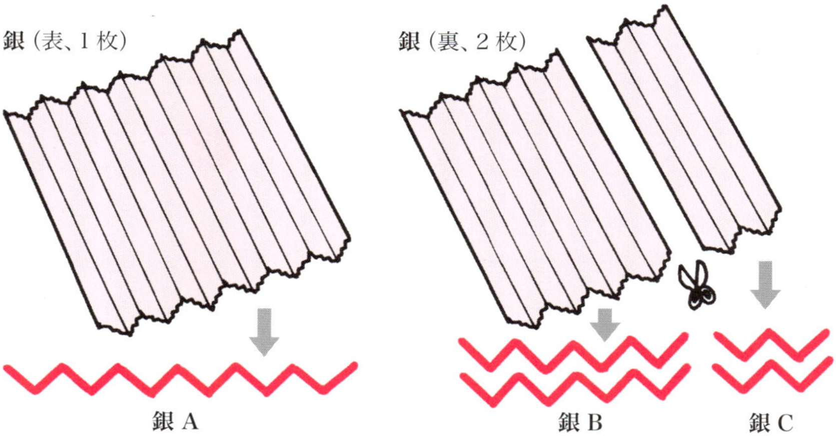

❸銀は表を上にして折った1枚はそのまま使用（銀A）。裏を上にして折った2枚は図の位置で切って使う（銀B、銀C）。

❋ 切り込みを入れる

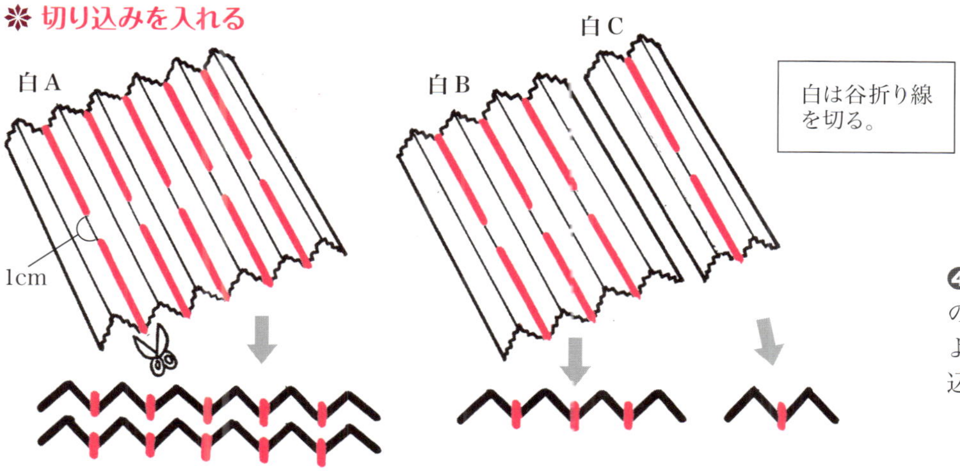

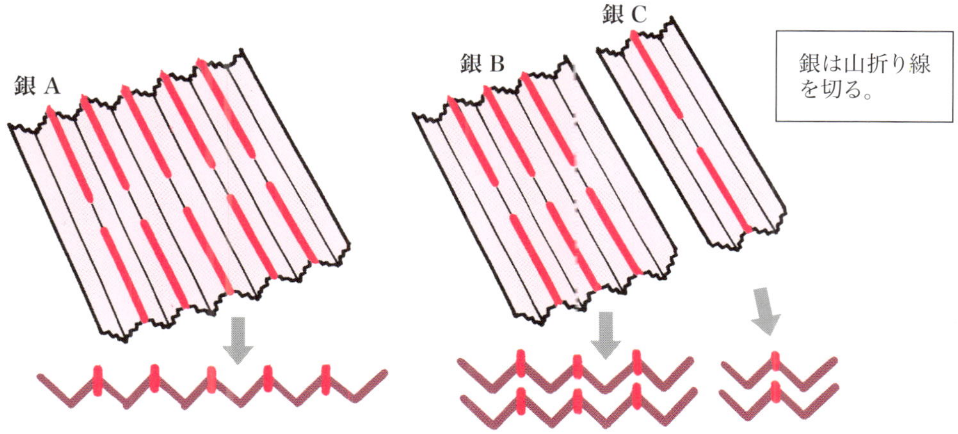

❹すべての紙を中心の1cmを残して図のように両側から切り込みを入れる。

❋ 紙を重ねて立ち上げる

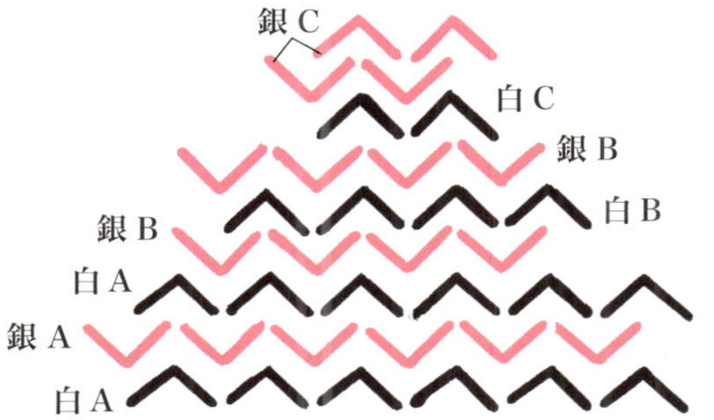

❺図のように紙をずらして山を重ねる。一番上の銀C 1枚だけは裏返して、折ったときとは逆の向きに重ねる（p.107の作業手順③の図のように端からずらしながら重ねていくとわかりやすい）。

花が完成したら、ポンポンとマグネットを取りつけます。長さは器の深さに合わせて決めます（p.107参照）。

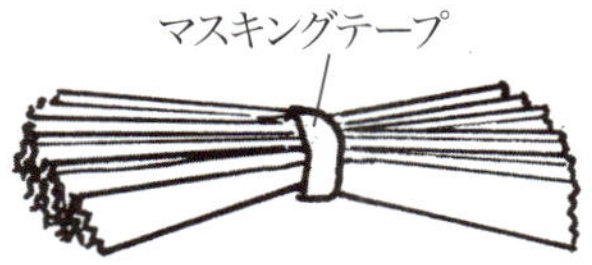

❻両端をそろえてたたみ、中央をマスキングテープ（無地）で2、3周巻いてとめる。

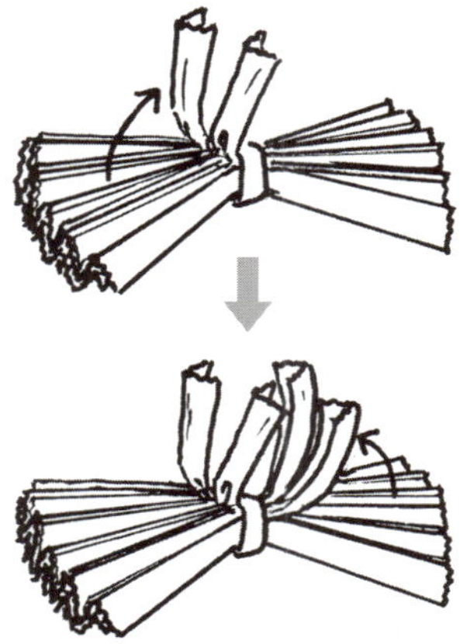

❼内側の紙から左右交互に立ち上げていく。すべて立ち上げたら形を整え、花完成。

ポイント

花びらに切り込みを入れて1枚ずつ立ち上げますが、その際、V字形にたたみながら立ち上げると、花びららしさがでます。

じゃばら折りでつくる　花のブローチ

マニキュアを塗り重ねて好みの質感に

花のブローチは、強度と耐水性を高めるために透明のマニキュアを塗って仕上げます。ニスでも可能ですがマニキュアの方が浸透力があるので、仕上がりに透明感が出ます。
マニキュアを塗る際は、使用する紙と仕上がりの好みで塗り重ねの回数を決めます。

1度塗り「耐水性がある程度確保できた上で、紙の質感がハッキリしている」
2度塗り「表面のツヤや紙の透明感が出てくるが、若干だが表面に紙のザラザラした質感が見える」
3度塗り「表面のツヤと紙の透明感が極まり、プラスチックのような質感になる」

上記はあくまで目安です。一言で折り紙と言っても、元になっている紙はさまざまなタイプのものがあります。3度塗っても紙の質感を失わないもの、マニキュアを塗ることで表にプリントされている模様が裏にまで透けて見えてくるもの、紙によってさまざまな雰囲気が楽しめますので、いろいろな紙で楽しんでみてください。

八重桜

作品／p.100

折り紙をじゃばら折りして花をつくります。仕上げにマニキュアを塗った手軽で耐久性のあるブローチです。

材料／道具
〈紙〉色違いの折り紙（15×15cm）A、B各1枚
• 定規、鉛筆　• 目打ち　• 針と糸（木綿）太口　• スティックのり　• 木工用ボンド
• マニキュア（透明）　• ブローチピン　• ハサミ

✻ 花のベースをつくる

〈紙を切る〉

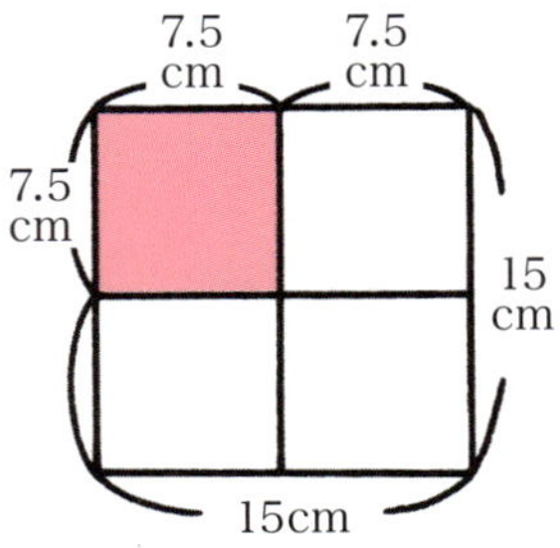

A、B 各1枚

❶色違いの折り紙A、B各1枚を同サイズで切る。

〈折って花びらの形をつくる〉

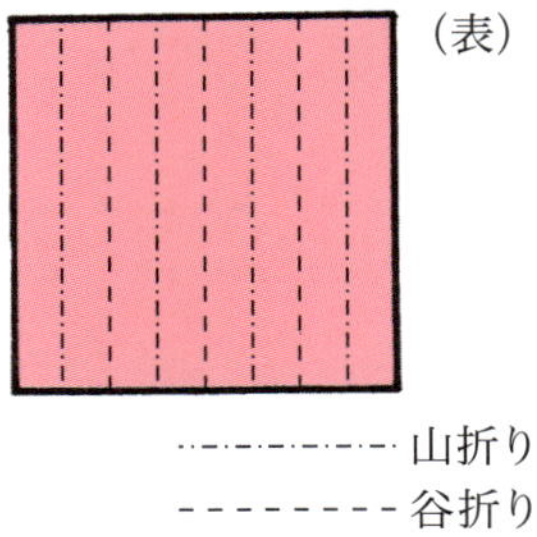

❷A、Bとも表を上に向けて8分割のじゃばら折りにする。

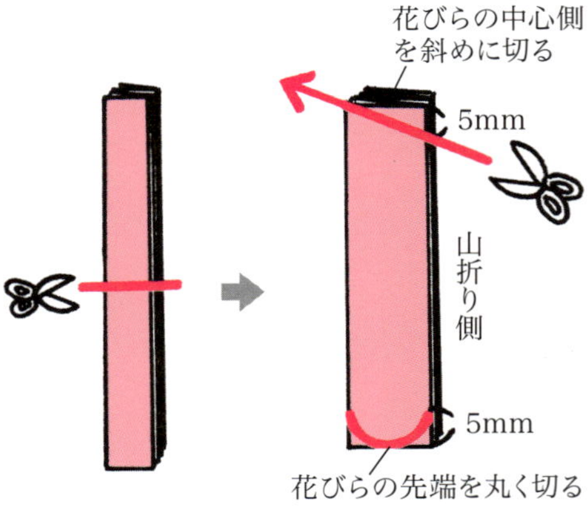

❸半分に切って、すべての両端を右の図のように切る。AとB各2枚、計4枚できる。

〈花びらを貼り合わせて輪にする〉

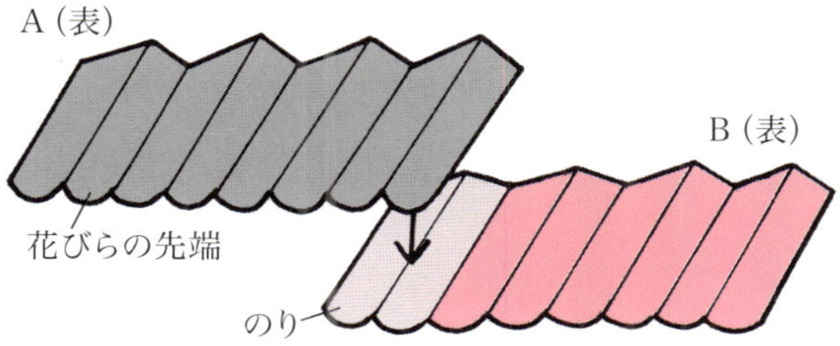

❹AとBを表を上にして広げ、図のように端2列分をのりで貼り合わせる。

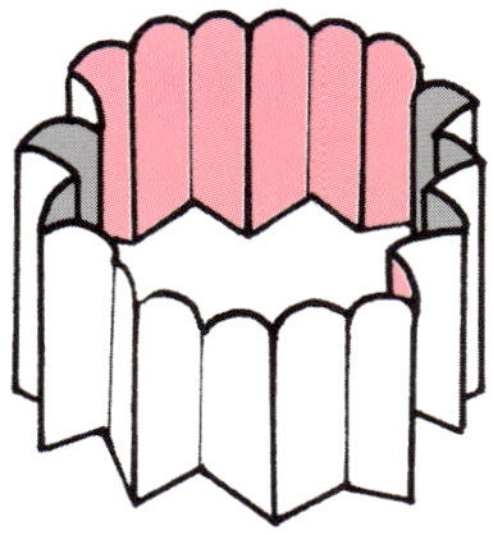

❺AとBを交互に貼り合わせて輪にする。ひっくり返して表を内側にする。

✽ 花びらを立体的に立ち上げる

〈穴をあけて糸を通す〉

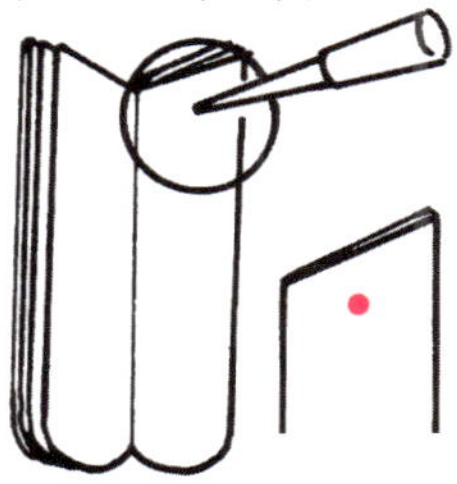

❻数枚ずつ重ねて目打ちで穴（●）をあける（穴は左右と天側から3mmの位置）。

❼花びらを約半分に分け、針に通した糸を穴に通して一結びし、10cmほど残して切る。

〈花びらを立ち上げる〉

❽糸を引きしぼって紙をすぼめ、中心に木工用ボンドをつける。

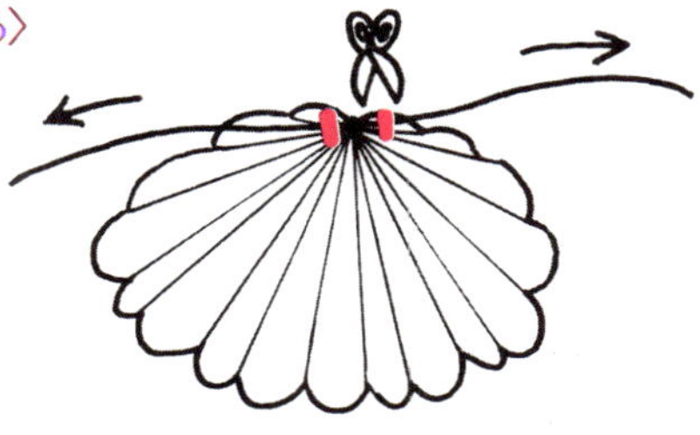

❾根元まで糸を引いて花を開き、ほどけないように糸をしっかり本結びする。余分な糸を切る。花完成。

ポイント
花びらがうまく開かないときは、台に押しつけるようにしてみましょう。

✽ マニキュアを塗り、ブローチに仕立てる

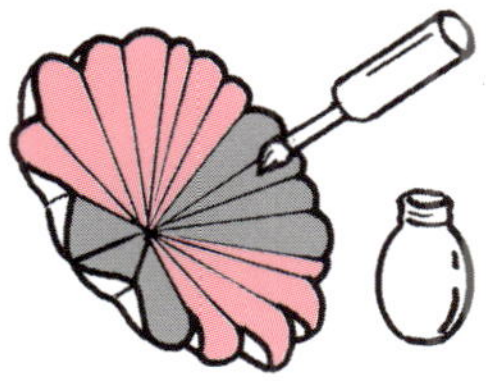

❿仕上げにマニキュア（透明）を塗る。まず表を塗り、完全に乾いたら裏側も塗る（p.112「じゃばら折りでつくる　花のブローチ」〈マニキュアを塗り重ねて好みの質感に〉参照）。

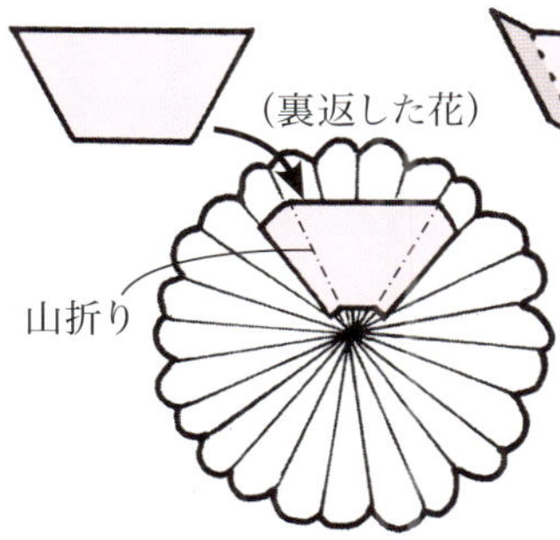

⓫花びらの色に合わせて図のように紙を切る。花の裏側にかぶせ、左右を山折りして花の形にそわせる。

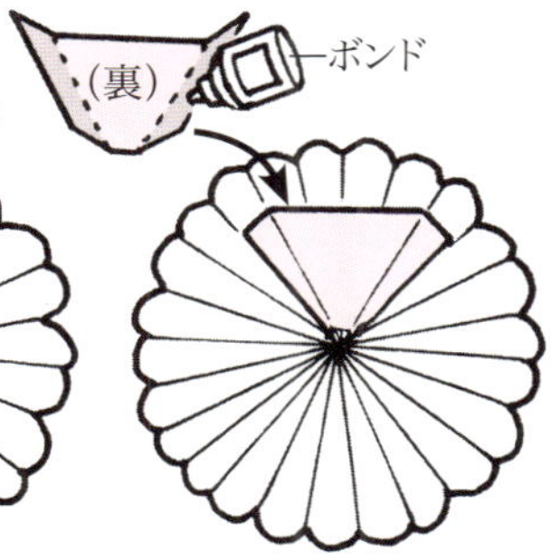

⓬紙をひっくり返し、図の位置にボンドを塗り、花の裏側に貼る。

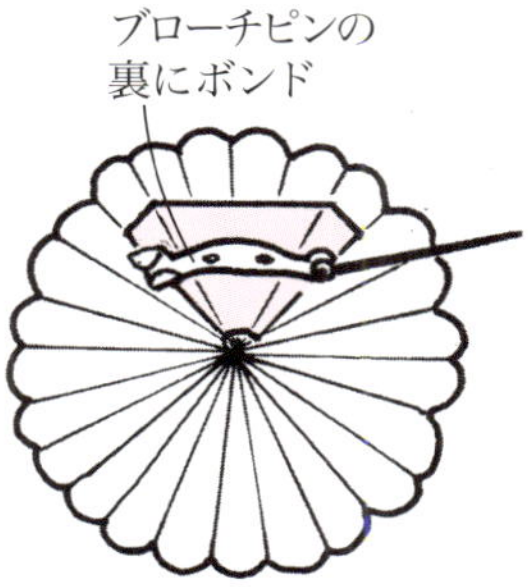

⓭ブローチピンを花のカーブにそわせて指で曲げ、裏にボンドを塗って紙に貼る。

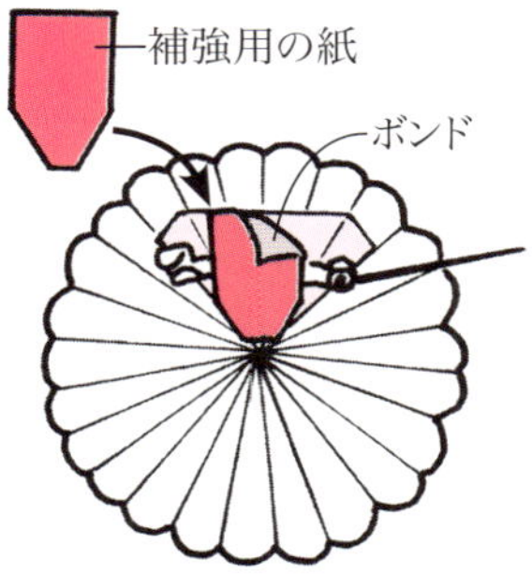

⓮補強用の紙を切り、裏にボンドを塗ってピンの上から貼る。ボンドが乾いてからマニキュアでコーティングする。完成。

ラン

作品／p.101

折り紙を長方形に切ることで折り幅が増し、折り方を工夫した変化のある形に仕上がります。

材料／道具

〈紙〉色違いの折り紙（15×15cm）A、B、C各１枚
ほかは p.112「八重桜」と同じ。

✲ 花のベースをつくる

〈紙を切る〉

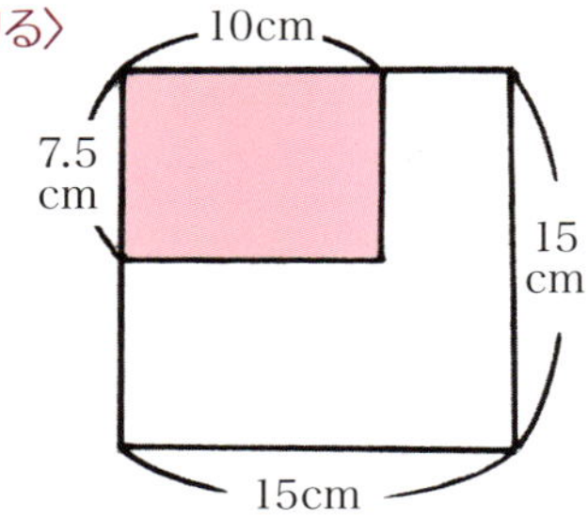

❶色違いの折り紙A、B、C 各１枚を同サイズで切る。

〈折って花びらの形をつくる〉

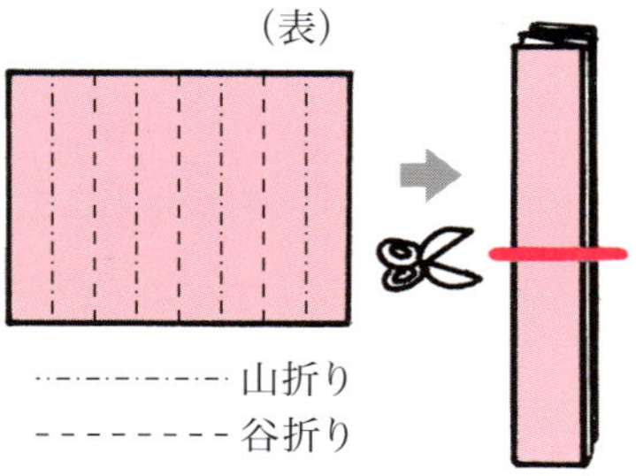

❷表を上に向けて８分割のじゃばら折りにし、半分に切る。A、B、C 各２枚、計６枚できる。

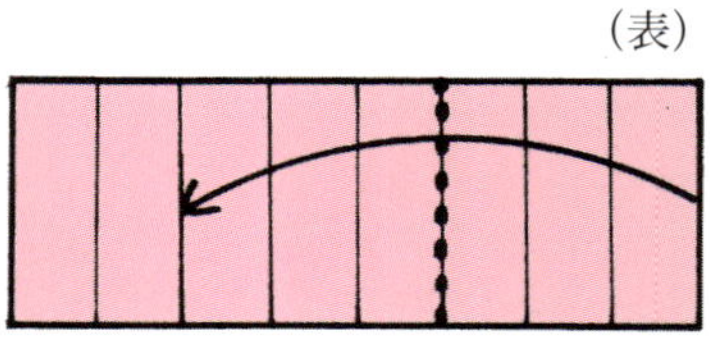

❸表を上にして広げ、右から３本目の折り線で折る。

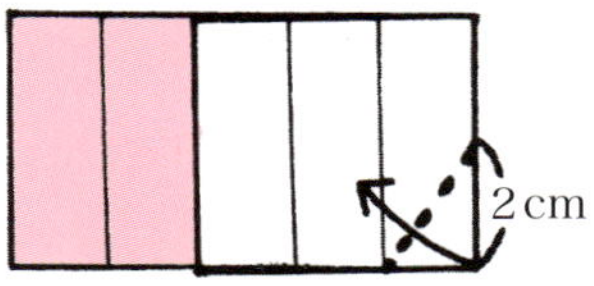

❹図のように折って折りすじをつける。

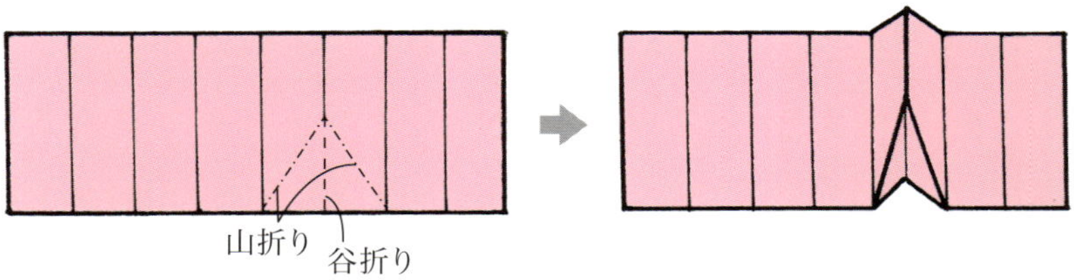

❺広げて作業手順④でつけた折りすじで折る。

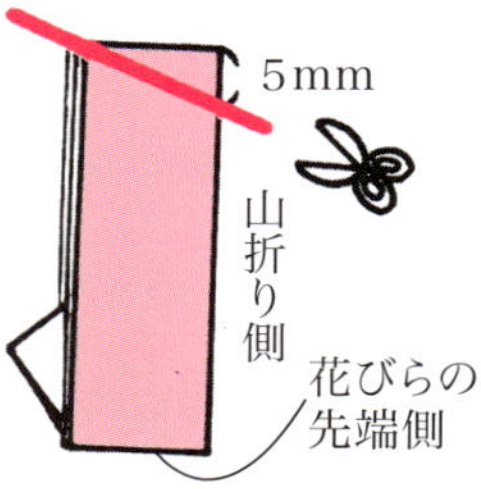

❻作業手順⑤の折り目を崩さないようにして、作業手順②の状態のじゃばら折りにし、図の位置で切る。A、B、C 各２枚、計６枚の同じ形の花びらをつくる。

〈花びらを貼り合わせて輪にする〉

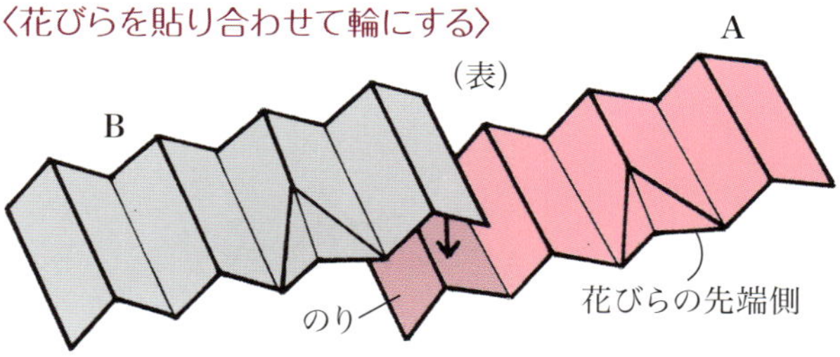

❼まずAとBを表を上にして広げ、p.113の作業手順④と同様に端２列分をのりで貼り合わせる。

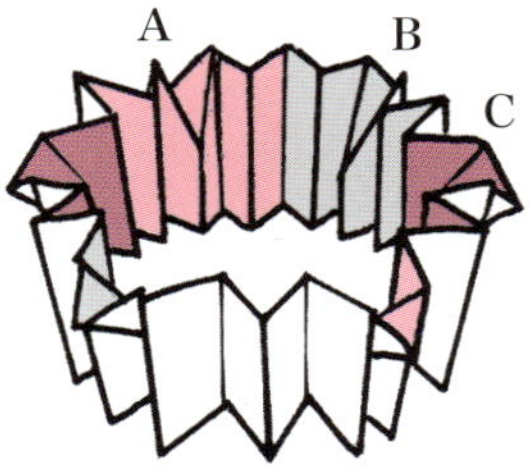

❽続いてBの隣にCを同様に貼る。A→B→C→A→B→Cと順に６枚貼り、輪にする。ひっくり返して表を内側にする。

以下、花びらを立ち上げてブローチに仕立てる作業は、p.113作業手順⑥～⑭を参照してください。

ナデシコ

作品／p.100

2種類の紙の長さと幅を変えてじゃばら折りすると、ナデシコらしい形になります。

材料／道具　〈紙〉色違いの折り紙（15×15cm）
A、B各1枚
ほかは p.112「八重桜」と同じ。

✽ 花のベースをつくる

〈紙を切る〉

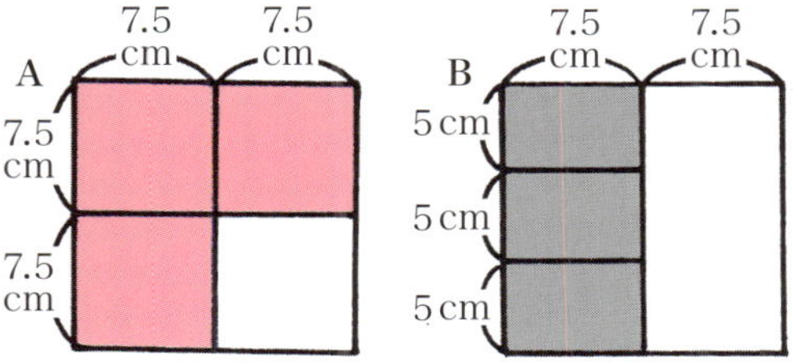

❶色違いの折り紙A、Bを各3枚図のサイズに切る。

〈折って花びらの形をつくる〉

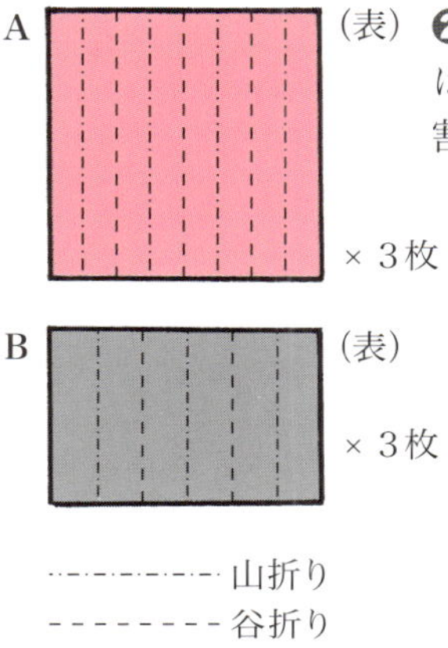

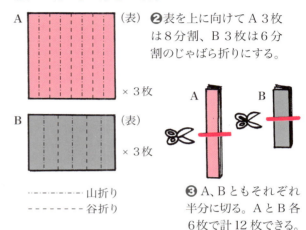

❷表を上に向けてA3枚は8分割、B3枚は6分割のじゃばら折りにする。

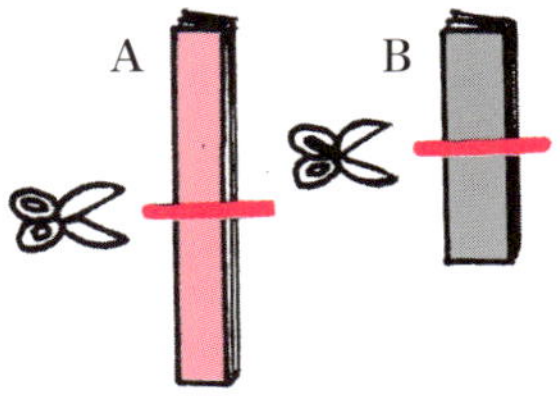

❸A、Bともそれぞれ半分に切る。AとB各6枚で計12枚できる。

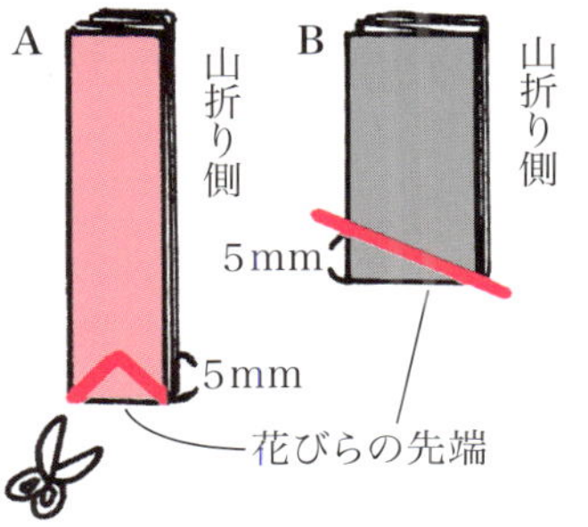

❹A、Bすべてを折ったまま図の位置をそれぞれ切り取る。切った側が花びらの先端になる。

〈花びらを貼り合わせて輪にする〉

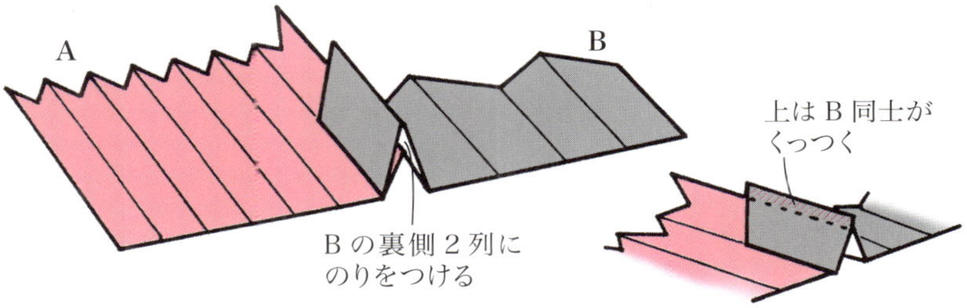

❺AとBを表を上にして広げ、上に来るBの端2列の裏側にのりをつけてAとBの端の2列分を貼り合わせる。AとBの折り線の幅が違うためBの中央部分はBの紙同士がくっつく。

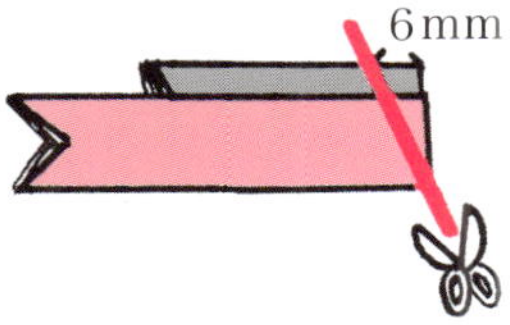

❻作業手順⑤で貼り合わせたA、Bをたたんで図の位置で斜めに切る。ほかのAとBも貼り合わせて同じ形のものを6組つくる。

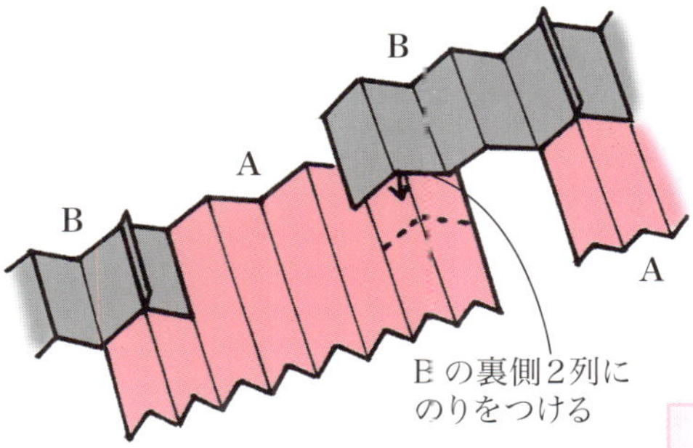

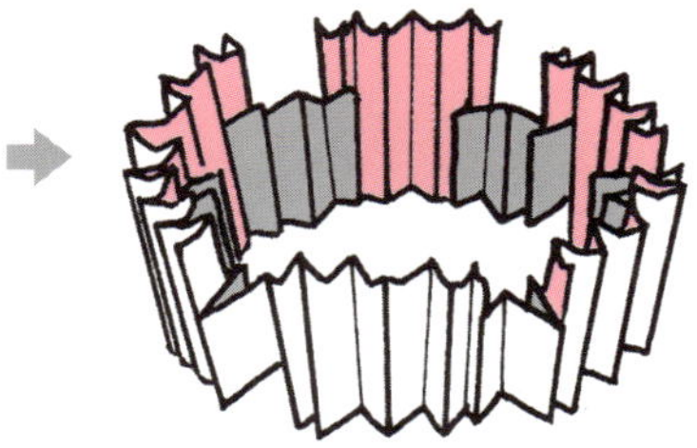

❼広げて、Aの上にBが重なるようにして、6組すべてを貼り合わせて輪にする。表が内側にくるようにひっくり返す。

以下、花びらを立ち上げてブローチに仕立てる作業は、p.113 作業手順⑥～⑭を参照してください。

じゃばら折りの花のアレンジ

自在写真立て

作品／p.102

ランの折り方をアレンジした、大小さまざまな写真を飾れる写真立てです。

材料／道具

〈紙〉表と裏が違う色の紙（15×15cm）A と B 各1枚
- 定規と鉛筆
- スティックのり
- ハサミ

✲ 紙を切る

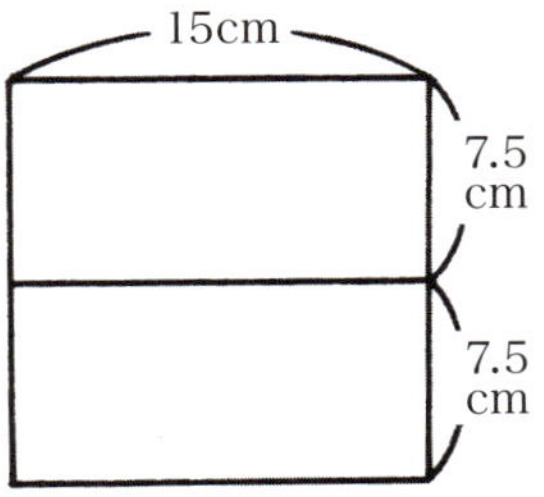

❶表と裏が色違いの紙 A、B をそれぞれ図のサイズで切る。

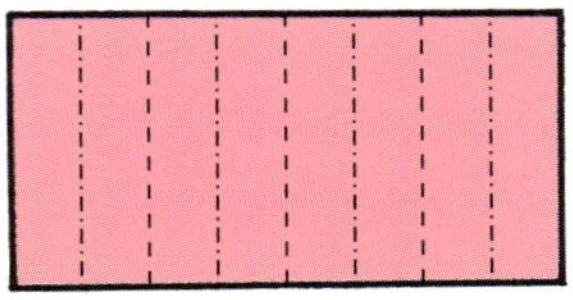

❷完成時に外側にしたい面（本作品では水玉模様）を上に向けて８分割のじゃばら折りにする。

-・-・-・-・- 山折り
- - - - - - - - 谷折り

✲ 紙を折る

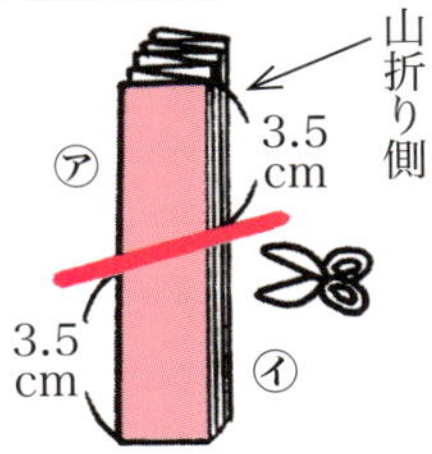

❸A、B とも図の位置で斜めに切る。㋐、㋑各４枚、計８枚できる。

✲ ㋑に折りすじをつけて折る

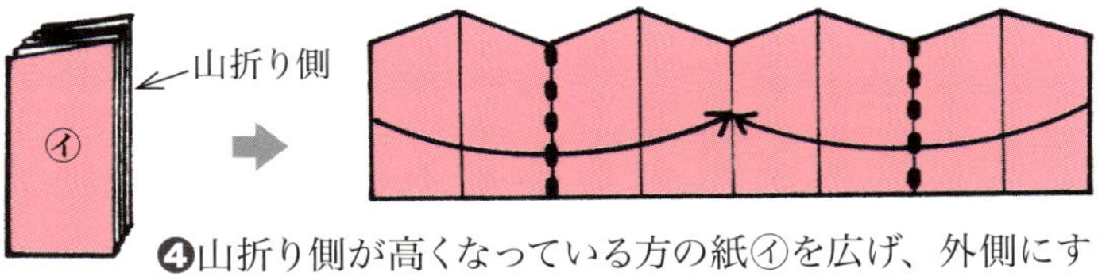

❹山折り側が高くなっている方の紙㋑を広げ、外側にする面を上にして置き図の位置で折る。A、B 各２枚つくる。

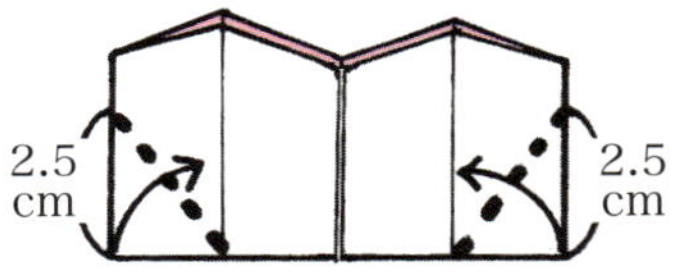

❺図の位置で折って折りすじをつける。

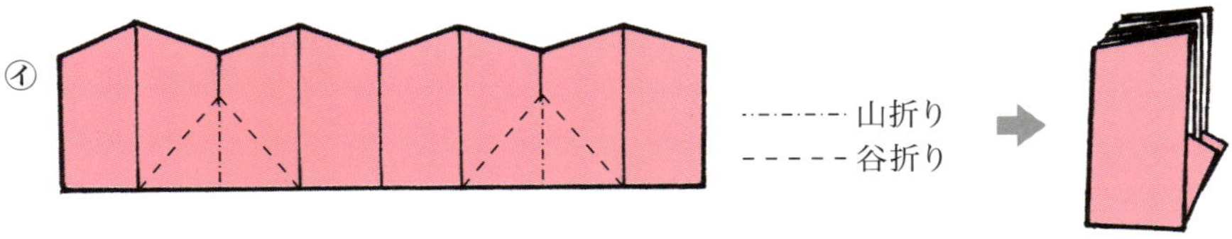

❻開いて、作業手順⑤でつけた線を折りたたむ。

✲ ㋐と㋑２枚を貼り合わせてから輪にする

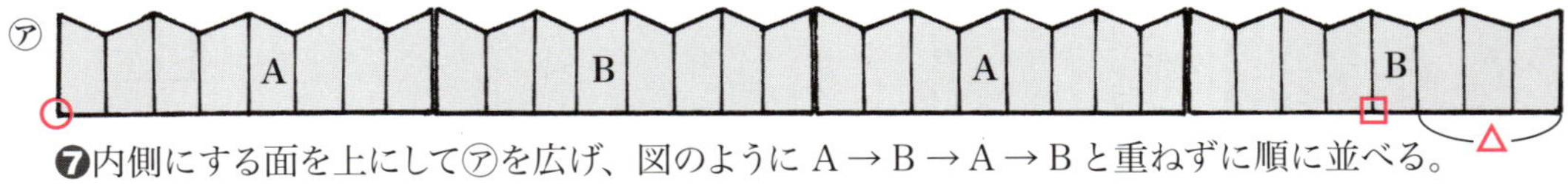

❼内側にする面を上にして㋐を広げ、図のように A → B → A → B と重ねずに順に並べる。

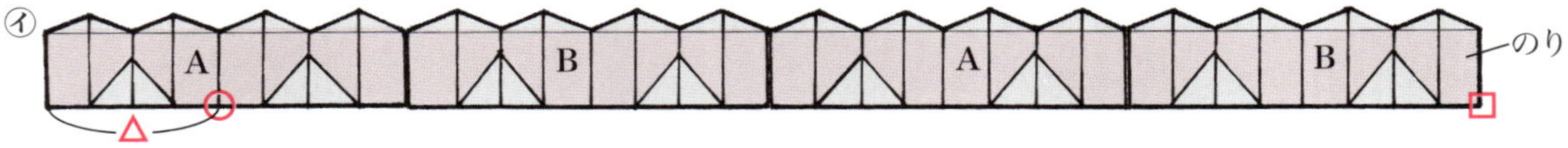

❽内側にする面を上にして㋑を広げ、上部の山形の三角形の部分と、下側の三角に折った部分を除いて、すべてにのりを塗り、作業手順⑦と同様に並べる。

❾㋐と㋑の○と□の位置を合わせて、のりを塗った㋑の上に㋐を置いていき貼り合わせる。

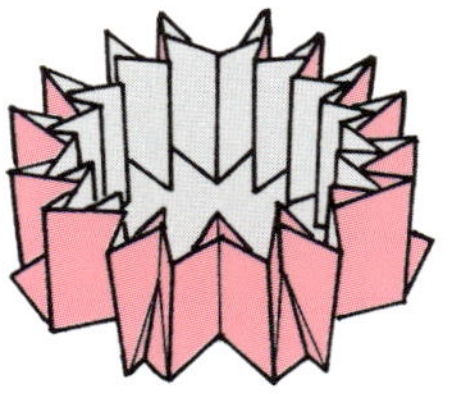

❿作業手順⑦の図の右端の△部分と作業手順⑧の左端の△を重ねて貼って輪にする。完成。

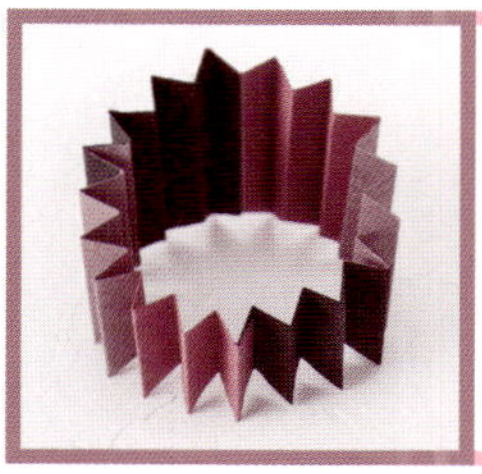

じゃばら折りの花のアレンジ

カードスタンド

作品／p.102

同色の紙を対角に配置し、全体を斜めにカットした形に仕上げたカードスタンドです。

材料／道具

〈紙〉両面色つきの紙3種類 A、B、C 各1枚（本作品は茶、黒、抹茶）

- 定規、鉛筆
- スティックのり
- ハサミ

✻ 紙を切る

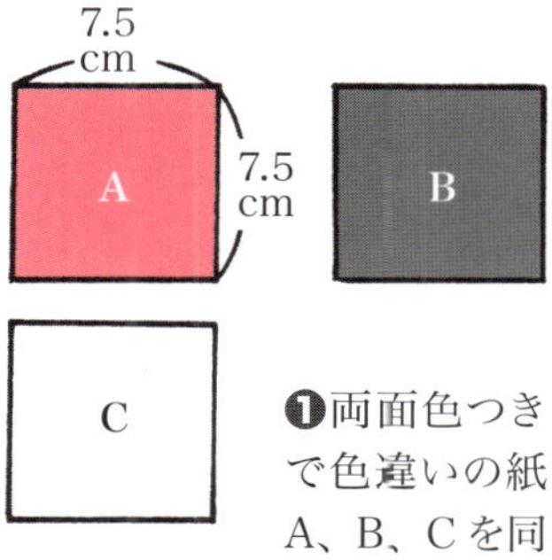

❶両面色つきで色違いの紙A、B、Cを同サイズに切る。

✻ じゃばら折りにする

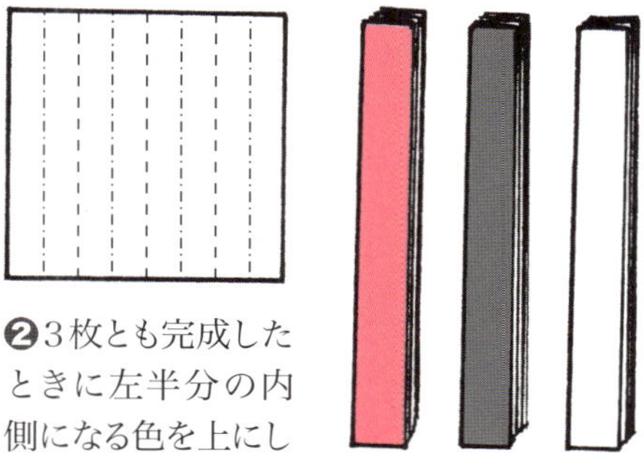

❷3枚とも完成したときに左半分の内側になる色を上にして、8分割のじゃばら折りにする。

-・-・-・-・- 山折り
- - - - - - - - 谷折り

✻ 3色貼り合わせて紙〔1〕(左半分) をつくる

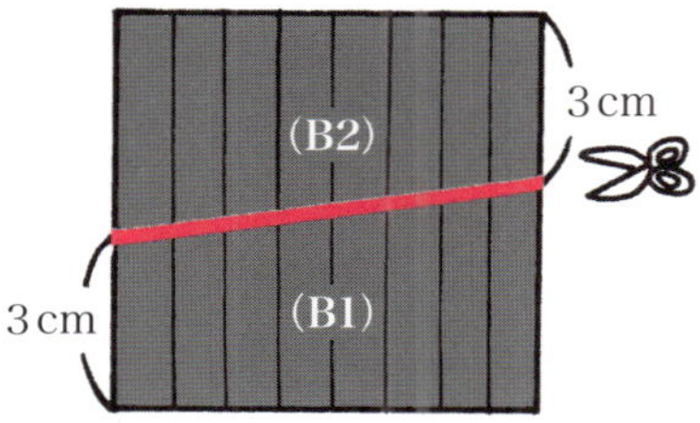

❸図の位置でBを斜めに切り、B1とB2に分ける。

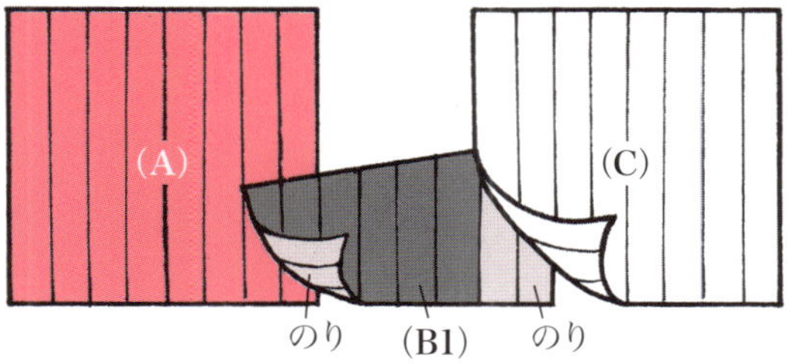

❹下の線をそろえてA、CとB1を図のように貼り合わせる（のりの位置に注意）。A、B1、Cとも内側になる色を上にする。

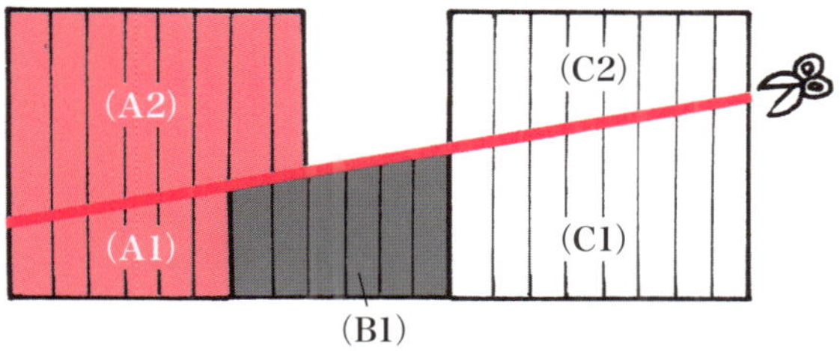

❺B1の上の線をそのまま伸ばしてAとCに線を引き、A1、A2とC1、C2に切り分ける。

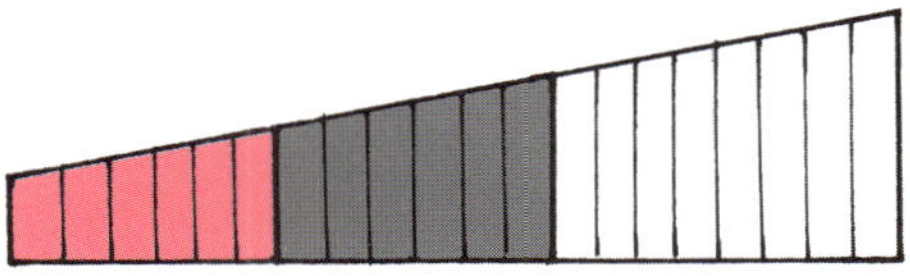

紙〔1〕(左半分)

❻3色の紙〔1〕（左半分）を山折り、谷折りの折り線どおりに折りたたんで図の位置を切る。

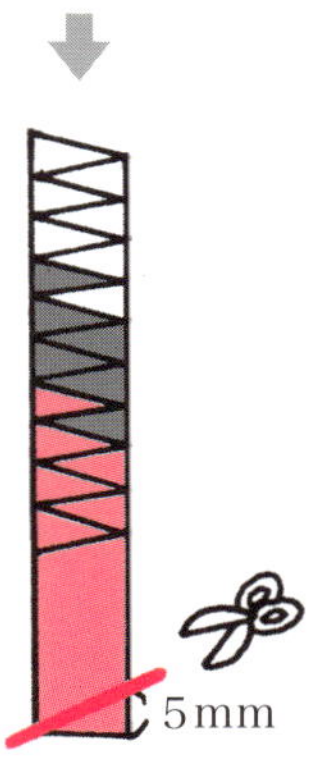

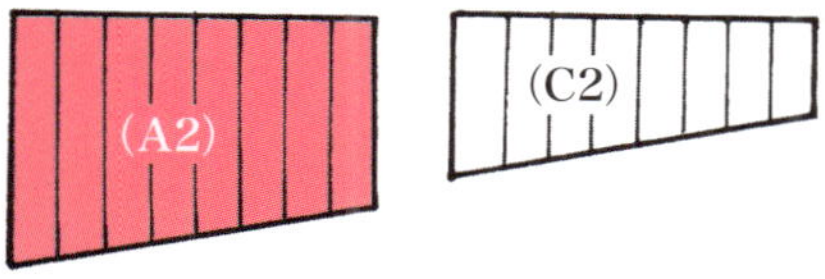

作業手順⑤で切り離されたA2、C2はp.118の「✻3色貼り合わせて紙〔2〕（右半分）をつくる」で使用する。

❋ 3色貼り合わせて紙〔2〕(右半分)をつくる

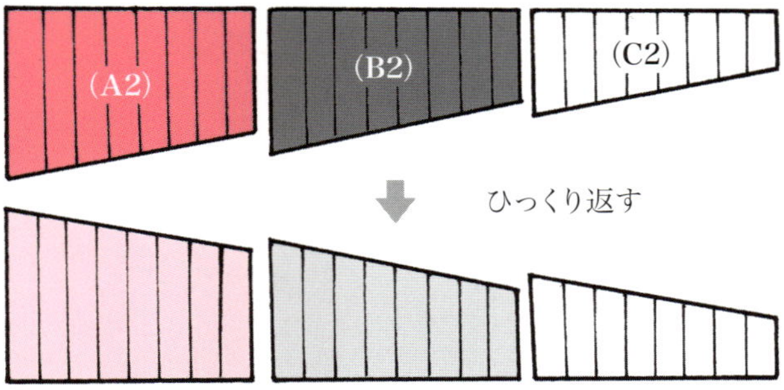

❼作業手順⑤で切り離したA2、C2と、③で切り離したB2を図のように並べて、手前にひっくり返す。紙〔2〕は紙〔1〕(左半分)の裏側の紙色が上を向く。

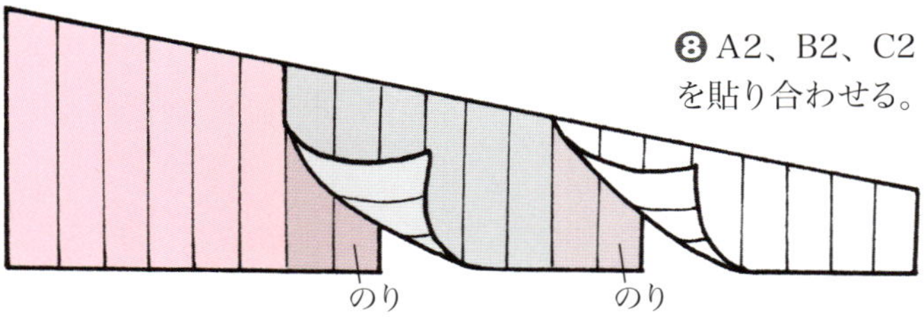

❽ A2、B2、C2を貼り合わせる。

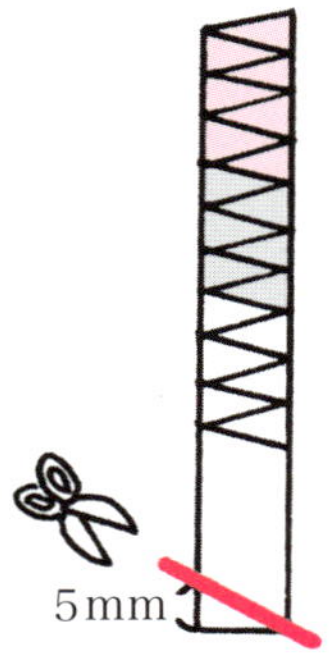

❾折り線の山折りと谷折りを逆にしてたたみ、図の位置を切る。

❋ 紙〔1〕と紙〔2〕をつないで輪にする

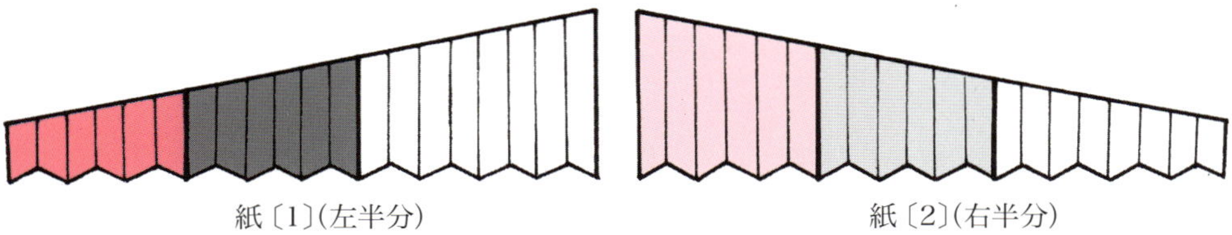

❿紙〔1〕と紙〔2〕を広げる。

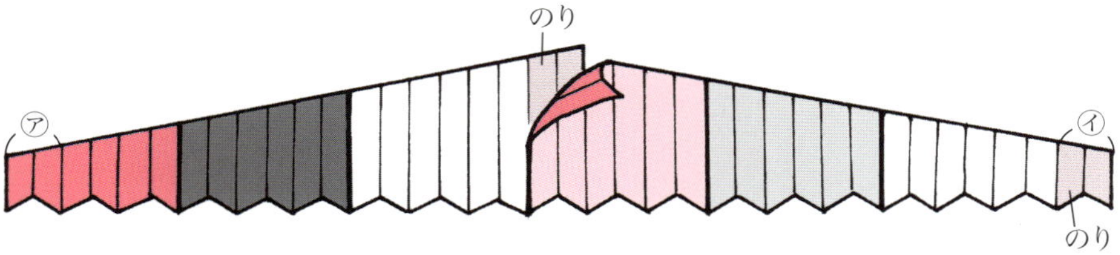

⓫紙〔1〕と〔2〕の幅の広い方を図のとおり貼り合わせて1枚につなぎ、右端の㋑にのりをつける。

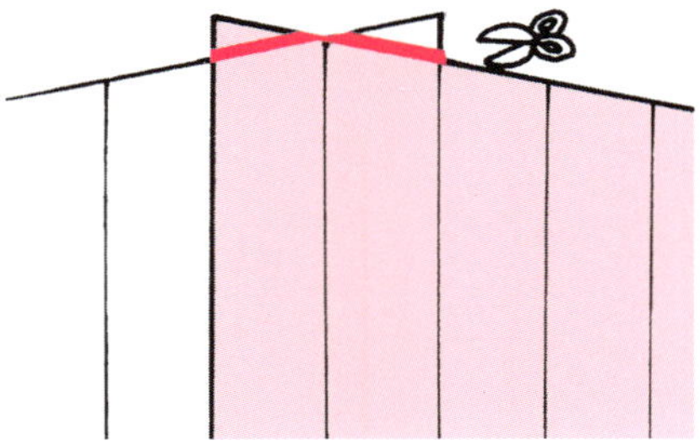

⓬作業手順⑪で貼り合わせたときにはみ出した紙を切る。

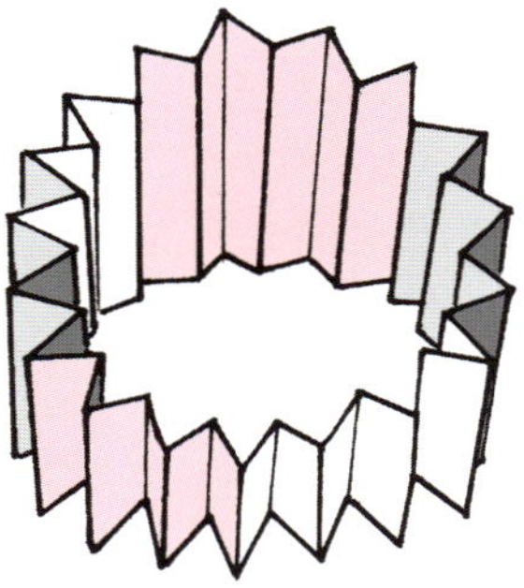

⓭作業手順⑪の㋐と㋑を持ち上げ、輪になるように、のりをつけた㋑を㋐に重ねて貼る。完成。

完成した輪は、右半分と左半分で外側と内側の色が逆になります。
また置くときは作業手順⑥と⑨で斜めに切った側が下側になります。

石粉粘土のベースに紙を貼るクラフト

粘土の種類について

市販のクラフト用の粘土には紙粘土、石粉粘土、軽量タイプのスポンジ状粘土、樹脂系粘土などがあります。本書ではキメが細かく加工が簡単で、適度な重さがあるという理由で石粉粘土を使用しましたが、好みで選んでいただいて構いません。ただし、カードスタンドのように、使用する際に重量が必要になるものには軽量タイプは不向きです。

紙を貼る際のポイント

削るなどして仕上げた、粘土でつくった素地に紙を貼る際は、表面に付着している粘土粉や埃を取り除いてから、ボンドを薄く均一に塗りましょう。ボンドが固く塗りにくい場合は、少量の水で延ばしてから使用するとよいでしょう。

粘土で素地をつくる際のポイント

粘土で素地をつくる際、粘土が軟らか過ぎるとつくりにくくなります。多少は硬めくらいの方が作業はしやすいと思いますが、硬すぎると制作途中で表面にヒビが入ってしまいます。細かいヒビは紙を貼る際に使用するボンドで埋まりますが、大きなヒビは仕上がりに影響が出ますので、水を加えて軟らかくした粘土で埋めて仕上げます。粘土にできたヒビを埋める際は、素地を指で押しても凹まない程度に乾燥してから行うとよいでしょう。

ダブルひし形ペンダント

作品／p.103

石粉粘土で形をつくって紙を貼り、マニキュアで仕上げた小さいひし形が中心で揺れるペンダントです。

材料／道具

〈紙〉折り紙（金、銀、模様入り）
• 石粉粘土　• 定規、鉛筆　• 木工用ボンド　• マニキュア（透明）
• アクセサリー用金具（2.9cm、先端が輪になっている）　• ひも　• ハサミ　• カッターナイフ

✽ 石粉粘土でベースを2つつくる

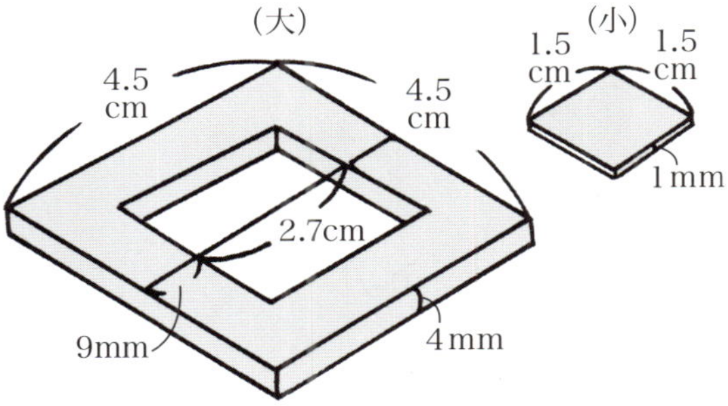

❶石粉粘土（以下、粘土）で大小の四角形をつくり、しっかり乾かす。大は中央に穴があいた額縁形。

✽ 大小の紙を切る

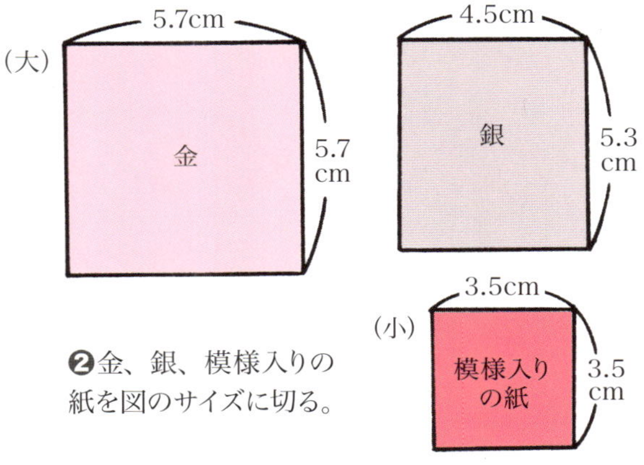

❷金、銀、模様入りの紙を図のサイズに切る。

✽ 大小の粘土に紙を貼る

〈額縁形の大きい四角形の粘土に紙を貼る〉

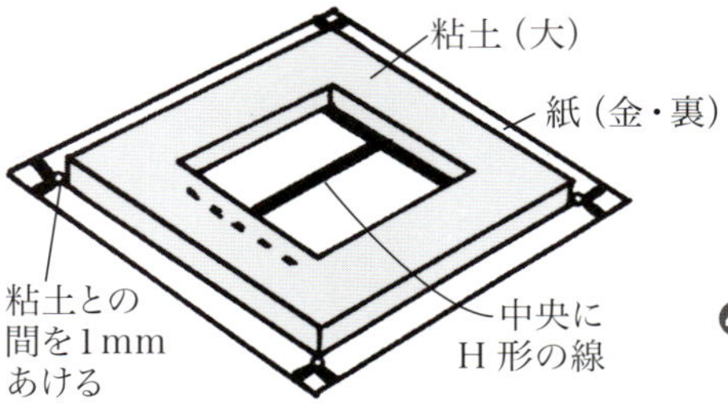

❸紙（金）を裏を上にして置き、紙の中央に粘土を置く。4つの角に図のように印をつけ、中央のあいた部分にはH形の線を入れる。

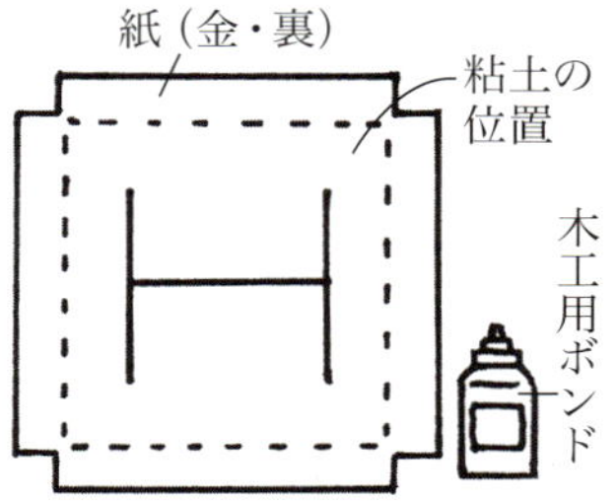

❹粘土をはずして角を印どおり切り取り、中央にH形の切り込みをカッターナイフで入れる。紙の裏全面に木工用ボンドを塗る。

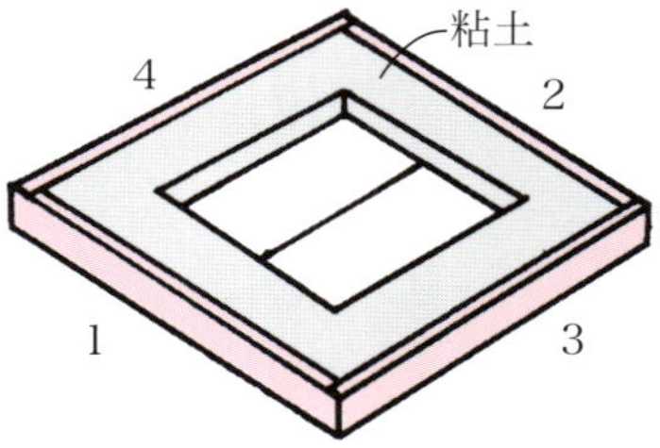

❺元の位置に粘土をもどして貼りつけ、番号順に側面に紙を貼る。残った紙は上面に貼る。

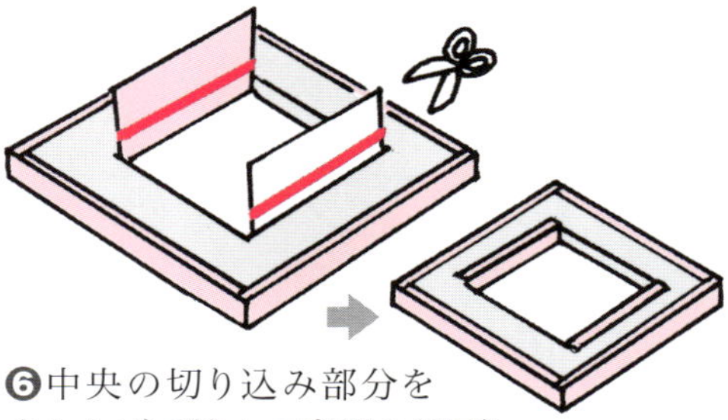

❻中央の切り込み部分を立ち上げて粘土の内側の側面に貼り、2〜3mm残して切り、上面に貼る。

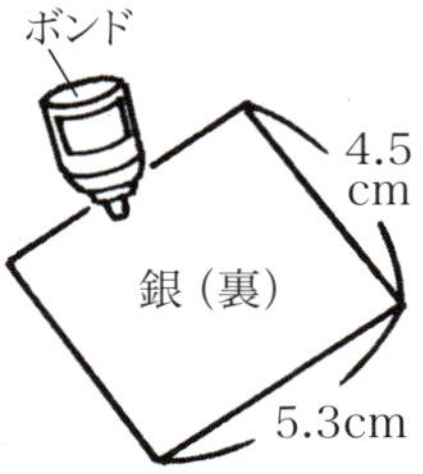

❼紙（銀）を裏を上にして置き、ボンドを全面に塗る。

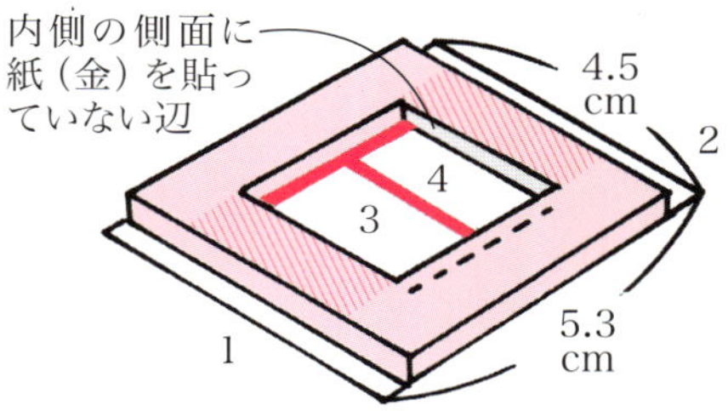

❽金を貼った面を上にして粘土を紙の中央に貼り、中央にH形の切り込みを入れる。紙1、2を粘土の側面に貼り、中央の3、4は立ち上げて内側側面と上面の金（斜線部分）の上に貼り、余った紙は切る。

〈小さい四角形に紙を貼る〉

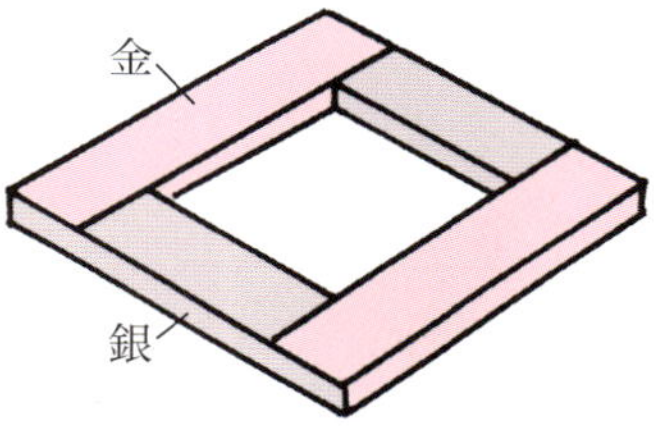

❾大きい四角形のでき上がり。金と銀2色の面が表になる。裏は銀のみ。

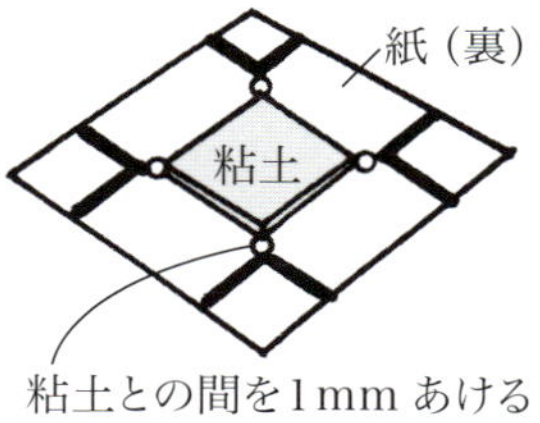

❿裏を上にした紙（模様入り）の上に粘土を置き、4つの角に図のように印をつける。

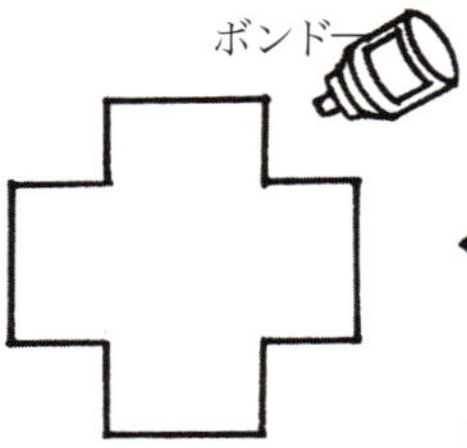

⓫粘土をはずして紙の角を切り取り、全面にボンドを塗る。

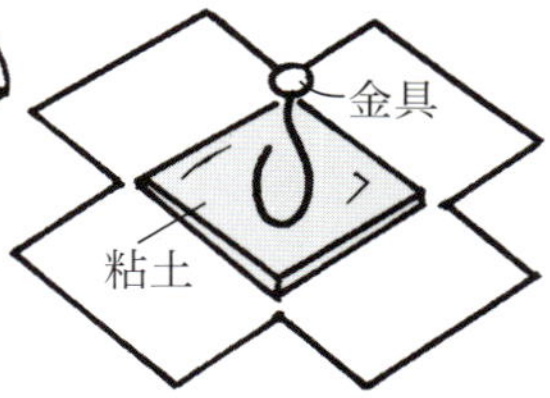

⓬先端が輪になったアクセサリー金具を図のように曲げておく。粘土を紙の中央に貼り、輪が角から出るように金具を置く。

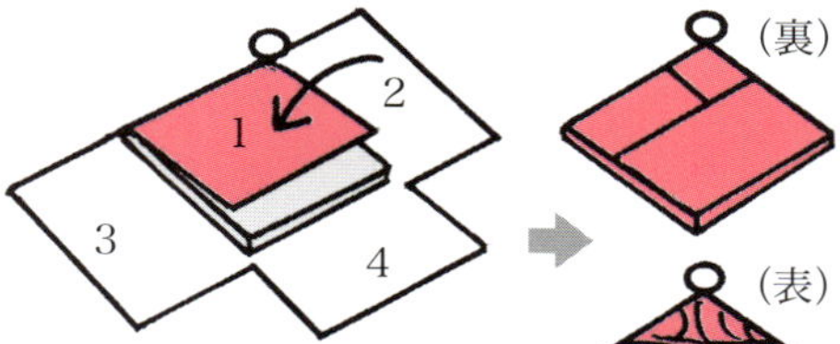

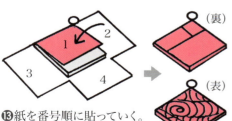

⓭紙を番号順に貼っていく。
四角形（小）のでき上がり。
この後、よく乾かして大と小にマニキュア（透明）を塗る。

✽ ひもを通してペンダントにする

⓮ひもを本結びで輪にする。大の中央に小を置いて、図のように小の金具の輪にひもを通して大と小をつなぐ。完成。

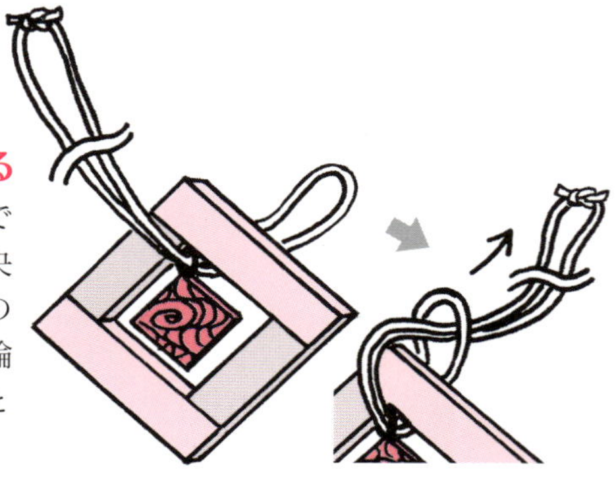

波形プレート三連ペンダント

作品／p.103

薄い板状に成形した石粉粘土を、ペンで交互に挟み波形にしたペンダントです。

材料／道具

〈紙〉折り紙（模様入り、黒）
- 石粉粘土　• パールビーズ（5mm 3個）
- ひも（36cm）　• ネックレス用ひも
- マニキュア（透明）　• 定規、鉛筆
- 木工用ボンド　• ハサミ
- ペン5本（直径1cm 程度）

✿ 石粉粘土でベースをつくる

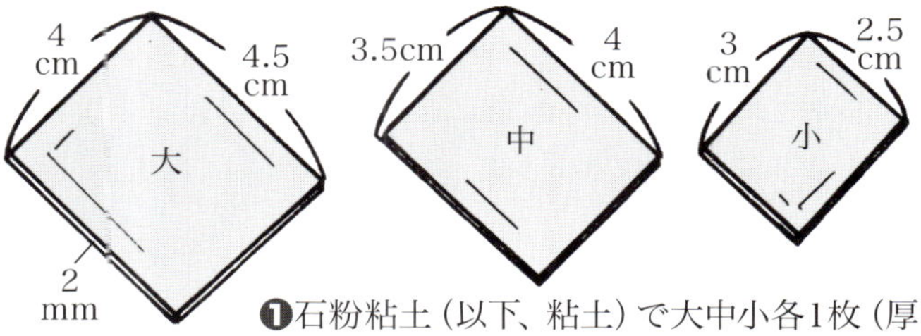

❶石粉粘土（以下、粘土）で大中小各1枚（厚さ2mm）のベースをつくる。図の向きを表とする。

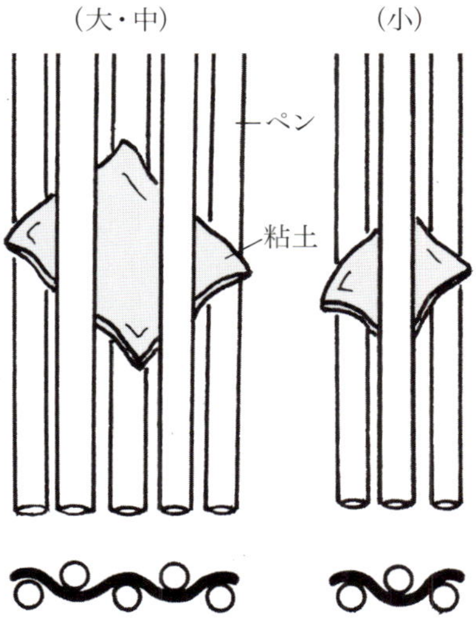

❷作業手順①でつくった粘土を、大と中は下にペンを3本並べて粘土（表になる方を上にする）を上に置き、その上にペンを2本置いて粘土にウエーブをつける。小は下にペン2本、粘土の上にペン1本でウエーブをつける。ウエーブがついたらペンをはずし、粘土だけでしっかり乾かす。

✿ 紙を切る

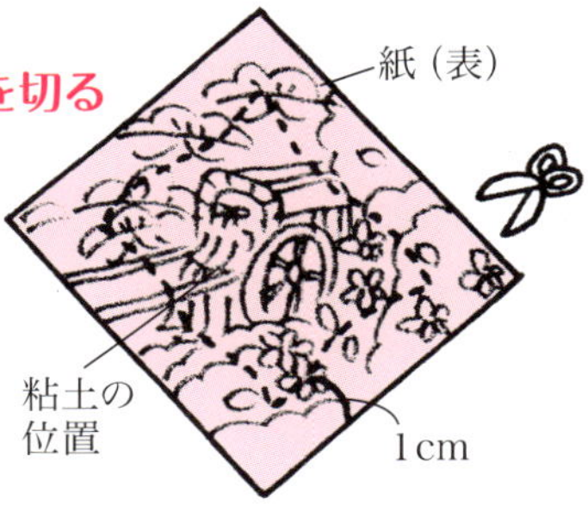

❸粘土の上に紙（模様入り）を置き、粘土より周囲1cm大きく紙を切る。大中小各1枚ずつ。

ポイント

好みの絵柄が表にくるように、粘土の位置を確認しながら紙を切る位置を決めます。

✿ 粘土の表に紙を貼る

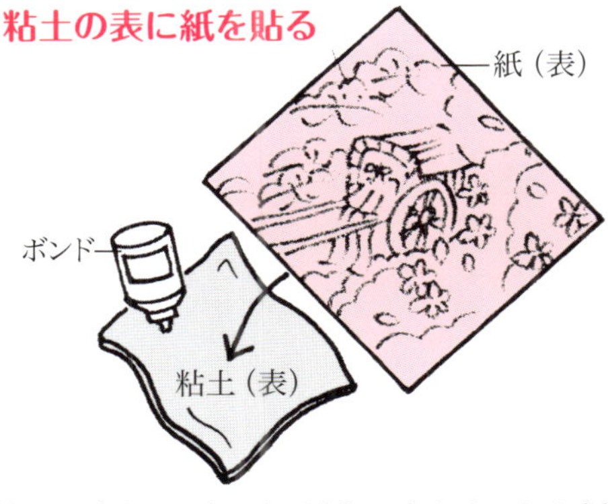

❹粘土の表側にボンドを塗り、表を上にした紙を貼る。指で押さえてくぼみにも紙をしっかりそわせる。

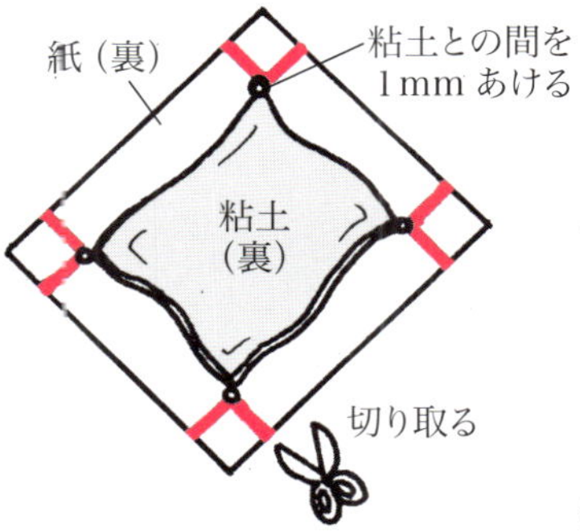

❺裏返して紙の角を切り取る。

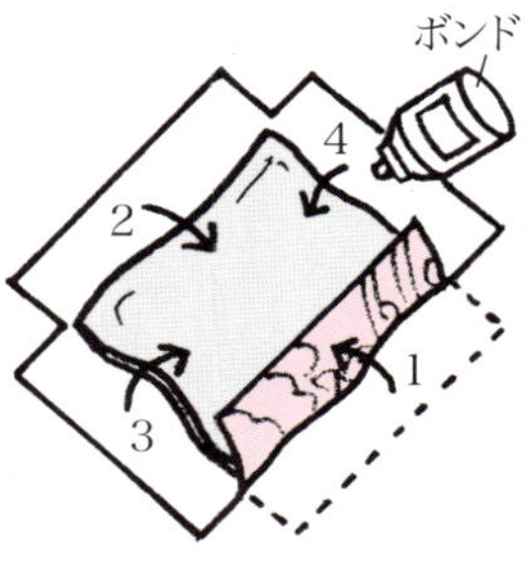

❻周りの紙にボンドを塗り、番号順に粘土に貼る。大中小とも同様に。

✻ 大中小の粘土をひもでつなぎながら裏に紙を貼る

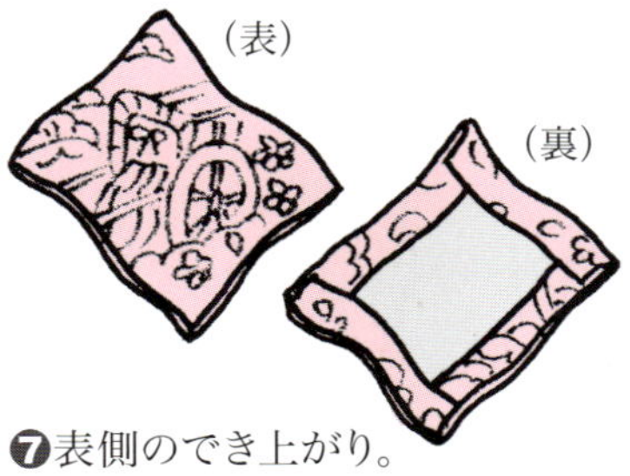

❼表側のでき上がり。

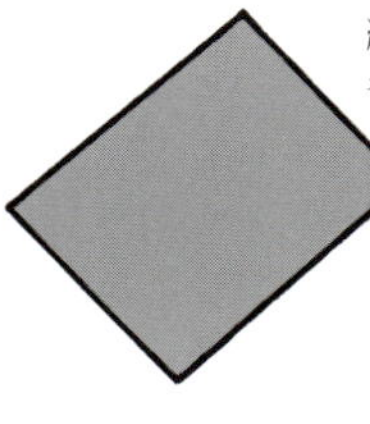

❽大中小各裏側に合わせて紙(黒)を粘土より少し大きめに切っておく。

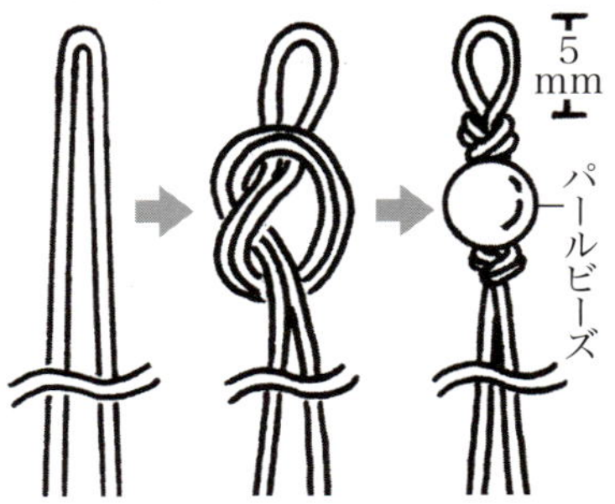

❾ひも(36cm)を半分に折って二重にし、5mmの輪をつくって結ぶ。パールビーズを通してもう一度結ぶ。

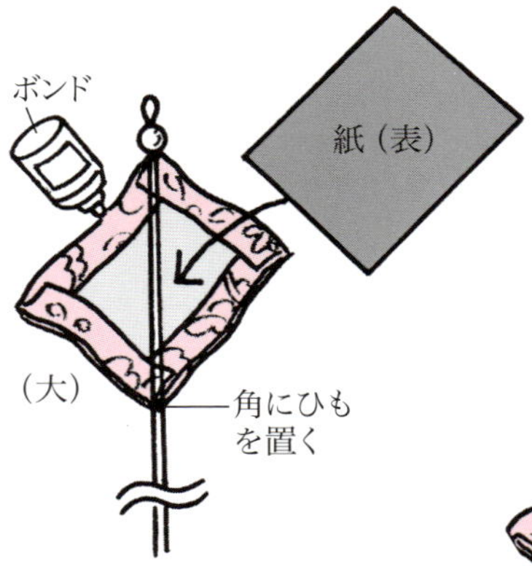

❿大の粘土を裏を上にして置きボンドを塗る。ビーズの下の結び目を粘土の角から少し出して、ひもを置く。作業手順⑧で切った紙(黒)を表を上にして貼り、はみ出した紙は切る。

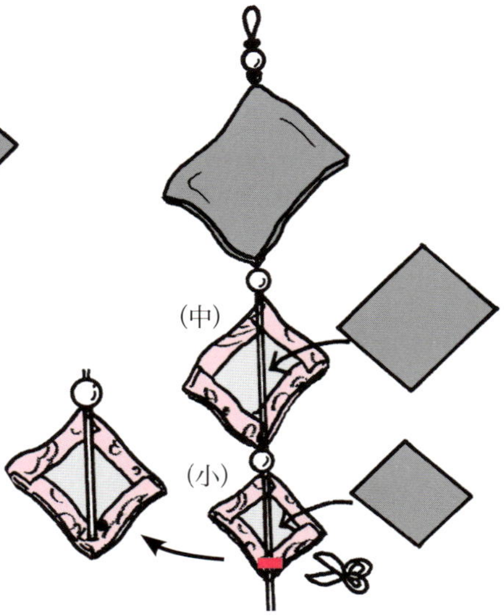

⓫続いてひもにビーズを通しながら中と小の粘土を順に置き、作業手順⑩と同様に紙(黒)を貼る。下の2個のビーズの前後はひもに結び目をつくらず、ビーズを通すだけにする。小の粘土は紙(黒)を貼る前に余ったひもを粘土の下の角より少し内側で切る。

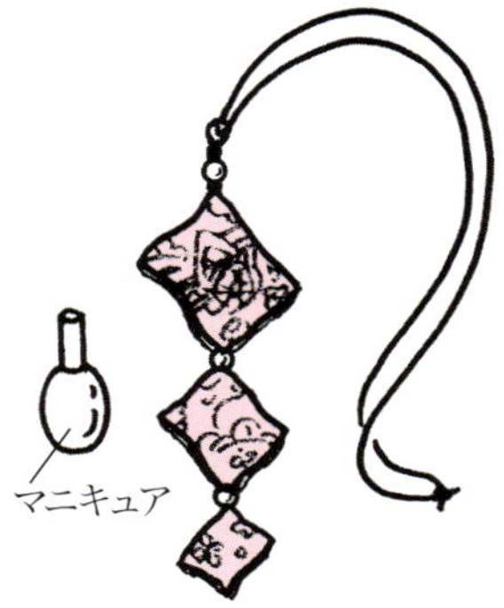

⓬ボンドが乾いたら、表と裏にマニキュア(透明)を2〜3度塗る。最後に作業手順⑨でつくった輪にペンダントのひもを通して本結びで結ぶ。完成。

花びら形ブローチ

作品／p.103

細長いハート形にした石粉粘土を左右から立ち上げ、上下を後ろに反らせて花びら形にします。

材料／道具

〈紙〉和紙(ピンク)
- 石粉粘土
- マニキュア(透明)
- ブローチピン
- ハサミ
- 定規、鉛筆
- 木工用ボンド
- つまようじ

✻ 石粉粘土で土台をつくる

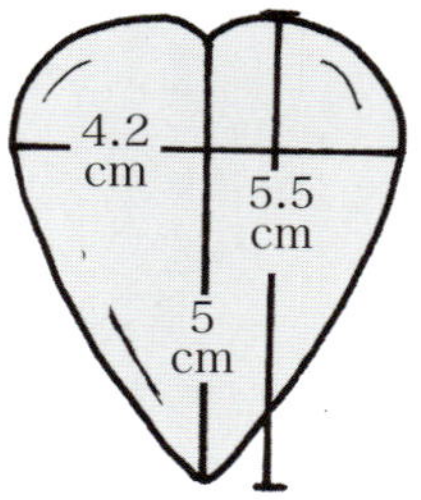

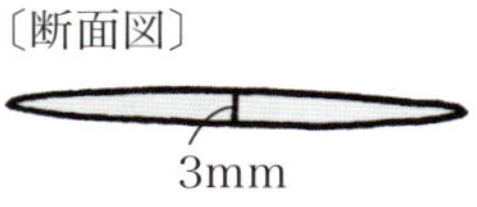

❶石粉粘土(以下、粘土)で中心が厚く縁が薄い細長いハート形をつくる。

ポイント

ベースづくりのコツ

まず3mmの厚みで実寸よりひとまわり小さくつくり、次に周囲を指先でつまんで薄くのばして目標の大きさにします。

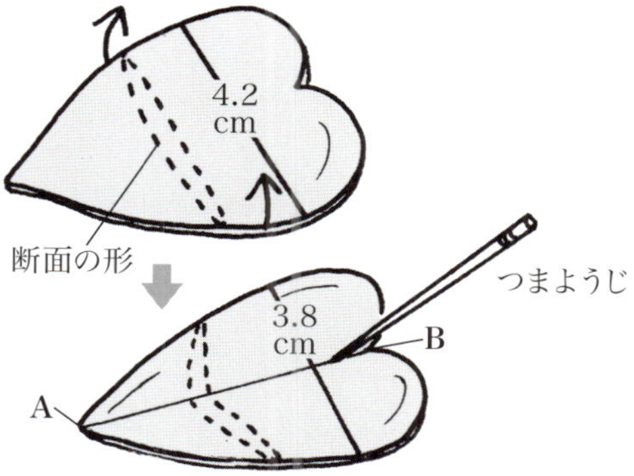

❷ハート形ができたら左右からたたむように立ち上げて、中央につまようじで線（A-B）を入れる。

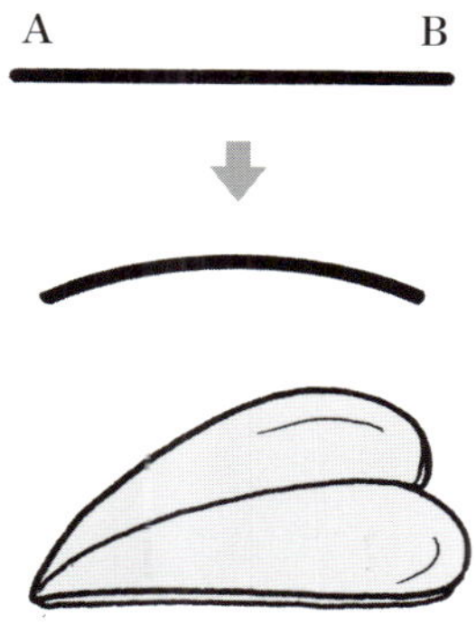

❸中央の線の両端（A-B）を持って全体をそらせる。しっかり乾かしてベースのでき上がり。

✽ 紙を切る

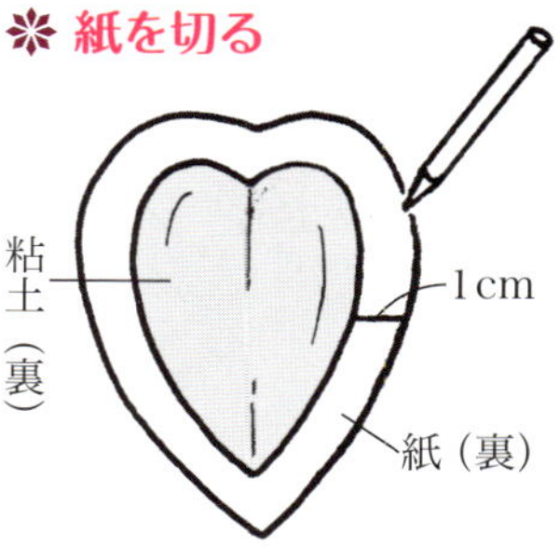

❹裏を上にして置いた和紙の上に粘土を伏せて置き、周囲に1cm余裕をもたせて印をつけ紙を2枚切る。

✽ 粘土に紙を貼る

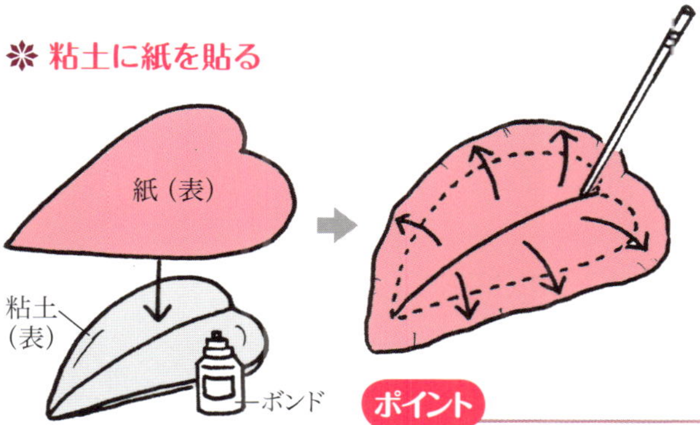

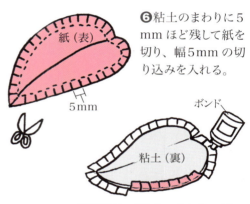

❺粘土の表側にボンドを塗る。切った紙を表を上にして置いて中心から外側に向けて指で押さえて貼りつけ、中心線をつまようじでなぞって線を出す。

ポイント

しわがないようにきちんと貼りますが、強くこすると紙の表面がけば立つので、貼りつけるときやつまようじで線をなぞるときは強くこすりすぎないように注意しましょう。

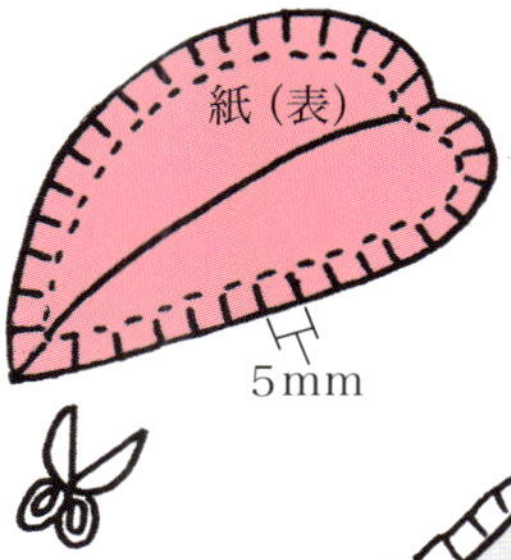

❻粘土のまわりに5mmほど残して紙を切り、幅5mmの切り込みを入れる。

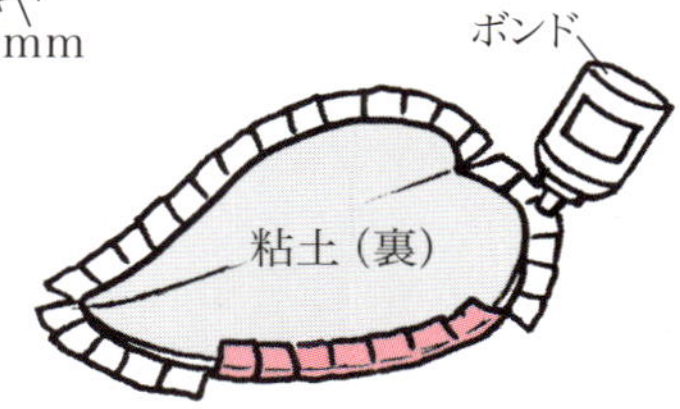

❼裏返して粘土のまわりの紙にボンドを塗り、粘土（裏）に貼る。

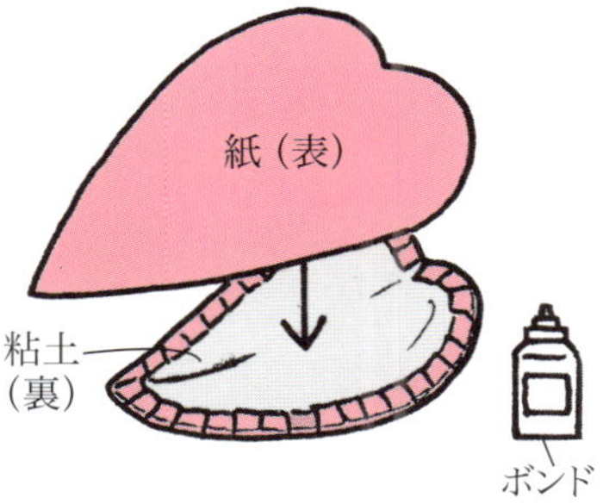

❽裏全面にボンドを塗り、もう1枚の紙を表を上にして置き、中心から外側に軽くのばしながら貼る（作業手順⑤のポイント参照）。

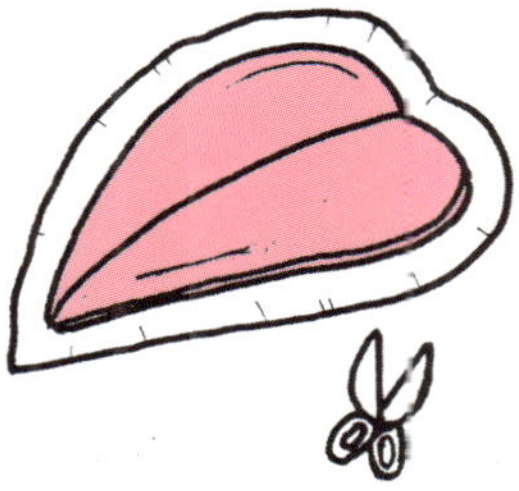

❾表に返し、はみ出した紙を切る。

✽ ブローチピンをつけマニキュアを塗る

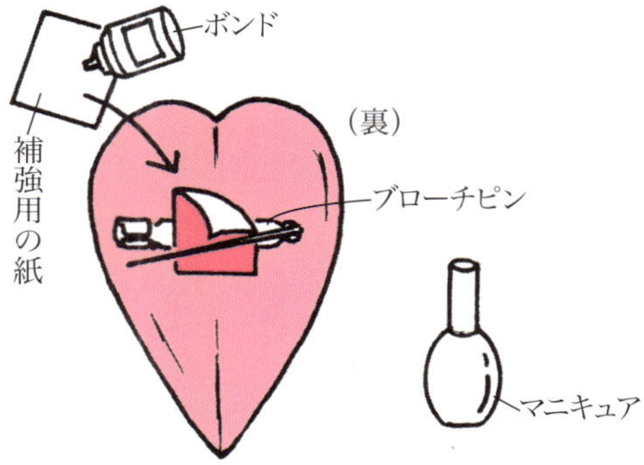

❿ブローチピンを指で曲げて本体の裏のカーブにそわせておく。ピンの裏側にボンドを塗って粘土の裏の中心よりも少し上に貼りつける。補強用の紙を切り、裏にボンドを塗ってピンに貼りつける。全体が乾いたらマニキュア（透明）を表と裏全面に塗り完成。

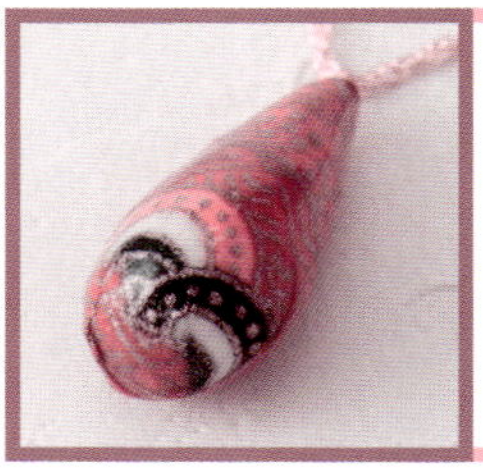

しずく形ペンダント

作品／p.103

包みにくいしずく形も、包む紙に8方向から切れ目を入れて順番に貼り込むことで、きれいに仕上がります。

材料／道具

〈紙〉和紙（模様入り）
- 石粉粘土
- 木工用ボンド
- マニキュア（透明）
- ネックレスチェーン
- 先端が輪になっているアクセサリー用金具（2.9cm）
- 定規、鉛筆
- ハサミ

❋ 石粉粘土でベースをつくる

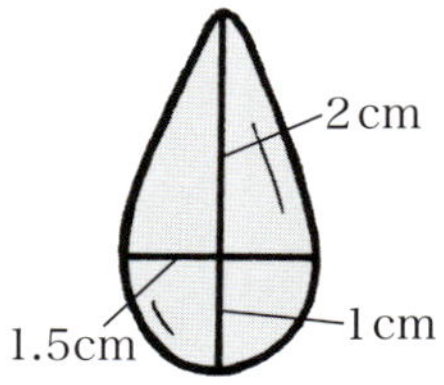

❶石粉粘土（以下、粘土）でしずく形をつくりしっかり乾かす。本作品は図のサイズだが、好みの大きさにしてもよい。

❋ 紙を切る

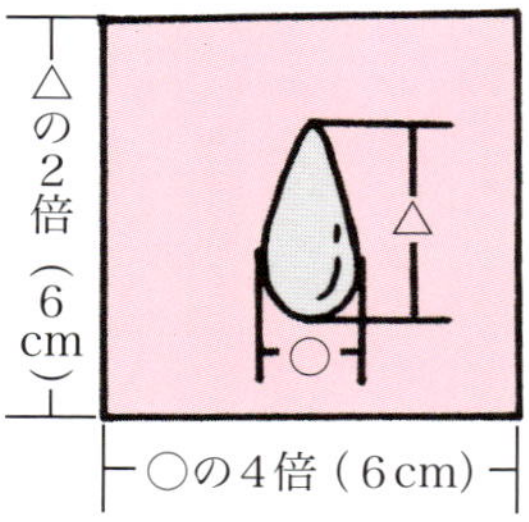

❷縦は粘土の2倍、横は粘土の4倍のサイズに紙を切る。

ポイント
先に紙（表）を粘土の上に置いてみて、好みの模様が表にくるように切る紙の位置を決めます。

❋ 粘土に紙を貼る

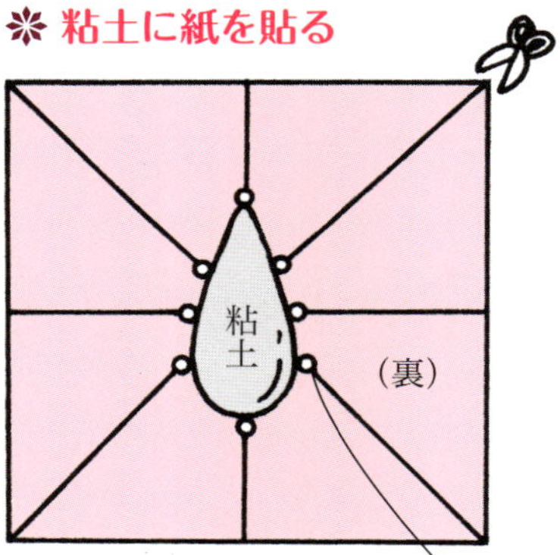

❸紙（裏）の中央に粘土を置いて図のようにハサミで切り込みを入れる。

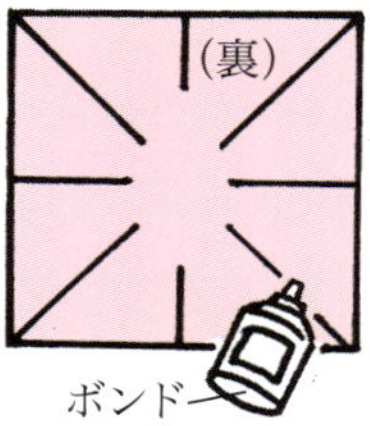

❹粘土をはずし、紙（裏）全体に木工用ボンドを塗る。

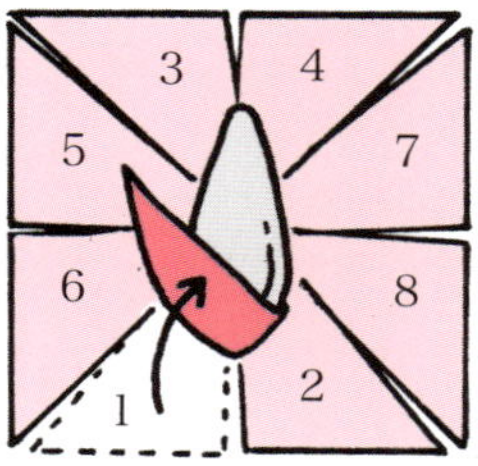

❺粘土を中央にもどし、番号順に紙を貼っていく。まず1を粘土の下側の丸い部分を隠すように下側から上に向けて貼る。

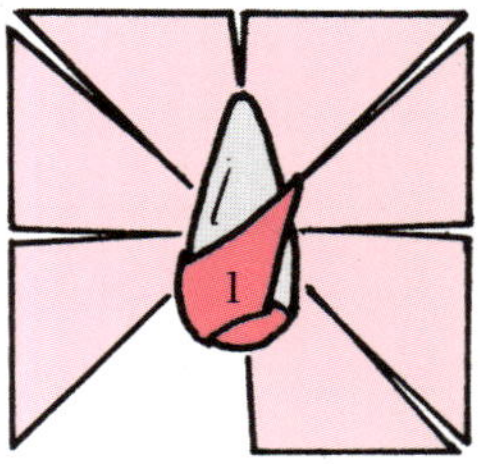

❻次に左側から右側に左側面を隠すように巻き込みながら貼る。

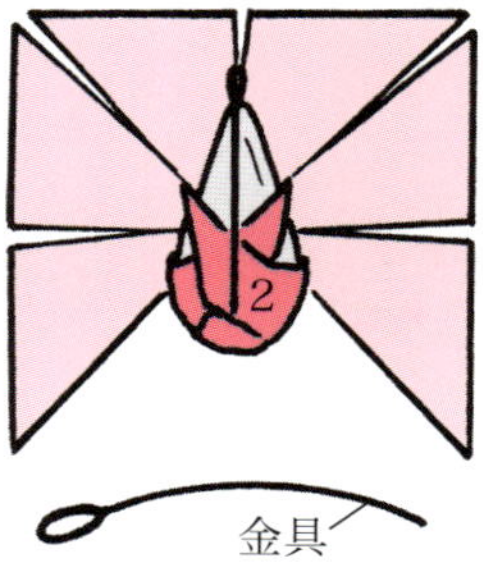

❼2の紙を1の紙と左右対称になるように貼る。金具を粘土にそわせて曲げ、輪の部分が粘土の上に出るようにして粘土の中央に置く。

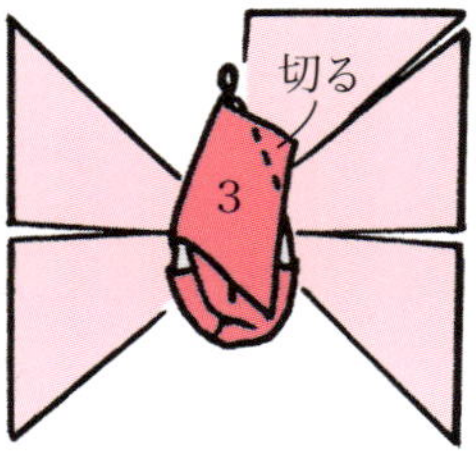

❽3の紙を貼り、余分な紙を切る。4の紙も3と左右対称に貼って切る。次いで、5～8を順番に貼り、1枚貼るごとに余分な紙は粘土の形にそって切る。

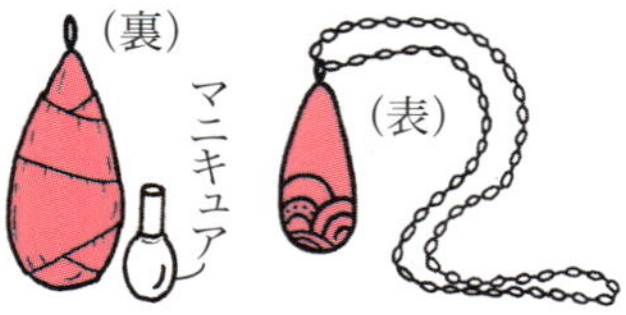

❾残りの紙をすべて貼り終えてボンドが乾いたら全体にマニキュア（透明）を塗る。乾いたらネックレスチェーンを金具の輪に通す。完成。

ポイント
- 作業の途中でボンドが乾くときは、1枚貼るごとにボンドを塗りながら貼ります。
- 貼った後は、しわや段差を消すように指で押さえて紙と粘土をなじませます。

石粉粘土と紙でつくる

自在カードスタンド

作品／p.104

薄型の三角柱を4つ並べて紙で貼ることで、さまざまな形に変化させて楽しめるカードスタンドができます。

材料／道具

〈紙〉折り紙（黒・模様入り、えんじ）
・石粉粘土　・牛乳パック　・木工用ボンド　・セロハンテープ　・定規、鉛筆　・ハサミ

ポイント

粘土は軽量タイプでなく重量のあるものを使います。

✽ 石粉粘土でベースをつくる

〈牛乳パックで型をつくる〉

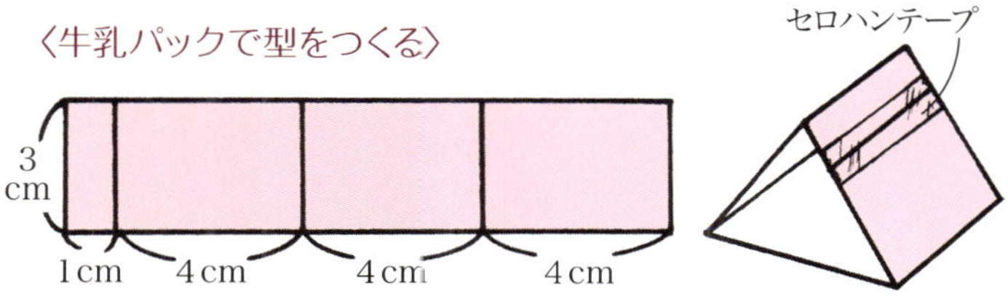

❶牛乳パックを切って図のように組み立て、セロハンテープでとめて型をつくる。

〈型に石粉粘土を詰める〉

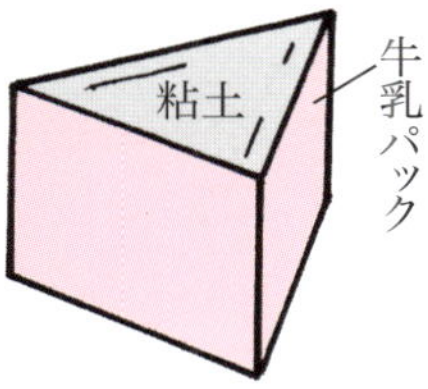

❷型に石粉粘土（以下、粘土）を押し込む。角まできっちり詰める。

ポイント

型を手で持って平らな面を台の上でトントンたたくと、角までしっかり粘土が詰まります。

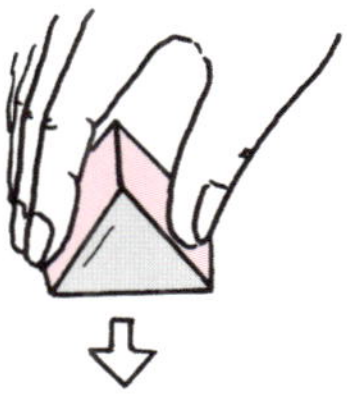

〈粘土を型からはずして乾かす〉

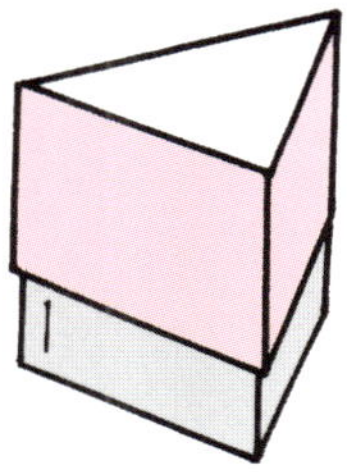

❸形を崩さないように気をつけながら、指で押して型から粘土をはずす。

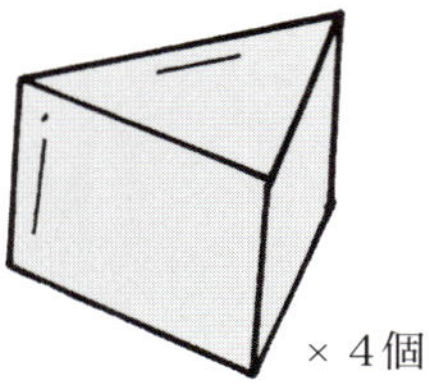

❹同じ型を使って4個作る。粘土が完全に乾くまでしっかり乾かす。

✽ 紙を切る

〔側面〕

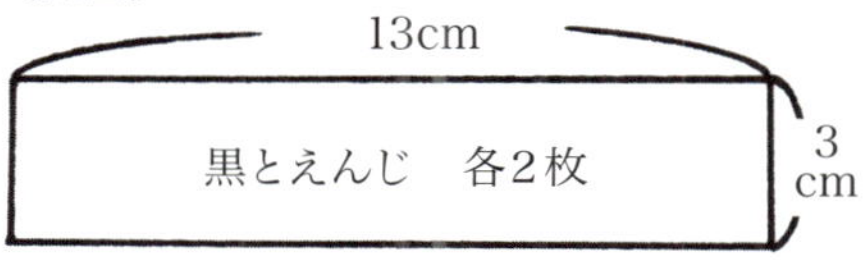

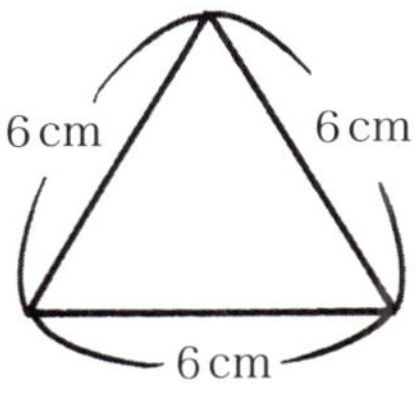

黒とえんじ　各４枚

❺正三角形の面と側面に貼る紙を切る。

✽ 粘土に紙を貼る

〈正三角形の面に紙（黒とえんじ）を貼る〉

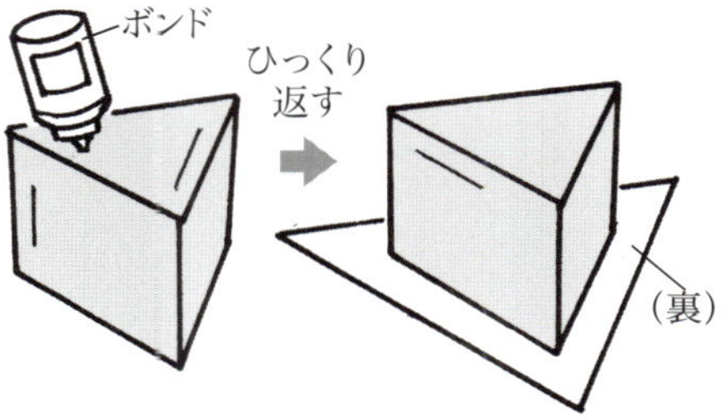

❻正三角形の片方の面に木工用ボンドを塗り、裏を上にした紙（黒）の中央に貼りつける。

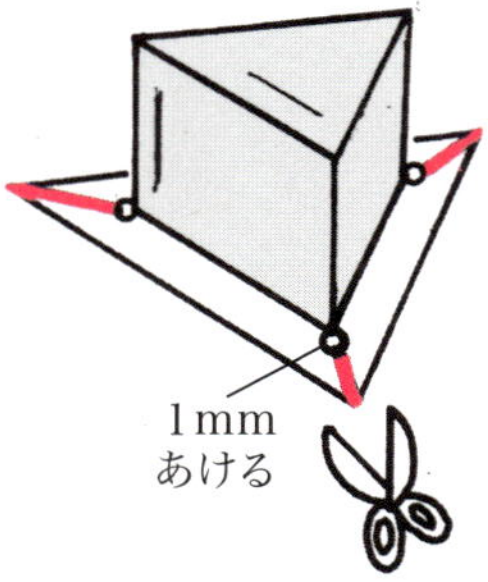

❼粘土から1mm離して紙の３方に切り込みを入れる。

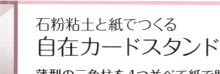

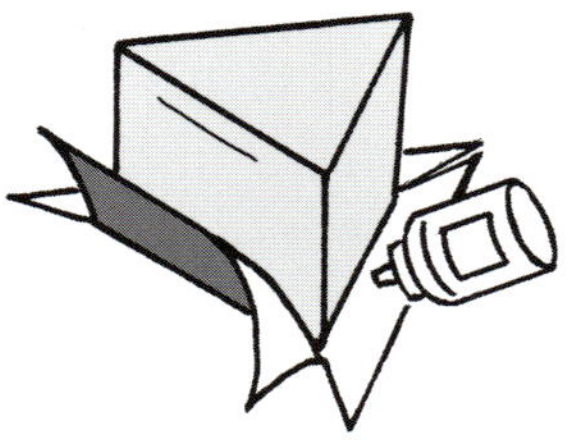

❽まわりの紙にボンドを塗り、粘土に貼る。粘土がない所は紙同士をくっつける。

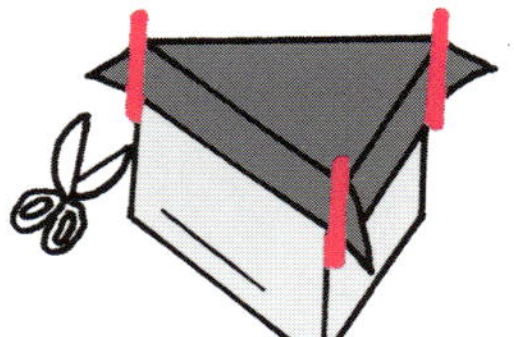

❾紙を貼った面を上に向け、はみ出した紙を切る。

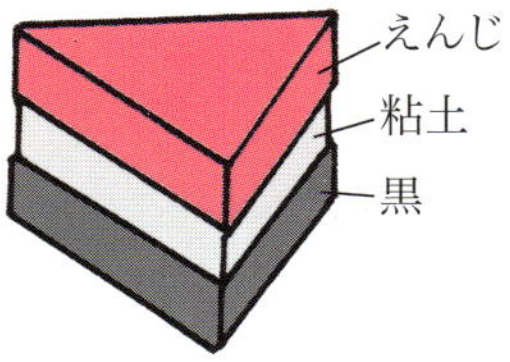

❿上下ひっくり返して反対側の三角形にも作業手順⑥〜⑨と同様の手順でえんじの紙を貼る。同じものを4個つくる。

〈側面に紙（黒とえんじ）を貼る〉

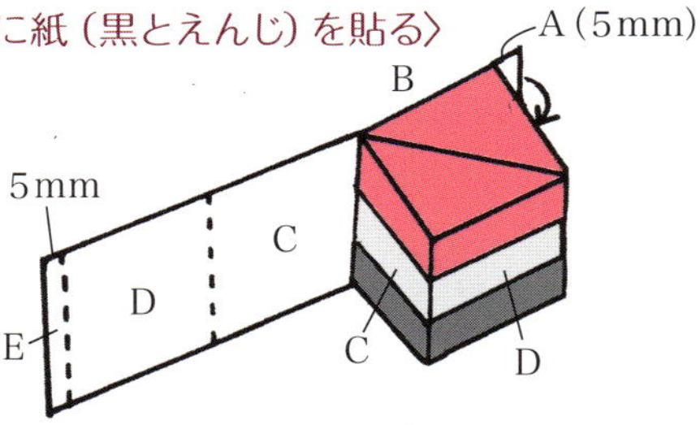

⓫⑩の三角柱を2個組み合わせて四角柱をつくる。側面用の紙（黒）の裏にボンドを塗り、まずA面に5mm貼り、続けてB、C、Dを貼って、残るE（5mm）はそのままにしておく。

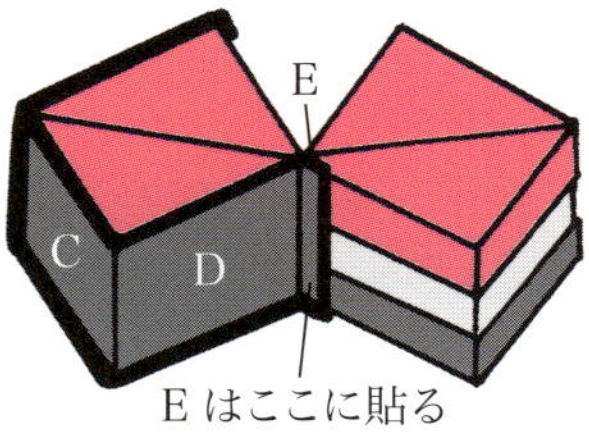

⓬残っている三角柱2個を図のように並べる。残してある作業手順⑪のE（5mm）は、新しい三角柱に貼る。

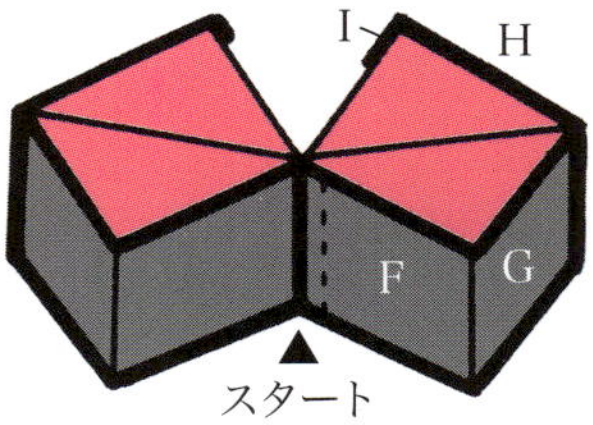

⓭もう1枚の紙（黒）の裏にボンドを塗り、図のスタート▲（作業手順⑫のEの上）から貼り始め、続けてF→G→H→Iの順に貼る。

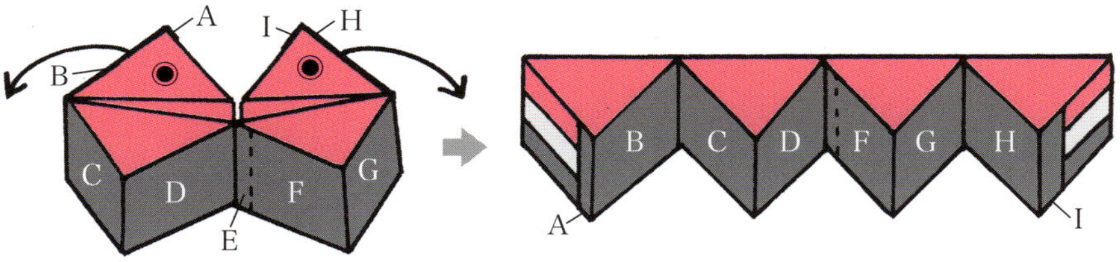

⓮◉の2個を外側に開く。黒の側面のでき上がり。

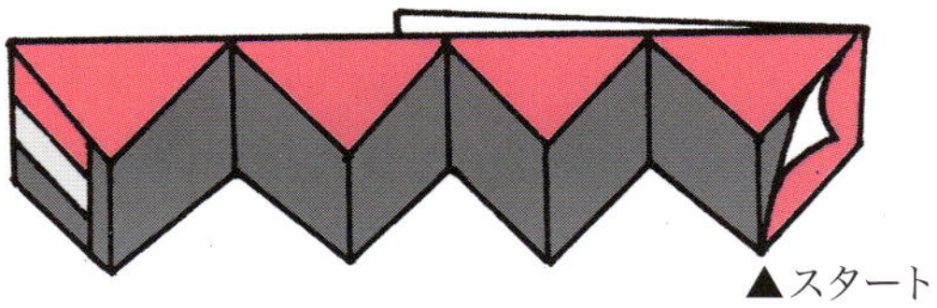

⓯側面用の紙（えんじ）の裏にボンドを塗り、図のスタート（▲）の位置から貼っていく。

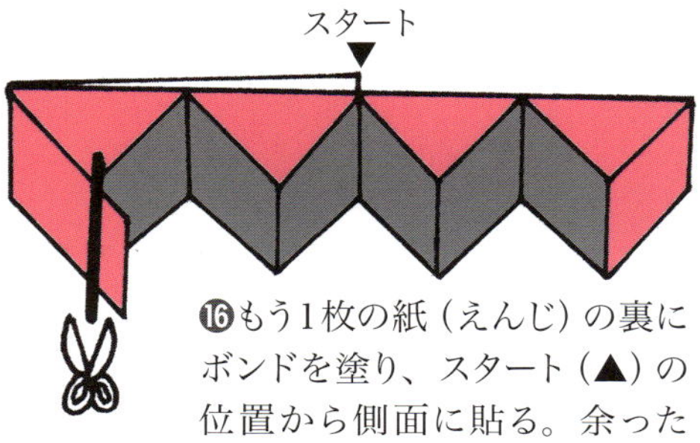

⓰もう1枚の紙（えんじ）の裏にボンドを塗り、スタート（▲）の位置から側面に貼る。余った紙は切る。完成。

さまざまに組み合わせ方を変えて楽しめます

組み合わせ方によっては、複数枚のカードや大きなカードも飾れます。

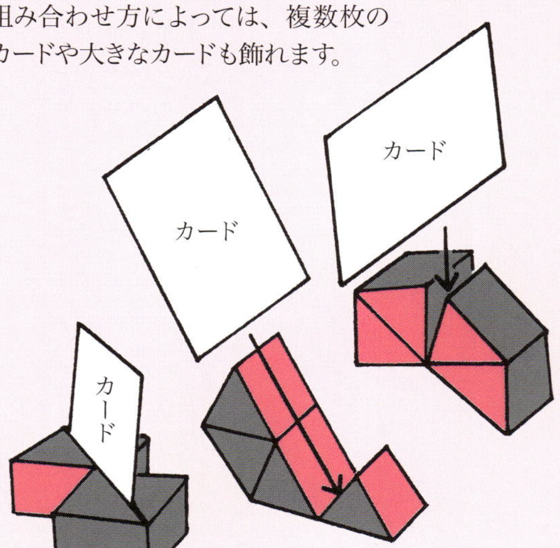

あとがき

本書では紙をメイン素材に選びました。紙は汚れが付きやすく破れやすいものですが、代わりにとても扱いやすい身近な素材です。

本書では一般的な紙を使用していますが、紙はとてもバリエーションに富んだ素材です。天然素材であることを存分に表現している紙、厚いのに柔らかい紙、逆に薄いのに硬い紙。色や柄も豊富で、プラスチックのように透けているものや、布のようにレース状のものもあります。さまざまな紙を使って、イマジネーションを膨らませてください。

お店に並んでいる多種多様な紙を見ているとワクワクした気分になりますし、期せずして手に入った包装紙や、お菓子などが入っていた箱の厚紙などを眺めながら使い方を思案するのも楽しいものです。身近にあふれているキラキラした紙を使ってさまざまな作品をつくりだしてください。

工房 GEN　制作スタッフ一同

監修者プロフィール

佐々木　隆志　（ささき　たかし）

1957 年　北海道雄武町生まれ。
1980 年　東北福祉大学社会福祉学部社会福祉学科卒業
社会福祉研究のため英国留学（1980 年 10 月〜1981 年 9 月）、“Castle Priory College” および “Wakes Hall Residential Centre” にて学ぶ）
1985 年　東北福祉大学大学院社会福祉学専攻修士課程修了
1985 年　青森中央短期大学幼児教育学科専任講師
1994 年　弘前学院短期大学生活福祉学科専任講師を経て、助教授
1997 年　静岡県立大学短期大学部社会福祉学科助教授を経て、現在、社会福祉学科教授

【主な著書】
- 『日本における終末ケアマネジメントの研究』中央法規出版、2009 年 2 月
- “Study of End-stage Care Management in Japan” 中央法規出版、2014 年 2 月

著者プロフィール

工房 GEN　（こうぼう　げん）

主宰：長峯史紀　　スタッフ：中村みほ　ほか
〒357–0128　埼玉県飯能市赤沢 1040–3
E -mail：genkoubou@gen-artwork.com

陶磁器、ガラス、漆、布、紙、金属、木材他、各種クラフト素材や身辺のさまざまな素材を使って、ジャンルにこだわらず、「つくって・使って・楽しめる手づくりクラフト」を制作、提唱。

❉ 工房 GEN 主宰者・長峯史紀
家庭ガラス工房シリーズ『ステンドグラス―ジャンルを越える物作りの世界』ほるぷ出版、2009 年（共著）にて、陶磁器とステンドグラスを組み合わせた作品づくりを紹介、など。

❉ 工房 GEN
高齢者クラフトサロンシリーズ❶『リハビリおりがみ』誠文堂新光社、2014 年：制作協力「折り紙技法を使ったクラフト制作」
著書に同シリーズ『季節のリハビリクラフト 12 か月』2015 年、『布とひもの手芸レクリエーション』2016 年、誠文堂新光社

編 集	**株式会社 弦**	GEN Inc.
	長峯 友紀	NAGAMINE Yuki
	宮崎 亜里	MIYAZAKI Ari
	長峯 美保	NAGAMINE Miho
イラストレーション	中村 みほ	NAKAMURA Miho
アートディレクション 装幀・本文デザイン	長峯 亜里	NAGAMINE Ari
写真撮影	岡本 譲治	OKAMOTO Joji

高齢者(こうれいしゃ)のクラフトサロン ❹

紙(かみ)でつくるリハビリクラフト

切(き)り紙(かみ)・箱(はこ)・紙(かみ)すき・アクセサリーなど、

簡単(かんたん)にできて楽(たの)しい60点(てん)

NDC369

2017年2月10日　発　行

監修者	佐々木(ささき) 隆志(たかし)
著　者	工房(こうぼう) GEN(げん)
発行者	小川雄一
発行所	株式会社　誠文堂新光社
	〒113-0033　東京都文京区本郷3-3-11
	(編集) 電話 03-5800-3621
	(販売) 電話 03-5800-5780
印刷・製本	図書印刷　株式会社

ISBN978-4-416-51609-6